JN170264

ウィリアム・デレズウィッツ 著
米山裕子 訳

優秀なる羊たち

米国エリート教育の失敗に学ぶ

三省堂

僕の教え子たちへ
そしていつものように、フィルへ

装幀・本文レイアウト◉吉田浩美・吉田篤弘［クラフト・エヴィング商會］

優秀なる羊たち

米国エリート教育の失敗に学ぶ

目次

●凡例
＊本文中の文学作品等の引用はすべて米山の翻訳による。
＊本文中の訳注は［　］で示した。

はじめに

この本は、いろんな意味で、二十歳の僕自身への手紙である。僕が大学へ行く時、誰かが考えろと勧めてくれればよかったのにと思うようなことを書いた。そう、たとえば「そもそも大学へ行く意味は何か」とか。

僕は、今の大半の若者たちと（そして当時の大半の若者たちと）同じだった。夢遊病のように、ゾンビのように、何も考えずに大学へ行った。大学は白紙の存在だった。大学は「とりあえずの場所」だった。大学へ行き、何かを専攻し、その後は「次のとりあえずの場所」、まあおそらくは大学院のようなところへ行く。その先には、おぼろげにしか理解できていない目標がある。地位、富、トップに立つこと――一言で言えば「成功」というやつだ。どこの大学へ行くかについては、自慢する権利を得ることがすべてだったので、当然のことながら、入れてくれるなかで最も名声のあるところを選ぶ。学ぶことの意味とか、なぜ学ぶのか――学問が自己を確立したり、自立心を養ったり、この世界で生きていったりするためにどう役立つか――ということは、完全に忘れ去られていた。今の若者たちと同じように、僕は、周囲の誰もが当然と思っている「システム」に乗せられて進んだ。

僕が大学へ入ったのは一九八一年。「システム」はまだ生まれて間もなかったが、すでに紛れもなく完全に「システム」――つまりは揺るぎなく結合した一連の制度――として確立されていた。本書でエリート教育というものについて述べるとき、それは、ハーバードやスタンフォードやウィリアムズといった名門大学や、二つ目の層を成す選り抜きの大学群を含めた広範囲の世界を指すだけではない。そこへ至るまでのすべて、さらにはそこを出た後のすべてを含んでいる。すなわち、私立のハイスクールや高級住宅地の公立ハイスクール、成長の一途をたどる家庭教師および受験コンサルタント業界、入試準備コースや情操教育、そして入試過程それ自体といった、大人への階段の入り口で、ドラゴンのように待ち構えているものたちに加えて、BA（学士課程）の後に来る名の通った大学院や就職先、さらには親や地域社会――大まかに言って、子供たちを「システム」という機械に突っ込んで形作ろうとしている上位中産階級（アッパーミドルクラス）の人々――をも含んでいる。要するに、わが国のエリート教育の「システム」全体を指している。

そのシステムが子供たちにどんな影響をおよぼし、子供たちはどうしたらその影響から逃れられるのか、そのシステムがわれわれの社会にどんな弊害をもたらし、われわれはどうしたらその害を取り除くことができるのか、それがこの本の主題である。僕はかつて、イェール大で友情に関する文学の授業を教えていた。あるとき、独りになることの大切さについて学生たちと話し合う機会があった。精神的に豊かな人生を歩むには、じっくり内観できる能力を持つことが必須であり、内観するためには孤独な時間を持つことが必須だと僕は言った。学生たちはしばらくそれについて考えていた。内観、孤独、精神的に豊かな人生――おそらくはどれをとっても、それまで彼らが考えろと言われたことのない事柄ばかりだ。やがて、彼らのうちの一人が、生まれて初めて自我の目覚めを経験したかのように言った。「つまり先生は、僕らはみんな、すごく優秀な羊みたいなもんにすぎないって言うんですか？」

みんな？　いや、そんなことはない。だが、二十四年間、アイビーリーグの大学［米国北東部の八つの名門大学（ハーバード、イェール、コロンビア、プリンストン、ブラウン、ペンシルベニア、コーネル、ダートマス）］で過ごした——コロンビア大で学士課程を修了し、同大で博士課程を学びながら五年間院生講師を務め、通算十年イェール大で教鞭《きょうべん》をとった——経験から、僕が今感じているのは、ほぼそんなところだと言っていい。「システム」が生みだしているのは、頭がよく、才能に溢れ、意欲に満ちてはいるものの、その一方で、臆病で、不安を抱え、道に迷い、知的好奇心に乏しく、目的意識を失った学生たちだ。特権階級の柵のなかにとらわれ、おとなしくただみんなと同じ方向へ進む。すべきことは極めて優秀にこなすが、なぜそれをするのかはまったくわかっていない。二〇〇八年、僕はアイビーリーグを離れる際に、こういった批判のいくつかについて短くまとめた評論を発表した。「エリート教育による損失」と題したその記事は、『アメリカン・スカラー』という小規模な文芸季刊誌に掲載された。当初は、読んでくれてもせいぜい二、三千人だろうと思っていた。

だが、その予想に反し、掲載されるやまたたくまにネットで評判が広まった。二、三週間のうちに、記事は十万回閲覧された（以後、月日の経過に伴い、閲覧数はその何倍にもなっている）。僕は明らかに、彼らの神経を逆なでしたと見える。記事は、単なる元教授のぼやきではないと受け止められたらしい。僕がそれ以後受け取ることになったたくさんのEメールから見てもよくわかる。その大多数は、現役の大学生やつい最近卒業した若者たちからだった。僕は今日の若い優等生たちのなかに広く蔓延《まんえん》する不満をかき立ててしまったようだ。それは、「システム」によって有意義な教育を受ける機会を奪われてしまったこと、彼ら自身は拒みたいと思っているのになぜか乗り越えることができない価値観を刻みつけられてしまったこと、そして、未来をその手で形作る知恵を授けてもらえなかったことに対する不満だった。

このときから、僕はアメリカ全土のキャンパスを訪れて学生たちと語り合い、多くの人々と手紙やメールをやり取りし、若者たちの質問に答え、僕自身も質問し、彼ら一人一人の境遇について読み、耳を傾けてきた。それ自体が教育本来の姿だった。この本は、今も継続中のそうした会話を反映している。僕らが語り合ってきた問題についてより具体的に表現するため、彼らの言葉も多く引用しているが、すべてのページに、こうした学生たちが今何について考えるべきで、また何について考えたいと思っているのか、僕自身が感ずるところを注ぎこんでいる。高等教育について書いた本は数多く出版されているが、僕が知る限り、学生自身に対して語りかけるものはなく、ましてや、学生自身の言葉に耳を傾けたものは、皆無と言っていい。

本書ではまず、「システム」それ自体について論じることから始める。一言で言ってしまえば、君に学ぶことと成功することのどちらかを選べと強要する「システム」である。教育というのは、その社会がもつ価値観を如実に表現するものだ。社会の価値観を広く行き渡らせるものなのだ。名門大学に入りたがる子供たちに対して、僕はしばしば批判的になるが、本当の批判は、彼らをそんなふうにしてしまった大人たち――言い換えれば、僕ら大人たち全員に向けられている。第二部は、学生たちひとりひとりが、「システム」から自らを救うために何ができるかを説くことからはじめる。大学は本来なんのためにあるのか、お仕着せではない人生の道を探すにはどうしたらいいのか、真のリーダーになるとはどういうことなのかについて説明していく。第三部では、さらに論旨を広げ、リベラルアーツを教えることとの目的や人文科学の真価について、さらには少人数制のクラスと献身的な教師の必要性について、細かく述べていく。僕の目的は、若い人たちにどの大学へ行くべきかではなく、なぜ大学へ行くべきかについて話すことだ。

第四部では、より大きな社会的疑問に立ち帰る。この「システム」こそが、わが国のリーダー層、いわゆる能力主義によるエリート階級を生みだしてきたものだ。わが国の教育機関や、政府や、会社組織を動かしているのは彼らなのである。その結果どういうことが起きているのか? すでに明らかなとおり、あまり芳しいとは言えない状態だ。僕らが子供たちにしていることは、結局のところ、僕ら自身に跳ね返ってくる。遅きに失した感は否めないながらも、僕は本書で、エリート教育について論じ、考え、改革し、その計画全体を根底から変えていくことを提案する。

僕がエリートという言葉によって何を意味するか、ここで一言述べておこう。僕は、昨今この単語がしばしば用いられるように、自由主義派(リベラル)やらインテリ層やら、ニュース司会者のビル・オライリーに賛同できない人々へのあてこすりとして使うつもりはない。単に、わが国の社会において、上の階層を占めている人々を指す言葉として使用している。保守派もリベラルも、実業家も専門職も、上流も、上位中産階級も含んでいる。いわゆる勝者として人の上に立ち、彼ら自身の独占的な利益のためにこの社会を動かしている名門大学出身の一団を全部ひっくるめた表現なのである。

本書はまた、すでに歴史の表舞台を去る時期を迎えているその階層をも、必然的に描くことになった作品と言えるかもしれない。

第一部

羊たち

第一章　学生たち

「超人類《スーパーピープル》」――作家ジェームズ・アトラスは彼らをこう呼んだ。今日の典型的超優秀エリート大学生たちのことである。二科目主専攻（ダブル・メジャー）、スポーツや楽器もこなし、外国語も二つくらいはできて、地球上のはるか彼方《かなた》の地で奉仕活動に励み、ついでに二、三の趣味もたしなむ。彼らはそのすべてをしっかり身に付けている。いとも容易に、涼しい顔をしてやってのけるさまは、大人たちや同年代の若者たちに畏敬の念すら抱かせる。今日日のエリート学生は、驚くほどのゆとりと自信と能力を見せているとコメンテーターのデイヴィッド・ブルックスは言う。ジョナサン・フランゼンの小説『フリーダム』では、名門リベラルアーツ・カレッジの学生たちを「すべてにおいて、楽しげかつ立派にやってのける」と書いている。

　この国で幼少期を賭して行われる競争の勝者となった若者たち、人もうらやむ彼らに対して、僕らが描くのはそんなイメージだ。だが現実は――僕がかつての教え子たちのなかに見、ここ数年のあいだ僕のもとにメールを寄せてきた何百という若者たちやアメリカ各地のキャンパスで出会った学生たちから聞き、こうした子供たちが本音を吐露しているものを読んだ限りでは――これとはかなり異なるものだ。今日のエリート学生たちが世間に見せることを習得した、人当たりがよく自信に満ち、そつなく適応している表の顔を一枚剝いでみれば、往々にして、有害なまでの恐怖や不安、抑鬱、虚無感、喪失感や孤独を見ることができる。ストレスで疲れ切り、プレッシャーにつぶされそうになっているハイスクールの生徒たちのことは、われわれ大人たちもよく知っているはずなのに、なぜ大学へ入ったら何もかもだいじょうぶになるなどと思うのだろう？

証拠を見れば、だいじょうぶじゃないのは明らかだ。大学一年生を対象にした大規模な調査では、精神の健康について自己申告する項目において、この調査が行われるようになってから二十五年の歴史の中で最悪の結果になったという。別の調査では――この調査を行ったＡＰＡが「キャンパスの危機」というタイトルで発表した要約によれば――大学生の半数近くが絶望感を訴え、三分の一近くが「あまりにも気が滅入って過去一年間機能することも難しかった」と述べている。学内のカウセンリングサービスは常に大忙しだ。利用率は一九九〇年代の半ばから上昇する一方で、カウンセリングにやってくる学生たちの中で深刻な精神的問題を抱える者の数も、当時の三倍近く、全体の半数におよぶほど増えている。二〇〇六年、学生の精神の健康に関する特別調査団を召集するにあたり、スタンフォード大の学長は、「われわれは、精神の健康問題に苦しむ学生を目にすることがますます多くなってきており、その種類も自尊心の問題や発達障害から、鬱、不安、摂食障害、自傷行為、統合失調症、自殺行為までと多岐にわたっている」と書いている。また、ある大学の学長が僕に宛てたメールには、「若者のあいだに鬱病が大流行しているようだ」と書かれていた。

ハイスクールですでに悲惨な状況だったものが、むしろ大学に入ることでさらに悪化するのだ。学生たちは突然独りになって、目の前に立ちはだかる新しい環境のなかでなんとかやっていかなければならないのだと気づく。おまけに将来についての決断を下す時期に来ているのだということも知る。子供のころからそんなことをする準備はなにひとつしていないにもかかわらずである。抗鬱薬や抗不安薬の力を借りて乗り越えようとする学生も増えている（プレッシャーに打ち勝つため、アデロールのような刺激薬に頼るのは言わずもがなだ）。あるいは休学することで解決しようとする学生もいる――少なくとも、それを夢に描いている。ポモナ・カレッジのある生徒は言っていた。「車輪が外れるとしたら、大学に入ってからでしょうね」

僕はこうした窮状について、繰り返し耳にしてきた。プリンストン大のある院生講師は言った。「ちょうど数日前、私のオフィスで、卒論を指導中の学生が卒倒する出来事がありました。彼女は大学生活で相当大きなプレッシャーを感じているんです」。スタンフォード大から転出手続き中の学生はこう書いていた。「多くの学生にとって、トップに昇りつめるということは、『システム』に身を捧げることを意味するのです。同級生たちが、健康や人間関係や探究のため、そして魂や心の成長のために欠かせないような大事な活動を、成績や履歴書を強化するために犠牲にするのをずっと見てきました」。あるイェール大生の言葉。「友達がうまいこと言ってましたよ。『私は悲惨かもしれないけど、悲惨じゃなかったら、イェールに入れてない』」

「孤立」も大きな要因だ。ある卒業生は言う。「イェール大の学生たちには、真の人間関係を築くだけの時間がない」。また別の卒業生は、大学ではずっと友達もいなかったが、四年になってから、少しペースを緩めることを覚え、ようやく友達ができたと語る。そのころの彼女にとって、映画を観に出かけることは、とても物珍しい体験だったそうだ。先ごろ『ハーバード・マガジン』に掲載された記事では、学生たちはさまざまな活動をハシゴするのに忙しく、ルームメイトと顔を合わせても、夜の海ですれ違う二隻の船のようだと表現されている。学生たちは人脈の作り方は心得ていて、たいていの場合〝人付き合い〟にも長《た》けているが、実のある友人関係が築けるかというと、また別の話なのだ。恋愛面でも、同じように実用最優先の精神が貫かれている。痒《かゆ》いところを掻《か》き合うように、性的欲求を鎮めるという目的の下に結ばれた友人関係、もしくは提携と言うべきか。作家・コラムニストのロス・ドゥザットはそれを、安定をもたらし、パートナーがキャリアを最優先にすることを可能にする「実用主義の学内結婚」と表現した。先日、『ニューヨーク・タイムズ』に掲載されたペンシルベニア大学のある学生の言葉はこんな風だった。「私も大学では、意味のある恋愛関係をもつことはできないという姿勢を保っていました。なぜなら私はいつも忙しく、興味を抱く相手のほうもいつも忙しかったから」

他人とより強い絆《きずな》を結ぶことができれば、彼らの苦しみも和らげることができるかもしれない。しかしながら、それができないのは、今日のエリート大学生たちがさらに上を目指そうとする強迫観念——常に全速力で走り続けなければならないという意識——にとらわれているからだけではない。そこにはより複雑な心理が働いている。それは、弱みを見せることへの抵抗、自分だけがプレッシャーに対処できないと思われることへの恐れである。この若者たちはこれまで、やることなすことすべてに成功してきた。その要因の一つは、彼らが常に自信を漲《みなぎ》らせてきたからであり、その姿勢は死ぬまで変わらないだろう。そして今、大学へ入り、賭けのスケールは大きくなって、競争はさらに激化している。みんな自分だけが苦しんでいると思い込んでいるものだから、誰も何も打ち明けず、それぞれに苦しみを抱えたままでいる。みんな自分だけが偽物だと感じている。誰もが、自分以外の連中のほうが頭がいいと思っている。

スタンフォードの学生たちは、「スタンフォードあひる症候群《ダック・シンドローム》」について口にする。表向きは涼しい顔をしながら水面下では必死に水を掻いている状態をこう呼ぶのだ。先ごろ、インターネットのマサチューセッツ工科大生サイトに「溶融《メルトダウン》」と題した記事が掲載された。それを書いた二年生は、屈辱感や、ふがいなさ、そしてしばしば「押しつぶされそうなほどの孤独感」に苛《さいな》まれていることを告白した。その記事は広く閲覧され、少なくとも十数の他大学の学生からも注目や感謝の声が寄せられた。あるコメントにはこう書かれていた。「想いを分かち合ってくれてありがとう。私たちみんな自分では認めたくないくらい頻繁に、そういう気分になるんだよね。勇気を持って言葉にしてくれたことに感謝します」。アメリカで「四番目に幸せな」大学（これが何を意味するかはさておいて）にランクインしたことを誇るポモナ・カレッジのある学生は、そうした大学のイメージ自体に縛られている感覚について僕に話してくれた。加えて、大学がイメージを強化しようと課外活動を奨励しているため、その忙しさにも負担を感じているそうだ。学生たちは表向きは完璧に幸せであるかのように振る舞って、〝幸福監視員〟を満足させなければならないというプレッシャーを感じているという。

こうした学生たちは、仲間から孤立したように感じると同時に、彼ら自身からも切り離されたように感じている。小学校のころから始まった、曲芸の輪っかを飛び越えるような訓練――部活動、バンド、プロジェクト、チーム、大学単位認可（AP）クラス、大学進学適性試験（SAT）、放課後、週末、夏期講座、コーチ、家庭教師、〝リーダーシップ〟、〝奉仕〟……。それを終わりなく繰り返したおかげでエリート大に入れても、そのせいで、人生をどう生きるか――いや、なんのために大学へ行くかということすら、考える時間も術《すべ》も持てなくなってしまった。目的や熱意といった問題は、時間割には含まれていないのだ。子供時代と思春期のすべてを注ぎこんで目指した輝かしい目的地に到達したとたん、アマーストやダートマスの門をくぐったその瞬間に、多くの学生たちは、なぜ自分がそこにいるのか、次に何をしたいのかわからなくなってしまうのである。

僕がこの件について『目的をもって働く［原題 Work on Purpose］』の著者ララ・ガリンスキーと話したとき彼女は、若い人たちは、これと繋《つな》がりをもちたいという意識でものを見るようには訓練されていないのだと言っていた。かつての教え子は、僕に宛ててこう書いていた。「イェール大生に『情熱の対象を見つけろ』などと言っても無駄でしょう。私たちのほとんどは、その方法がわからないのですから。だからこそイェールに入った。つまり、『成功』の一語だけに情熱を抱くことができたからこそ入れたのです」。元ハーバード・カレッジ学長のハリー・R・ルイスは書いている。「あまりにも多くの学生が、おそらくは一年か二年、どこにも行きつくことのない踏み車のような大学生活を送った後、はっと目覚めて、危機に陥る。自分はなんのためにあれほど一生懸命勉強したのか、わからなくなるのだ」。コーネル大に通うある女子学生は、彼女のそれまでの短い人生を振り返って僕にこう言ったものだ。「課外活動は全部嫌い。授業も全部嫌い。ハイスクールでしていたことも、何もかも全部嫌いでした。この調子で仕事も大嫌いになるでしょう。私はこの先一生、ずっとこんなふうなんだと思います」

もし大人たちがこういったすべてのことに気づいていないとしたら、それはおそらく、見るべきところを見ていないせいでもあるのだろう。仮にこれまではそうだったとしても、もはや成績でAをとってさえいれば何もかもだいじょうぶということにはならないのだ。「うちの大学にいるのは、彼らの人生で他に何が起きていようと、優秀な成績を修める術を知っている学生なんです」。スタンフォード大の礼拝堂祭司、パトリシア・カーリン＝ニューマン師は言っていた。「私たち大人が見て見ぬふりをせず、彼らの苦悩を直視することが大切です」

とは言え、主だった原因は、こうした学生が、自らの抱える問題を大人たちの目から上手に隠してしまう点にある。僕自身、何年もイェール大に勤めながら、学生たちがどれほど悲惨な状況にあるか、ほとんど気づいていなかった。権威ある立場を辞した今になってようやく、学生たちの何人かが僕に対してリラックスし、本音を語ってくれるようになった。四年になるまで友達ができなかったと話してくれた学生は、むしろ異常なくらい健全に見えた――面白く、人当たりもよく、飾ったところがない。鼻につくほど競争心を剝《む》き出しにすることも成功に執着することもなく、おまけに学生としてもとても優秀だった。僕が見る限り彼女と同じくらいいい子でうまく順応しているように見えていた別の女子学生は、後になってとても惨めな大学生活を送っていたと打ち明けてくれた。常に落ち込むかストレスで疲弊するかのどちらかだったというのだ。ハイスクールを卒業するころには――それまでの何年かで、両親の友人たちにおべっかを使ったりするのはもちろんのこと、教師やコーチを喜ばせる術を身に付けて――エリート学生は、大人を乗りこなす達人になっている。礼儀正しく、明るく、穏やかで、そつがない――マナーも、身なりも、会話もしっかりしている（ついでにしっかり薬漬けになっていることも多い）。彼らはそうやって、健全で充実した優等生の顔を取り繕っているのだ。

仮にこうした悲惨な状況が、真の学問のために起きているのだとしても、それはそれで由々しきことだろう。しかしながら、「システム」が今現在与えているのは、それとは真逆のものなのである。わが国の一流名門大学は、入学してくる生徒たちの質の高さを誇りとしている――SATの平均点、ハイスクールでの成績が上位一〇％以内という割合、彼らを入学させるときの篩《ふるい》の目の細かさ、そして『USニューズ＆ワールドリポート』誌がわれわれに崇《あが》めることを教えたすべての数字。間違えないでいただきたい――今日のエリート学生らは、純粋に学業という点においては、驚くほど完璧に準備を整えている。

彼らが細心の注意を払って育てられ、熱心に世話をされ、手を掛けられたことを考えれば、そうならないほうが不思議だろう。彼らはスポーツの全米代表選手の学業版のようなものなのだ。物心つくかつかないかのころから、コーチを付けて訓練を重ね、食事に至るまで管理されている。何を要求しようと、彼らは見事にやってのける。目の前にどんなバーを掲げようと、彼らは跳び越えてみせる。超一流大で教えている僕の友人は、あるとき、彼女のクラスの学生に、三十行からなる十八世紀の詩人アレクサンダー・ポープの詩を暗記するよう命じた。学生は一人残らず、句読点一つに至るまで、見事に記憶したそうだ。彼らが授業でその詩を書き連ねている姿は、サラブレッドが颯爽《さっそう》とコースを巡るがごとき、目を見張るような光景だったと彼女は言う。

問題は、生徒たちが、宿題をやり、答えを出し、テストでいい成績をとることが、教育というもののすべてだと教え込まれてしまっていることだ。彼らが受けている訓練には、そこにもっと大事なものが関わっているのだと気づくだけの感覚を授けてくれるものが何一つない。彼らは〝生徒である〟ことを教わりはしても、自ら考えることは教わらない。僕はあるとき、州立大学の分校の教師と話しをしていた。学生たちは自分の力で考えようとしないと、彼はこぼしていた。僕はそれに対してこう言った。イェールの学生は、自分で考えることは考えるが、それは教師が彼らにそう望んでいるのを知っているからだ、と。僕はアイビーリーグで過ごした年月のあいだ、大勢の素晴らしい若者を教える機会に恵まれた。聡明で、思慮深く、創造性に溢《あふ》れた学生たちで、僕にとっては彼らと話すことも、彼らから学ぶことも喜びだった。だが彼らの多くは、現行の教育制度が線引きをした中で自分の特徴を出すことに満足しているように見えた。知識に情熱を抱く者などほとんどいない。大学を、自ら選ぶ、自らのための、知的発見と成長の壮大なプロジェクトだと考えている学生はごくわずかだ。

こうした見方をしているのはもちろん僕だけではない。アマースト大で教えている友人は、作文についてもっとよく知りたいと彼女のもとを訪ねてきたある学生の話をしていた。その学生はすでに医学部大学院に入学が決まり、ようやく学びたいことを学べるようになったと感じて、はじめて教えを請いにきた。彼は一年や二年のときにはそんな時間はなかったと言っていたそうだ。名門リベラルアーツ・カレッジで美術を教えている別の友人の言葉。彼の生徒は創造性を刺激する課題にも積極的に取り組むそうだが、それは、成績でAが取れると見込めればの話だと言う。「イェール大生が週末丸々ベッドに寝そべって詩集を読みふけるとか、パソコンのキーボードに釘づけになって、画期的なiPhone用アプリを作成するとか、そういうところは想像もつかないね」。一九七〇年代に大学に通い、今はコンピュータ学科で教える元同僚は言っていた。「私が学生のころには、みんなしょっちゅうそういうことをしていた。情熱に溢れた変人どもが学内のあちこちにいて、それが大学を面白い場所にする要因のひとつだった」

単純な話、学生たちには、そんなふうに何かにどっぷり浸《つ》かりきるような時間がないのだ。桁外れの量の課外活動が空いた時間にびっしり詰め込まれ、本来学生がエネルギーを注ぐ対象となるはずの知的な愉しみの機会を排除してしまっている。デイヴィッド・ブルックスをはじめ、今の学生生活を見守る大人たちは、深夜にとりとめのない議論に興じる習慣は完全に死に絶え、折に触れて知的な討論をする機会もほとんどなくなってしまったと言っている。ブラウン大やペンシルベニア大、コーネル大、ポモナ・カレッジ、コロンビア大の学生たちからも、僕は同様の嘆きを耳にした。「自分自身でも、きちんと説明することができないのです。なぜ夏休みにかぎって、学期のあいだよりも、自分がずっと『賢く』感じられるのか——生産性が高く、創造力豊かで、より面白味のある（もっと重要なのは、周りから面白いと思ってもらえる）人間だという気分になるのか」。これはプリンストン大二年の学生が僕に宛てた一文である。別の大学出身のある女性は、イェール大に通う彼女の恋人について、こんなことを言っていた。

大学へ行く前、彼は余暇のほとんどを読書と短編小説を書くことに費やしていました。三年後、彼は痛々しいほど不安定な精神状態で、公立校に通う私の友人たちならなんとも思わないようなことを心配するようになっていました。独りでランチを食べる屈辱感とか、自分はじゅうぶんな〝ネットワーク〟を築けているだろうかとか。これは本人以外私しか知らないことですが、彼は本をたくさん読んでいるふりをしているんです。タイトルを耳にした本は、最初と最後のほうの章だけぱらぱらっと眺めたり、実物を読む代わりに、とりつかれたようにレビューをむさぼり読んだり……。べつに本に興味がないからじゃない。実際に本を読むより、どの本についても話せるようにしておくことのほうが、人付き合いの面で利点が大きいからなんです。

もちろん例外はある。探究者や思想家、「情熱に溢れた変人」は今もいる。開拓者精神で思考の限界を切り拓こうという学生や、それがどれほど不可能に見えようと、真の教育を受けたいと主張する学生は今もいるのだ。しかし大学での経験によって、往々にして彼らは、自らをできそこないだと感じてしまう。そんな学生の一人は言っていた。「イェール大は、探究者への道は開いてくれないんです」。また別の学生は、彼女の転籍した友人についてこう話していた。「彼女はイェールにいると、自分の一部が苦しくなると気づいたんです。いわゆる〝魂〟みたいな部分が」。また別の学生は言う。「魂を成長させようとしても難しいんですよ。周りがこぞってそれを売ろうとしているような環境ではね」

僕がイェール大を例に挙げることが多いのは、そこで教えていたのが長かったからだが、イェール大を狙い撃ちにして批判するつもりはない。むしろ（リベラルアーツ・カレッジを除いて考えた場合）エリート大学のなかでは、創造性や知的な独立心を育むという点において、最も良いという評判に適《かな》っているのではないかと思う。専門職の訓練所になっているとの悪名高いペンシルベニア大、デューク大、ワシントン大や、反知性主義の汚名を着せられたプリンストン大やダートマス大のようなところは、明らかにこれよりずっと悪い状況だろう。だからこそ、よけいに恐ろしいのだ。イェールが最高だとすれば、その〝最高〟はかなり悪いものなのだから。

とは言え、ここ数年で僕が学んだことがあるとすれば、今日のエリート大学生たちは、大学に入ってくるときには今のような状態、つまり、大部分が羊の群れやロボット軍団で、その周りにわずかに反逆的な知性派がちりばめられているような状態ではなかったということだ。彼らの多くは、それらの中間あたりに位置している。彼らの先輩たちもそうだったように、理想主義的で好奇心が旺盛だ。彼らの先輩たちもそうだったように、目的と意義に飢えている。それでも、ある心理的欲求に囲い込まれてしまっている。その欲求とは、彼らがそもそも大学に入ることを可能にした一連のプロセスの産物だ。

哲学者アラン・ブルームは書いている。「教育制度というのはことごとく、ある一定の型にはまった人間を作り出そうとするものだ」。エリートとして育つということは、自分自身を、エリートの仲間入りをし、エリートとして上昇していくことに成功しているか否かという物差し——成績や点数、トロフィーの数など——で測り、それを自分の価値とするようになるということだ。それによって君たちは称賛され、それによって君たちは報われる。親は君たちを自慢し、教師は満面の笑みを浮かべ、ライバルたちは歯ぎしりをする。そして最後に、最大のご褒美が与えられる。君の思春期をアンダーラインで輝かせ、君という人間を一言で示して世に認めさせるもの——夢の一流大学への入学である。いや、「最後に」ではない——当然のことながら、ゲームはそこで終わりではないのだから。大学生活も、おのずとそれまでのものと同じになってくる。魔法の言葉が少し変わるだけだ――学業平均値（GPA）、ファイベータカッパ・クラブ、フルブライト奨学金、医科大学入学試験（MCAT）、ハーバード法科大学院《ロースクール》、ゴールドマン・サックス証券。それらは単に君の運命だけではなく、君のアイデンティティを表わすものになる。いや、君のアイデンティティだけじゃない、君の価値を示すものになる。君が誰であるか、君にどれくらいの値打ちがあるかを示す指標なのだ。

その結果世に言う「学歴偏重主義」が生じる。成績優秀のゴールドスター・シールを集めることが人生の意味になってしまう。それゆえ、課外活動は過酷なまでに詰め込まれ、それ自体を目的とした学問がおざなりになって、履歴書に書けないことをやるなど、想像すらできなくなる。それゆえ、常に競争意識に付きまとわれることになる（スタンフォード大のある教授から聞いたことだが、特定の課外活動への学生の参加を増やしたければ、入るための競争率を高くすればいいのだそうだ）。それゆえ、ドゥザットが彼のハーバード時代の回顧録『特権［原題 Privilege］』で書いたような「風土病的な学業の手抜き」が起きる。そこではせっかくの知力のすべてが、可能な限り学ぼうということではなく、できる限り少ない労力で切り抜けようということに注がれていたそうだ。それゆえ、二科目主専攻（ダブル・メジャー）が流行《はや》る。主力を注ぐ専攻科目に加えて、選択科目をいくつか取るというだけでは、もはやじゅうぶんではない。アメリカの高等教育は、自由に学問の広野を漂浪し、思いがけない出会いや発見をすることを意図して（世界的に見ても珍しい形式に）設定され、学生たちにそれを可能にしているにもかかわらずである。今の学生は、履修証明をもう一つ余分に取得しなければ、これまでの努力が無駄になるとでも言わんばかりだ。僕は一度、四科目主専攻（クワドルプル・

メジャー）の学生に会ったことがある。その学生は、クワドルプル・メジャーすなわち〝とても頭がいいこと〟だと考えているようだった。

学歴偏重主義は今や範囲の狭い実用主義になり、教育というものを、今すぐ役に立つかどうかでしか理解できなくなっている。そしてその考えは、最高峰の名門大学で、大手を振って練り歩いている。頭上に掲げた横断幕に書かれているのは「経済学」だ。『USニューズ』誌の最新リストでトップ10の総合大学（ユニバーシティ）と、同じくトップ10のリベラルアーツ・カレッジのなかで、一九九五年当時、経済学が最も人気のある専攻科目だったのは三校だけだった。二〇一三年では最低でも八校、最高では一四校で最も人気の専攻科目になっている。各ユニバーシティを見た場合、経済学が専攻科目のトップに来ているのは、ハーバード、プリンストン、ペンシルベニア、ダートマス。そしておそらくはコロンビア大とシカゴ大もそうだ（報告によってまちまちなので、判断が難しい）。大規模な大学とは違った教育をすることが売りのはずのリベラルアーツ・カレッジに目を向けても、トップ10のうち四校で最も人気の高い科目とされている。その四校とは、ウィリアムズ、ミドルベリー、ポモナ、クレアモント・マッケナで、おそらくアマースト、スワスモア、カールトン、ウェルズリーでも同様と思われる。それぞれのリストの二〇位までを見ても、その人気の高さは変わらず、ユニバーシティ六校と、リベラルアーツ・カレッジ六校で一番人気の専攻科目になっている。合計すると、二つのリストを合わせた上位四〇校のうち、二六校という数字になる。実に六五％の大学で、同じ専攻科目が人気のトップになっている。一点集中も甚だしい。

その一方で、金融およびコンサルティングが、学生が最も希望する就職先として浮上してきたのも、けっして偶然ではない。二〇〇七年、卒業後フルタイムの職に就く予定のハーバード大の最終学年のうちおよそ半数が、それら二業種のいずれかを選んでいた。リーマン・ショックの直後、この数は減ったとは言え、その割合は微々たるもので、減少傾向も長くは続かなかった。二〇一〇年には、ふたたびハーバードの卒業生の半数近くがこの二業種のいずれかに就職する結果になっており、ペンシルベニア大でも半数以上、コーネル大、スタンフォード大、マサチューセッツ工科大（ＭＩＴ）では三分の一以上という割合だった。また、二〇一一年、プリンストン大の卒業生の三六％が金融の一業種に就職したという数字もある。

イェール大では、二〇一〇年の数字を見ても、二業種合わせて四分の一ほどだが、その翌年、当時三年生だったマリーナ・キーガンが「なぜそれだけじゃなくちゃいけないの？」と問いかけるエッセイを書き、インターネットで評判になった。「イェールのように多様性があり異質の要素を含む場で、これだけ多くの割合の人々が同じことをしようとするのは驚くべきことだ――しかもそれは、卒業後の進路という、とても重要なことなのである」。学生たちが大学に入って来るときにはその二つに進む意図がまったくなかったということを考えると、さらに驚きは大きくなると彼女は続けている。「私は今週初め……（中略）……信頼するに足る科学的な調査を行った――一年生を一人一人捕まえて、卒業後は何をしたいか尋ねたのだ。コンサルタントや証券マンになりたいと言う者はただの一人もいなかった」

となると、次なる疑問は「なぜ」だ。なぜ、これほど多くのエリート大学生がそれら二つの業種のどちらかを選ぶことになるのだろうか？　彼らの群れ全体について、この事実がわれわれに示しているものはなんなのだろうか？　強欲の一語で片づけるわけにはいかない。こうした学生たちが、何を教え込まれてきたのかと言えば、なによりもまず、目の前の輪っかを飛び越えることなのだ。彼らにとってはそれが慣れ親しんだこと、安心できることであり、こうしていれば間違いないと思えることなのである。ハイスクールでは誰もが、できる限りレベルの高い名門校に入るという同じ目標を持っていた。曲芸の輪っかは先のほうまできちんと並べられ、それをひとつひとつ飛び越えていけば、目標に到達することができた。しかしひとたび大学へ入ると、ことはそれほど明確ではなくなる。道はいくつにも分かれ、行く先の多くは霧に包まれている。キーガンも書いているように、ミュージシャンになるための願書など存在しない。どうやったら社会企業家になれる？　政治家は？　脚本家は？　国務省に就職するには、シリコン・ヴァレーの会社に入るには、『ニューヨーク・タイムズ』紙で働くにはどうしたらいい？　君たちが聞いたこともない選択肢がこの世にどれほどあるだろう？　そもそも、就職先というのは、どんな方法で見つけたらいいのだろう？　卒業が近づくにつれ、多くの学生たちが半狂乱で走り回り、ここでまた飛ぶための輪っかを探そうとしたとしても、不思議ではない。

ところで、選択肢と言えば、この学生たちは、彼らのそれは無限だと教えられてきた。けれどひとたび何かに身を投じてしまえば、その限りではなくなる。昔の教え子が、卒業から二、三年経って、彼の書いた「可能性の逆説」と題したエッセイを送ってきてくれた。彼は、イェールの学生は、幹細胞のようなものだと書いている。この世の何にでもなることができるので、それゆえ彼らは、特定の何かになる時期をできる限り先送りしようとする。可能性が限界を生んでしまうという逆説的な現象が起きるのだ。「僕や、僕の友人たちは、千通りの出世路線《キャリア・パス》を全速力で駆け抜け、世界各国を飛び回ったりすることはない。そんなことはせずに、僕らは注意深く、群れになって動く。すでに踏み固められた道をゆっくりと進み、二年、あるいは四年先にはまた、未だ分化されず可能性に満ちた幹細胞になれるようにするのだ」

特にコンサルティング会社などは、この状況をうまく利用することを覚えた。企業の採用担当者はエリート大学のキャンパスに大挙して押し寄せる。応募は容易にしつつ、採用は狭き門にしている。そのほうがより魅力が高まるのだ。この職は履歴書に書いたときにかなりの箔《はく》が付くし、退職した後どんな職種にも就けるから、君はなんの選択肢も失わずに済む。仕事内容自体は、大学の勉強と大差ない。正確な分析、形の異なる情報を統合すること、明瞭かつ効果的なコミュニケーション。経済学を勉強したことがなくてもかまわない。企業は、人文科学系の学生をも喜んで採用する。彼らが探し求めているのはまさに大学が受験のときに求めていたもののみ——知力と勤勉さとやる気、つまりは適性のみなのだ。そしてもちろん、彼らは報酬をたんまり払ってくれる。

かつての教え子は僕に宛ててこんなふうに書いていた。

　大きな問題として挙げられるのは、今日、イェール出身者や同じような立場の連中は、入社一年目で十万ドル支払ってくれないような職に就くと、学位を無駄にでもしたかのように感じてしまうということです。特にコンサルティング業界は、アイビーリーグ出身者の多くが心の奥底に抱いている誤った妄想、つまり、イェールやハーバードに行ったというだけで高給を取る資格があるという妄想を満足させる魅力があるのではないかと思います。なぜ新卒一年目をコンサルティング業界で過ごすかということについて、同級生から聞いた理由はさまざまでしたが、結局はひとつに集約されるのです。「なぜなら、私はそこに入れるから」。その誘惑から逃れるだけの度胸がある人は、そう多くはありません。

これはコンサルティング会社に限ったことではない。多くは、証券業界にも当てはまる。別の教え子はこう書いていた。「ウォール街が気づいたのは、大学はとても賢く完全に困惑した多くの卒業生を輩出しているという事実です。有り余るほどの知的能力と、驚くべき職業倫理を持ちつつ、自分が次に何をしたらいいかわからない若者たちです」。法科大学院（ロースクール）も、経済的な報酬を受け取れるようになるのは数年遅れるものの、基本的にはこれと同じである。卒業後の進路として非営利団体のなかで一番人気のティーチ・フォー・アメリカ［米国の教育NPO。このプログラムに参加した新卒者は、その後二年間、国内の教育困難地域の学校の講師となる］も、熱心な募集活動、明確な業務内容、採用時の競争率の高さ、就業の期限が限られていることなど、多くの点で同様だ。履歴書に箔を付けてくれるし、以後の選択肢を狭めることもない。見るからに立派なゴールドスターをまた一つ増やすことができるわけだ。このプログラムの先輩たちの何人かがそうしているように、その後ベインキャピタルやモルガン・スタンレーといった企業に入ることもじゅうぶんに可能だ。ティーチ・フォー・アメリカは、動機の面から見れば、ウォール街の対極にある。しかしエリート大学生が卒業後どんな進路を選ぶかということを考えたとき、最も大きな問題は、金欲ではなく、惰性なのである。

金銭に対する執着が勝ってしまう傾向があるとすれば、それは、あまりにも多くの学生が、心に決めた目的を持たずに大学を卒業するという点に因るところが大きい。言い換えれば、自らの時間を注ぎ込むのに、金銭よりも価値のあるものを見つけ出していないのだろう。

つまりはこういう皮肉な現象が起きているということだ。エリート学生らは、君たちは何にでもなれると言われながら、多くは、二、三のとても似通ったもののうちの一つになるという結果に甘んじている。周囲に広がるさまざまな分野も視界から欠け落ちてしまっている。聖職、軍、政界、教職。研究職すらも、基礎科学を含め、ほとんどの分野で忘れ去られている。今日の若者たちは、全体として見れば、それまでの数十年間の学生たちよりも、社会と積極的に関わろうとしているように見受けられる。世界情勢にも強い関心を寄せ、なんとか改善したいという望みも抱いている。また、創造的なことや起業にまつわる欲求を抱くことも多い。しかしその一方で、選り抜きの一流大学では、仮にこうした憧れを大学の四年間抱きつづけることができたとしても――その可能性はかなり低いが――結局は堅実な人生の構成要素を皆と同じ狭い概念のなかでとらえ、最終的な決断を下す傾向にある。その構成要素とはすなわち、富と信用と名声なのだ。

僕はイェールで見たものを、アメリカ全土のキャンパスで、繰り返し目にすることになった。どの学生も恐ろしく普通で、どの学生もみんな同じに見える。ヒッピーもパンクもいなければ、美大生タイプも流行の先端を行こうというタイプもいない。レズビアンの男役も性的マイノリティも、部族衣装《ダーシキ》をまとったアフリカ系の学生もいない。オタクもオタクっぽく見えない。ファッショナブルな学生は控え目なエレガンスを醸し出す程度だ。誰もが皆、今すぐ面接すると言われても応じられそうな服装をしている。君たちは若いんだぞと言ってやりたくなる。自分らしさを思い切り発揮してみろ。〝多様性〟が聞いてあきれる。ここにあるのは、ちょっとだけ風味の違った三十二種類のバニラアイスクリームじゃないか。僕は何も、学生運動の時代が過ぎ去ったことを嘆いているわけじゃない。大学というのは、以前は、自分自身の可能性を色々と試し、どんなタイプにもなれる場所だった。今の学生は皆、同じキャラクターに統一されているかに見える。成功したアッパーミドルクラスの専門職。彼らがすでにこうなりたいと決めた大人の姿を真似《まね》ているのだ。卒業生の一人はこう書いていた。「イェールの新入生にどれほどの多様性があろうと、四年になればそれははるかに少なくなります」

誰もが同じことをするのは、みんなが同じことをしているからだ。ある教え子は以前、「鮭《さけ》の遡上」の話をしていた。ミシガン大のある卒業生は、これを「コンベヤーベルト」と表現した。作用の原理は、「三角の欲求」である。他人が何かを欲しているのを見て、それはきっと価値のあるものだと思い、自分もそれが欲しくなるというものだ。一九六〇年生まれでプリンストン出の作家マイケル・ルイスは、彼の時代の「鮭の遡上」についてこう書いている。「大勢でやれば怖くないという感覚があった」

キーワードは「怖くない」。入る権利があるから、他に行きたいところもないから、選択の幅を狭めたくないからといった要因の陰に潜んでいる、鮭たちを遡上にかき立てるもう一つの要素は、恐れだ。それはまさに、エリート大学生が鍛錬の末に世間に見せている涼しい顔の陰に潜む恐れなのだ(あるいは、恐れ以上のもの、パニックや有害なまでの不安かもしれない)。入学の基準が極度に高まり、競争が過酷になった今、エリート大学に入ることができるような若者たちは、当然のことながら、成功以外の経験をしたことがない。成功しないかもしれないと考えるだけで、彼らは恐怖に陥り、方向を見失い、挫《くじ》けてしまうのだ。彼らは生まれてからずっと、失敗することへの恐れに苛《さいな》まれて生きてきた。多くは、彼らの親が抱く失敗への恐れに影響されてのことだ。たとえ一時でも、すべきことが達成できなかった代償は、現実的な不都合だけでなく、自身の存在すらも脅かすものなのである。

その結果彼らは、必死にリスクを避けるようになる。ミスを犯す余裕はないから、ミスする可能性を徹底的に排除する。これこそ、「エリート教育」が「学び」とあまりにも相いれなくなってしまった原因のひとつだ。元ハーバード・カレッジ学長ハリー・R・ルイスは、誰もAをとれない可能性があるような科目にチャレンジしようと思わず、それゆえ、すでに馴染みがあり得意なこと以外に進んで立ち向かおうとしないと書いている。実験し、探究して、この世界の新たな見方を開発すると同時に、自分自身の中にある新たな能力を発見すること——こうした大学教育が本来持つべき意義が、路傍に打ち捨てられてしまっている。誰もが、十二個のボールでお手玉をしながら、そのうち一つも落としたくない。誰もが、成績証明書レースで遅れを取りたくないのだ。ポモナ・カレッジのある女子学生は、自分が勉強していることについてじっくり考える機会があればいいのに、その時間がないと言っていた。僕は彼女に、必ずしも全科目でAを取らなくてもいいんじゃないか、その可能性について考えてみたことはないかと尋ねた。女子学生は何か卑猥《ひわい》なことでも言われたかのような目で僕を見ていた。

安全策をとりつづけるこの訓練も、大学四年になると、自分の人生について現実的な決断を下す必要性と結びつけて考えなければならなくなる。真ん中にいる大多数の学生たちは、群れの形を意識し始める。僕の教え子が、人と違う選択をすることの難しさについて語ったことを思い出してほしい。しかもそれは、自分以外の全員が同じ選択をするのを目の当たりにする前の話なのだ。多くの学生たちが語ってくれたことだが、最終学年に方向性を決めていく中で、仲間たちから――仲間たちから、、、！――違った人生を生きるならそれを正当化してみろとでも言うようなプレッシャーが伝わってくるそうだ。自分は頭がおかしいのではないかと感じはじめるのだという。確かなものを捨てるなんてどうかしている、それでやっていけると考えるなんて馬鹿《ばか》じゃないのか、何かに挑戦する権利があるとでも思ってるのか、そんなこと想像するだけでも異常だ、と。

卒業しても、この問題が消え去ることはない。一つの選択をし、振り返らないで進んでいける者もいる――結果はさておき、彼らが信念から選んだのか、やぶれかぶれでつかんだのかはともかくとして。だが、多くはそれまでと変わらない感覚とプレッシャーの中で、もがきながら進んでいく。僕は長年にわたってつまずき続ける教え子を何人も見てきた。今日の聡明な若者の多くがそうであるように、情熱を感じられないものを甘受するには気が進まないながら、ならば自分の情熱はどこかと言えば、それもわからない。ある教え子は、不安や恐れからだけではなく、野心のせいでもがき続けるのだと語っていた。真に人より抜きんでたいという欲求があるわけではない。一流の中に身を置き続けなければ自分が欠陥品に思え、考え得る限り最も立派なことをし続けなければならないと感じてしまうのだ。そしてことあるごとに振り返っては、自分の元クラスメートたちがしているすべての立派なことが気になってしかたがない。

ある教え子は、数年前、コンサルティング会社に就職した。彼はときどき採用関係の用事でキャンパスを訪れ、その都度僕に会いに来てくれる。彼は会うたびに今の仕事を辞めてもっとクリエイティブなこと、意味のあることがしたいけれど、すでにその方法がわからなくなってしまったと言う。理由は、慣れ親しんだ生活水準を手放すことなど想像できないからだそうだ。言い換えれば——この言葉は繰り返し耳にしているが——金に溺れてしまったということなのだろう。

一方、先ごろ卒業したばかりの別の教え子は、物書きの才能があり、今のところ信念を貫いている。常に競争や地位などには無関心だった彼女が、こんなことを書いてきた。


堅固な梯子《はしご》を見つけて、今後十五年間、わき目もふらずに駆け上り続けたいという衝動と、日々闘っています。自分の腹の底に不安が湧き上ることからも、それが間違った選択だとわかるから。もしも回り道せず、結果的に楽しい道筋を通らずに『ニューヨーカー』誌の上級編集者になったとしても、私は幸せではないでしょう。それでいて、たいていの日は、罪悪感という小さなカプセルの爆撃を受けています。それは爆発しては、網のように私を覆うのです。この衝動からどうにかして逃れる道を見つけなければなりません。それに囚《とら》われているあいだは、書くことはおろか、考えることさえ難しくなります。この手の野心が、イェールの他の学生たちを悩ませるのを見てきましたが、私自身が苦しむことは、今の今までありませんでした。

このエリートの苦境とも言うべき状態は、合衆国に限った問題ではない。「システム」は世界各地に存在しており、今現在、多くの点で相互に関連しあっている。アメリカのトップクラスの名門大学では、学生のおよそ一割が海外から来ている。わが国の入学基準が世界中に広まっている。上海やソウルやムンバイの学生たちが、われわれの作りだした輪っかを飛び越える羽目になっているのだ。カナダや英国、そして特にインド、シンガポール、中国、韓国、フィリピン、日本といったアジアの人々から、僕のもとに声が届けられている。ある人はこう書いていた。「現在の教育について、この上なく完璧にその罪を証明してくださったことに、お礼を言いたいと思います。私はカナダの医学部大学院（メディカルスクール）に通っていますが、あなたのご意見はアイビーリーグ以外にも広く当てはまります」。別の学生は言っていた。「インドにはインド版のアイビーリーグがあります。わが国ではそれを、インド工科大学群（ＩＩＴ）とインド経営大学群（ＩＩＭ）と呼んでいます。あなたが書かれていることがことごとく、ここで実際に起きているのを、私は目の当たりにしてきました」

こうした問題は、最終的には、成功者の多くが陥ると言われる「中年の危機」にもつながってくる。ハーバードで長年入試担当部長を務めたウィリアム・Ｒ・フィッツシモンズは、こんなふうに表現している。

すべての〝賞〟に輝き、最も成功をおさめた卒業生でも、ふと立ち止まり、ここまでするだけの価値があったのだろうかと考えることがある。そんな姿を目にすることは、けっして珍しくない。三十代、四十代の専門職の人たち――医師や弁護士、研究者、実業家など――を見たとき、生涯に渡る過酷な新兵訓練《ブートキャンプ》を何とか生き延びて呆然自失の状態になっているような印象を受けることがある。その仕事に就いたのは自分以外の誰かの期待に応《こた》えるためだったと言う人もいるし、単に、自分がほんとうにこの仕事が好きなのかじっくり考えることもなく漠然と流れ着いてしまったと言う人もいる。今この時を生きるのではなく、常に先のほうにぼんやり見えるゴールを目指して、青春をそっくり無駄にしてしまったと考えている人も多く見受けられる。

つまるところ、これはいったい何のためなのだろうか？　燦然《さんぜん》と輝く、わが国のエリート高等教育システムとは？　子供たちは狭き門をくぐろうと死ぬ思いをし、親たちは高い学費を払うのに死ぬ思いをする。すべては、「システム」が開いてくれる可能性のためだ。だが、「システム」が閉ざしてしまう可能性についてはどうだろうか？　現実的な理由からではなくとも、「システム」が与える期待ゆえに、君たちががんじがらめになってしまっているとしたら？　私はどうしたら教師になれるだろう？　あるいは聖職者に、大工になれるだろう？　せっかくの立派な学歴が無駄になってしまうのではないか？　親はどう思うだろう？　友達はどう思うだろう？　二十年目の同窓会、クラスメートはみんな金持ちの医師やニューヨークの有力者になっているのに、合わせる顔がなくなるんじゃないだろうか。それらの問いの裏にある疑問はこうだ。その職業は私のレ、ベ、ル、よ、り、も、下、なんじゃないか？

かくして、広大な可能性の世界への扉は閉ざされ、君は天職に就く機会を逃してしまう。

もっともこれは、君が仮に、天職が何か勘づいていた場合だ。「イェール大生に『情熱の対象を見つけろ』などと言っても無駄でしょう。私たちのほとんどは、その方法がわからないのですから」。

確かにごもっともな意見だ。学生たちの多くは、他に何をしたらいいか思いつかないなら、ウォール街へでも行ってせいぜい金を稼ごうというような調子なのだから。しかしごもっともでは済まされないのは、この国の教育システムが、高い知力を誇り、教養がありながらも、二十二歳にして人生で何をしたらいいかまったくわからない若者たちを輩出してしまっていることだ。彼らはなんの目標もなく、さらに困ったことに、どこをどう探したら目標が見つかるかもわからない。すでに誰かが踏み固めた道を進むことはできても、自分の道を切り開くだけの創造力を――あるいは勇気を、あるいは心の自由を――持ち合わせていない若者たちなのだ。

第二章　歴史

僕らはどうやってここまで来たのだろう？　大学入試制度は、言わばこのエリート教育の「システム」全体を方向づけるてこの支点――幼少期から思春期、さらには大学生活や就職にまでその暗い影を落とし、子供たちの養育の形を決め、それゆえ彼らがどんな人間になるかを決定づけるもの――だが、どうやって今のような形をとるようになったのだろうか？　それは、ここ十年や十五年の現象ではない。多くの人は誤解しているようだが、今日のエリート学生と、二十年、あるいは四十年前のエリート学生との違いは、五十歩百歩だ。「システム」がどのようにできあがってきたかということは、とりもなおさず、われわれ自身がどのようにできあがってきたかということである。なぜなら、今現在、アメリカの専門職の大多数は、そして、アメリカのアッパーミドルクラスやリーダー層、わが国の政府や経済や文化や教育機関を率いている人々の大半は、皆それをくぐりぬけてきているのだから。それを理解したいのなら、まずはそのはじめに戻ってみる必要があるだろう。

いや、いっそはじめよりも前、「金ぴか時代」と呼ばれた十九世紀後半の数十年にさかのぼろう。世間一般に信じられていることとは異なり、アイビーリーグの大学は、最初から常に金持ちの息子たちの〝教養学校〟というわけではなかった。南北戦争（一八六一～六五年）以前、それらは比較的小さく、どちらかと言えば地域限定の教育施設だった。入学する生徒の中には、確かに、いい家柄の令息や一流の紳士となるために勉学するお坊ちゃんもいただろうが、当時の裕福な家庭の子息の多くは、わざわざ大学で学ぼうとは思わなかった。また、依然としてほとんどが農業によって成り立っている社会では、経済活動も地域にかぎられており、お金持ちのお坊ちゃん自体が、さほど多くはなかったのである。

社会学者E・ディグビー・ボルツェルの著書『プロテスタントの結成［原題 The Protestant Establishment］』によれば、南北戦争後、状況は変わりはじめる。工業化が急速に進み、新たな富と、新たな富豪階級を生みだした。大陸に網の目のように広がった鉄道が、この国の経済をひとつにした。昔ながらの地元のエリートたちに、国家のエリートとしての自覚が芽生え、彼らの階級の独自性を確固たるものにすべく行動しはじめた。にわか成金たちは上流階級に順応する必要があった。そしてすべての金持ちは、巨大な下層階級と社会的に一線を画す必要があった。この下層階級の多くは、南ヨーロッパや東ヨーロッパから都市になだれ込んできたカトリック教徒やユダヤ教徒だ。上流階級には反ユダヤ主義や反カトリック主義がすでに根付いていた。ボルツェルがそののちWASPの呼び名で広めることになる階層、アングロサクソン系白人でプロテスタント――これもまた、ともすれば太古の昔から続いてきたかのように受け止められている事象だが、実際の起源はこのころである――が、その姿を現したのだ。注目すべきはこの〝アングロサクソン〟だろう。この国が一世紀ほどまえ、平等の名のもとに反逆し、戦ったはずのイギリスの貴族階級が、新たに出現したアメリカの貴族階級の手本となったのである。

WASPは自分たちのために、新たな一連の施設を作りだした。一八八〇年には、バーハーバーやニューポートといった高級リゾート地ができあがり、運営されていた。最初のカントリークラブは、一八八二年に設立された。一八八四年にその門戸を開いたグロトン校は、ニュー・イングランド初の大学進学準備校（プレップスクール）でこそないものの、由緒あるイギリスのパブリックスクール（つまり、私立校）を真似《まね》た最初の学校だった。『ソーシャル・レジスター』と呼ばれる名士録は一八八七年から出版されるようになった。「アメリカ革命の娘」［独立戦争の精神を後世に伝える愛国婦人団体］は一八九〇年に設立された。ほどなくして、貴族階級は都市を逃れ、フィラデルフィアのメイン線沿い高級住宅地のような郊外の飛び地に住むようになり、カントリー・デイ・スクール運動［プレップスクールのような高度な授業内容を保ちつつも全寮制ではなく通学制のハイスクールを、犯罪や公害の心配のない郊外に設立し、理想的な教育環境を実現しようとする動き］がこれに続いた。

WASPの貴族たちが自ら作り上げたわけではないものの、変容させた機関もある。ハーバード、イェール、プリンストンの各大学が金にまみれた伝説をまとうようになるのはこの時期である。ハーバードでは、「ゴールド・コースト寮」と呼ばれる設備の整った個人経営の寮が出現し、イェールでは当時ブームとなった大学小説『イェール大生ストーヴァー［原題 Stover at Yale］』が出版され、プリンストンは、F・スコット・フィッツジェラルドを輩出した（同大は一八九六年にニュージャージー大学から紳士っぽく改名）。エリート大学は、裕福な若者たちが全米から集まる同じような仲間たちと交流する場であり、社会的慣行について学び、人脈を育み、卒業生をリーダー層の構成員として認定することにおいて、重要な役割を果たしていた。当時、大学は学問一辺倒のイメージを払拭し、新しい種類の顧客を誘い入れようとしており、課外活動――とりわけ運動競技、その中でも特に、〝男のスポーツ〟であり、まさにこのころ、エリート校において現在の形に完成したフットボール――が、大学生活で中心的役割を担うようなった。大学ビジネスはにわかに繁栄した。ハーバードは、一八六〇年代には年間一〇〇名だったのが、一九〇四年には六〇〇名以上が入学するようになった。学問はもはや流行遅れ――〝でくの坊〟や〝ガリ勉〟だけがするものになった。学内交流はプレップスクール出の学生たちに支配され、パーティーやいたずら、紳士気取りがかっこいいこととされた。プレップスクール出身者は数的にも優位を占めていた。一八八〇年代に新たな洗礼を受けた三大エリート大（ビッグ・スリー）は、社会学者ジェローム・カラベルが言うところの「アイコン大学」となり、全米のキャンパスの流行を先取りする存在だった。

だが、カラベルが『選ばれし者たち――ハーバード、イェールおよびプリンストンにおける合格と不合格の隠された歴史［原題 The Chosen: The Hidden History of Admission and Exclusion at Harvard, Yale, and Princeton］』に書いているように、すぐに問題が持ち上がる。合否は入学試験によって決められる仕組みになっていた。しかしその一方で、多くの生徒を送り込む〝供給（フィーダー）校〟出身者は、どれほど成績が悪かろうと入学を許されることも多かった（一九〇六年から一九三二年にハーバードの入試を受けたグロトン校出身者のうち、不合格になったのは三名）。さらにその一方で、出題科目の一部、特にギリシャ語とラテン語は、公立校では学べなかったため、ハイスクールの卒業生の大多数――当時はそもそもハイスクールの卒業生自体があまり多くはなかった――は自動的に排除される運命にあった。やがて社交場の雰囲気は保たれつつも、学業の基準は急激に低下する。一九一六年までに、ビッグ・スリーすべてで、古典言語が入試の必須科目ではなくなった。公立ハイスクールからの入学者は激増した。ところが、公立ハイスクール、とりわけ大都市の学校では、ユダヤ人の生徒が急速に増えていた。参考までに、コロンビア大は、二年の間に、ユダヤ人学生の割合を四〇%から半分近くに落とした。しかしながらこれは、上流家庭の子息が永久的に出《しゅつ》エジプトならぬ〝出大学〟してしまったあとのことだ。

ビッグ・スリーでは、自分たちのところでも同じことが起きては困ると考えた。ユダヤ人の波を押しとどめ、正しい種類の生徒が入ってくるようにするため、まったく新しい一連の入学基準が作り出された。推薦状、同窓生による面接、運動選手や〝リーダー〟の優先、卒業生の子息に対する特別待遇（これを〝世襲《レガシー》〟と呼ぶ）、地理的な配分が強調され、純粋な学業の能力は軽んじられるようになった。多少なまくらでも、中西部のプロテスタントのほうが、ブルックリンの〝ガリ勉屋〟よりはいいということか。プリンストンでは、入学志願者に写真の提出を求めるようになった。姓名だけでは判断できないこともあるからだ。〝人柄〟にはっきりした理想が求められはじめた。立ち居振る舞い、外見、口調、〝イェール生らしさ〟――かつてはどの学校へ通っていたかで証明されていたものが、この時期、評価の主観的プロセスを通じて（そしてこれらを実施すべく作り上げられたに違いない入試事務局によって）強化されていった。

このシステムは、ほとんどそっくりそのまま、一九六〇年代まで持ちこたえた。ビッグ・スリーは、あいかわらずプレップスクール出身者に支配されており、学生のほとんどは依然として裕福な家庭の子息だった。非公式の割当て数により、ユダヤ系学生の数は抑えられていた。同窓生、慣れ合い、フィーダー校重視の文化は、しっかり根付いたままだ。一九五〇年代になっても、ハーバードでは募集人数一〇に対して、一三名の出願しかなかった。イェールでは四六％の合格率が保たれていた。自分が歓迎されるかどうかがおのずとわかり、歓迎されないと思えば、わざわざ出願しないということだ。

それでも一九三〇年代には、やがては昔ながらのやり方を崩壊させるような力が、少しずつ蓄積しはじめていた。ハーバードに新たに総長として着任したジェームズ・B・コナントは、学術的な基準を高め、出願を増やし、全米の才能を発掘することを推し進めた。すでに大学が擁するお得意様たちの欠けたところを補うべく、頭脳明晰な若者を見つけ出すために、コナントは当時新たに開発された〝精神測定《サイコメトリック》〟テスト、すなわち大学進学適性試験（SAT）に頼ることにした。コナントは改革者と言うより、改良者だった。変化は、その後三十年にわたり、少しずつもたらされていった。第二次大戦前のエリート大学のSAT平均点は、分布のちょうど真ん中あたり、五〇〇前後だった。一九六〇年代の初めには、六二五まで上がっていた。

イェールでの改革は、キングマン・ブルースター・ジュニアが同大を率いていた時代に起こった。コナントと同じように、ブルースターは、アメリカン・エリートがその地位を保つためには（そして彼らが率いる国がその優位を保つためには）、いま勢いに乗る社会階層にとって、エリート社会が参入しやすいものでなければならないということを理解していた。そして、これが彼ら自身の利益のためであったかどうかはさておき、エリートを訓練する立場の大学が、率先してそれを行わなければならないことも認識していた。アメリカの生活には、もはやビッグ・スリーも無視することのできない変化が起きていた。一九六三年に同大の総長に就任してからの二年間で、ブルースターは入学基準において、学業上の有望性を最優先に引き上げ、オールラウンドプレーヤーという理想を脇に捨て置き、〝頭脳明晰なスペシャリスト〟を選ぶ判断をした。彼は運動選手や世襲(レガシー)を減らし、合否の選考プロセスにおいて一定の役割を果たしていた身体的特徴のチェックリストを排除した(その結果、新入生の平均身長は、半インチ[一インチは二・五四センチメートル]近く低くなった)。さらに、フィーダー校との慣れ合い関係を解消し、ユダヤ人の割当て数制度を廃止し、学費の支払い能力とはかかわりなく成績のみで判断する「ニード・ブラインド選考」をはじめた。六〇年代の終わりには積極的差別是正措置(アファーマティブ・アクション)が導入された。一九六九年、イェールは男女共学になった。

ブルースターは一撃で古いシステムを叩きつぶした。同大同窓会は、圧力をかけ、二、三の改革、特に、運動選手やレガシーに関する部分を元に戻させたものの、改革はもはやあとへ引けない段階を過ぎていた。一九六五年、ブルースターの改革の年は――ちょうどベビーブーム世代が大学へ入りはじめたころとも重なり――大学入学制度において、古い〝貴族社会〟が新たな能力主義社会へ、階級制や〝人柄〟やコネが点数や成績へと変わった、ひとつの転換点と言えるだろう。

そしてそれこそが、われわれが今なお依然として共に生き続けている「システム」の始まりなのである。とは言え、一見するほど、古い手順と異なっているわけではない。運動選手やレガシーその他がひいきされる点は言わずもがな。ブルースターや彼の後に従った全国各地の教育者たちは、入学の門戸をとてつもないスケールで広げはしたが、大部分においては、けっして古い判断基準を捨て去ったわけではない。彼らは単に追加したのだ。今の大学は、入学志願者に以前と別のことをしろと言っているのではなく、彼らが昔しなければならなかったほとんどすべてのことに加えて、さらに山ほどのことを要求しているのである。

今日の子供たちがエリート大入学を目指そうというとき、われわれ大学側が彼らに求めることを考えてみてほしい。大学は彼らに、運動選手になることを望むわけでも、最高水準の演技者になることを望むわけでもないが、それでもある程度の技能と優雅さを備えた、一昔前の言い回しの〝スポーツマン〟であることを求める。場合によっては、子供たちは、アメリカの日常生活では他のどこでもお目にかかれないようなプレップスクールの伝統に由来する競技（フェンシングやボート）に興じることでこれを満たそうとすることもある。大学は子供たちに、ある程度の芸術の才も発揮することを求める。娯楽や文化を愉しむ余裕のある上流階級の理想を示すものとして、一種独特な自己修養にいそしめというのである。大学は子供たちに、人柄の良さ――あるいは、昔の言い回しで言えば社交性――を求め、そのために依然として面接や推薦状を要求する。大学は子供たちに〝奉仕〟に進んで身を捧ぐ姿勢を示すことを求める。これは高い身分に伴う義務《ノブレス・オブリージュ》を現代に移し替えたものに他ならず、一般的には、上から恵んでやろうというのと同じ精神で行われるものである。さらに大学は子供たちに、〝リーダー〟であることを求める。生徒会に参加するのでは不十分。生徒会長でなければならない。あるいは演劇部の部長やバスケットボール部のキャプテンでなければならない。別の言葉で言えば、子供たちは将来の寡頭制支配者として期待にこたえなければならない。一世紀前のプライベートスクールの少年たちと同じように。

しかしながら、今ではこれら、上流らしさを醸し出すための選抜を意図した入試プロセスに、大学は、ブルースターが求めた学業の優秀さも加えている。これまでの経過からもわかるように、これが上流らしさを醸し出すためのものでないことは確かだ。SAT、大学単位認可（AP）クラス［高校で成績優秀者が大学レベルの授業を受け、単位として認められるシステム］、学業平均値（GPA）、全国育英（ナショナル・メリット）奨学金資格テスト、その他もろもろで、くまなく管理している。子供たちは、昔の〝貴族〟の資質と、現代の技術者の資質の両方を備えていなければならない。時間に追いまくられ、死に物狂いになるのも無理はない。

一九六〇年代半ばから今日に至るまでの唯一の変化と言えば、すべてが過酷なまでに悪化したという点である。合格率は下がり、周囲の期待は高まり、競争は激化し、受験生にかかるプレッシャーは増大している。能力主義社会のスタートの号砲が鳴ったとたん、誰もかれも一斉に走りはじめた。一九六八年にはすでに、ハーバード、イェール、プリンストンの合格率は、二〇％あたりまで下がっていた。ニコラス・レマンの『ビッグ・テスト——アメリカの大学入試制度　知的エリート階級はいかにつくられたか』によれば、一九七四年までには、アメリカのハイスクールにおいて、SATの点数にまつわる「強迫観念の文化」が発展したという（僕の上のきょうだいたちがちょうどこのころ入試制度を体験したので、彼らの話から、僕自身もこのあたりの状況はよく覚えている）。一九七〇年代は、大学入学世代が増大したために、さらにプレッシャーは大きくなった。加えて、大学を卒業する者の数も増え、より多くの学士が社会に出るということで、有名大学へ行き、自分を際立たせたいという考えがより切迫したものになった。

レマンによれば、一九七〇年代の終わりごろ、裕福な家庭では、SAT対策の家庭教師を付けたり、入試用小論文の〝アドバイザー〟（と言いつつ、実はゴーストライター）を雇ったり、同窓会への戦略的な寄付をするなどして、このシステムを有利に戦おうとする向きも現れはじめた。

大学は、ハイスクールの成績表に、できる限り多くの大学単位認可（AP）コースの受講歴が書かれているのを望むと知らしめている。そして、ハイスクールの一年か二年にAPコースを受講できるようにしたいのならば、ミドルスクールからすでに進級を速めなければならない。一九八〇年代の初めには、ベビーブーム世代は入試制度を通り過ぎていたので、大学はより積極的に将来の志願者を呼び込もうとするようになった。航空会社や電機通信事業の規制緩和も手伝って、高等教育市場は完全に全国規模になった。わが子を遠くの大学へ送り出すのも、その後連絡を取り合うのも、以前より安くすむようになったからである。子供を特定の大学に縛り付ける早期入学プログラムは、大学にとって、ライバルたちに優る手段として、より重要性を増していった。

そして、天地を揺るがす事態が起きる。アメリカの時事解説誌としては第三位の発行部数に甘んじている『USニューズ＆ワールド・レポート』が、一九八三年、大学ランキングを初めて世に送り出したのである。長きにわたり、合格率が大学の格式を図る目安だったのだが、今やわずか一種類の数値が、全米のすべての大学を包括し、たったひとつの数字が、大学の地位を決めるようになった。一九八七年には、大学学長の代理人団が『USニューズ』誌に掲載の差し止めを求めたが、時すでに遅し。この企画はあまりにも儲《もう》かるものだった。かくして、狂気はひとつ上のギアにシフトした。

一九八〇年代は、大学入試ビジネスが爆発的に栄える時代になった。テスト・プレップと呼ばれる塾、家庭教師、ガイドブック、コンサルタント。著作家ケイトリン・フラナガンは、『アイビーリーグ大学への入り方〔原題 How To Get Into an Ivy League School〕』（一九八五年）がこの手の本の先駆的な一冊だったと述べている。小説家トム・ウルフが言うには、「大学マニアという流行《はや》り病は、」一九八八年に「その有毒性を示し」はじめたということだ。

問題は、どちらの年号が正しいかということではない。どれもみんな正しい。過去半世紀のどの瞬間をとってみても、後のほうがその前よりも事態が悪化している。ここ二十年ほど、入学枠の争奪戦は、国内のみならず世界的規模になっている。大学入学世代の人口の減少は、一九九七年に増加に切り変わり、十年のうちに、ふたたびベビーブーム・レベルに達している。大学は、入試統計をごまかすことにかつてないほど熟練し、押しの一手のマーケティング方針で、より多くの出願者をあおることに余念がない。しかも大学は、その出願者の大半を入学させることがないのを百も承知（いわゆる〝誘っては拒む〟戦略）で、これはひとえに合格率を下げるためなのである。大学も他のビジネスと同じように、資金を借りなければならない。信用格付け機関は、入試統計を考慮に入れる。その数値が年ごとによくなることを期待されるのも、企業の収益と同じなのだ。

ここ二十年間、またひとつ新たな段階に進んだように感じられる要因として最も決定的なのは、この問題が第二世代に突入したということだろう。今の学生の親たちのなかには、一九九〇年代の初めから、今日の「システム」を経験し、彼ら自身も言わばこのシステムによって作られた人たちが増えている。一九七〇年代や八〇年代に子供たちをエリート大学に送りこんでいた親たちのなかには、それほど有名ではない公立大などの出身者も多く、大卒ではない人も少なくなかった。今われわれが相手にしている親たちは、生粋の能力主義の専門職集団で、彼らにしてみれば違う種類の人生など想像もできないのである。かつて機会だったものが、今や必要不可欠になってしまった。幸せの定義はたったひとつで、それを手に入れる道もひとつだけなのだ。

一九九二年以降、今現在『USニューズ』誌のランキングのトップ20のリベラルアーツ・カレッジのうち一七校で、合格率が三分の二以下に、トップ20の大学のうち一八校で、半分以下に下がった。ヴァンダービルト大では六五%から一二%に、シカゴ大では四五%から八%に、コロンビア大では三二%から七%に落ち込んだ。デューク大では早期出願が二〇一一年だけでも二三%増加した。その前年にすでに一四%増えているうえに、である。二〇一四年、ハーバード、スタンフォード、コロンビアは、それぞれ二三〇〇名の学生しか受け入れないにもかかわらず、三二〇〇〇件もの出願があった。わずか七年前と比較し、その数は五〇%以上も増えている。

一九七〇年代や八〇年代に大学へ行ったわれわれの世代が、今の入試のプロセスについてもうわからないとしたら、今日のエリート学生が、未知の種のように見えるとしたら——たぶん超人か、もしくはバイオニック・ハムスター——それはひとえに、一九六〇年代、同窓生の慣れ合いから成る気どりくさった排他的な環境を、平等主義の万人対万人の闘いへと変える目的で導入されたこのシステムの論理が、その目的を果たした後も延々と続いてきたせいである。僕が一九八一年にハイスクールを卒業したころ、最も名声の高い大学へ入った生徒たちは、だいたい三つほどのAPコースを受講し、三つほどの課外活動をしていた。今その数は、前者は七か八、後者は九か一〇がふつうだ。僕が二〇〇八年にイェールの入試委員会の委員になったとき（教職員は交替で一日ずつ参加する）、課外活動のリスト――入試委員会の隠語では〝ご自慢《ブラッグ》〟と呼ばれ、受験生について紹介するとき、職員はまずこれについて述べていく――に五、六件しか記載していない受験生は、早くもお先真っ暗だった。それではとても足りないのだ。ロス・ドゥザットは著書『特権』のなかで、一二個もの課外活動をしていた同級生について「ぎゅうぎゅうづめのハーバード向け履歴書の典型」と書いている。僕は指導教官だったとき、一一ものAPコースを受講した一年生を担当したことがある。

ちなみに、こうしたことは入試担当職員たちの落ち度ではない。彼らは上からの指示で動いているだけなのだから。僕は委員会にいたころ、職員たちの働きぶりにいたく感動していた。入試担当職員は、冬の長い数ヵ月、何千何万というフォルダーを掘り起こしつづけるだけではない。彼らは自分が担当する地域について熟知している。その日、僕の小委員会では、ペンシルベニア州東部をやっていた――まあ、早い話がフィラデルフィア郊外だ。担当の下級職員は見たところ三十前後の若者だったが、（ここはいくつもある彼の担当地域のうちのひとつにすぎないにもかかわらず）この地域に精通していた。何度も入学生募集の巡回をするうちに馴染みになった各ハイスクールやそこの生徒指導カウンセラーだけでなく、同窓生面接の担当官や、その地域で補佐してくれる外部の小論文評者についても、驚くほど詳しかった。

春のことだった。早期入試はすでに済んでいた。長く連なった数字とコード（SAT、GPA、クラス内順位、推薦状を数値化したスコア、運動選手に関する特記事項、〝レガシー〟、特殊案件、その他もろもろ）によって表される志願者に、「1」から「4」の数字が付けられていく。「1」は、すでに合格が決まった者。昼休みに例を見せてくれと言ったら、以前はウェスティングハウス・サイエンス・タレント・サーチとして知られたインテル・サイエンス・タレント・サーチの受賞者だった。残る志願者の四分の三を占める「3」と「4」は、何か特別な条件、たとえば、全米ランキングに入る運動選手とか、「DevA」すなわち発展的《デヴェロップメント》ケースの最高位（平たく言えば、えらい金持ちの寄付者を親に持つ子供で、たいていの場合どんな状況でも入学を許可される）であるとかを満たさない限り、合格はできない。そして今、われわれは「2」の志願者たちに関して判定を下すことに大半の時間を割く。委員会に費やされる六時間のあいだに、一〇〇から一二五の志願者を片付けていく。一人当たり三、四分。そのなかから一〇から一五名の合格者を見つけ出し、この地区にざっくり割り当てられたおよそ四〇の枠を満たそうというのである。

例の下級職員君が、入試委員会用語をまきちらしながら、立板に水の勢いで、ひとりひとりの志願者を紹介していく。「トップ・チェック」＝推薦状のすべての項目で、いちばん上の枠にチェックが入っている。「グッド・リグ」＝成績証明書に学問的厳密さ《アカデミック・リガー》が表れている。「エド・レベル1」＝両親の学歴《エデュケーショナル・レベル》がハイスクール以下で、これはかなり前途多難なケースだ。「ラクロス#3」＝ラクロスのコーチの獲得希望リスト第三位。「MUSD」＝最も将来有望な類の音楽家《ミュージシャン》（最後の「D」は卓越した《ディスティングイッシュト》）で、将来プロになる可能性があるレベルを示している。「T1」＝推薦状一位、「E1」＝小論文一位、「TX」＝特別な推薦状、「SR」＝生徒指導カウンセラーの推薦。僕らはそれに耳を傾け、質問をし、推薦状を一、二通読んでみて、投票で合否を決める（「僕ら」というのは、全部で三名の入試担当職員と、大学の学部長室のメンバーが一名、そしておおかたプロに決定を任せている僕）。ジャンクフードが入った巨大なボウルが、部屋の隅に並べられ、僕らのエネルギー源になっていた。入試担当の学部長――俳優ベン・スティンのような見た目で、願書フォルダーをくるくる回させたら右に出る者はいない――は、ドリトスのタコスチップスのみにて生きているかのようだった。

あまりにも多くの優秀な志願者たちのなかから選ばなければならないので、僕らは特別な何か、すなわち「ＰＱ」――個人的資質《パーソナル・クオリティ》――を持っている子を探した。それは、推薦状や小論文によって明かされることが多かった。数値や履歴書だけの子は、落とされるのが常だ――「閃《ひらめ》きがない」「チーム作りには向かない」「これはまさにフェアウェイのど真ん中といった感じだな」。志願者の中に一人、ほんとうに常軌を逸する数の課外活動をし、八通もの推薦状を提出した若者がいたが、「強烈すぎる」と敬遠された。しかし一般的には、数値や履歴書の内容のよさは、明らかに必要不可欠なものだった。その日の朝のオリエンテーションで僕は、成功する志願者というのは、「バランス型」か、何か一つに秀でている「突出型」のどちらかだと言われた。だが、もしも「突出型」を目指すなら、ほんとうにズバ抜けて突き出ていなければならない。ミュージシャン志願ならそのオーディションテープが音楽科の教員の印象に強く残るとか、科学者志願なら全国規模のコンテストで賞を獲るという具合だ。

そんなわけで、ほとんどの志願者は「バランス型」でなければならないのだが、意味するところは、『イェール大生ストーヴァー』の時代とだいぶ変わってきている。古き良き時代の理想、プレップスクールのお坊ちゃんは、ブルースターが呼び込んだ頭脳明晰なスペシャリストたちに完全に取って代わられた。今大学ではバラエティ豊かな「いい意味で偏った」生徒たち——ジャーナリスト見習い、駆け出し天文学者、未来の外交官、語学の達人などなど——を集めて、「バランスの取れたクラス」を作り上げようという意見が出ている。合格する生徒の典型が行っている十の課外活動は、十のバラバラな方向に向いているわけではない。三つか四つか五つは——数学とか、芸術とか、生徒会とか——その生徒が特に力を注ぐ分野のものだ。合格するなら一つか二つにズバ抜けて優れていなければならない。加えて、他の全部においても、とても秀でていなければならない——「偏って」いると感じられるくらい秀でていなければならないのだ。君はすでに、高度な数学が必要となるような、科学者やらその他諸々《もろもろ》にはなれないとわかっているかもしれない。それでも、微積分法の授業は受けなければならないし（「グッド・リグ」を示すため）、それでAを獲らなければならない（クラス内順位やGPAのため）。君は例の「情熱に満ちた変人」で、本当は詩を綴ったり、コンピュータ・コードを書いたりすることに時間を費やしたいのかもしれないけれど、受験のためには楽器を演奏したり、スポーツをしたり、クラブ活動に参加したり（もっといいのはクラブを自分で立ち上げたり）して、課外活動から課外活動へと忙しく走り回らなければならない。言い換えれば、君は何もかも全部やらなければならない——授業でAを獲り、リーダーの地位に就くために争い、てんこ盛りの課外活動をこなす。求められるは「超人」なのだ。

　このところ、大学の入試プロセスが——そしてそれを作り出している人々が——見えづらくなってきているとすれば、原因はここにある。グローバル化や『USニューズ』の問題ですら、全体から見ればごく一部にすぎない。この狂気を加速させている主な要因は、狂気それ自体なのだ。「履歴書（レジュメ）拡大競争」と呼ばれているとおり、これは核軍備とよく似ている。もっと多くを備えようとすることの真意は、他者よりも多く持ちたいということに他ならない。敵が一万九千個を備えていなければ、誰も二万もの核弾頭など必要としない。同じように、他のやつらが一〇件やっていなかったら、誰も一一もの課外活動なんて必要ではないはずだ——そもそも、そんなことをしてなんになる？　かくして、キリンの首がより長くなるべく進化したように、この国の子供たちは、どんどん奇怪な姿になっていく。二十年後、彼らがどんなふうになっているかは誰にもわからない。

この「システム」は、アメリカの有名大の最高峰ＨＹＰＳｔｅｒｓ《ヒップスターズ》（ハーバード、イェール、プリンストン、スタンフォード）も、アイビーリーグの八大学も、アンドリュー・ハッカーとクローディア・ドレイファスが『高等教育？［原題 Higher Education?］』の中でこう呼んだ「黄金の一ダース《ゴールデン・ダズン》」、すなわち、アイビーリーグにスタンフォード、デューク、ウィリアムズ、アマーストを加えた十二大学も、はるかに超えた範囲までおよんでいる。極端な例——どこよりも盛りだくさんの履歴書とどこよりも食欲を減退させる合格率——が見受けられるのは、おきまりの二、三の大学だが、僕がここ数年各地を回って話を聞いた結果から考えるに、温度こそ低いながらも、熱狂《マニア》はより広範囲の大学に存在する。僕がバージニア大で会った学生たちは、履歴書に九や一〇の課外活動こそ書かなかったが、六、七件は書いていた。ミシシッピ大の優良カレッジ《オナーズ》で話をした学生たちは、七、八ものＡＰコースは受講しなかったかもしれないが、五つ六つは受講していた。野心や才能、神経症や親の財産のレベルは違えども、その論理と価値基準は、かなり幅広い大学に共通している。

結局これは、ひとつの大きな「システム」なのだ。今や毎年ハーバードで不合格となっている三三〇〇〇人は、どこか他の大学へ行くことになる。二〇一二年を見てみると、六五の大学が、三三％以下の合格率を誇っている。さらにこれに近い数字の二、三ダースの大学も加え、なんらかの理由により、これよりも合格率が高い大学（たとえばより少ない受験資格者から募集する女子大など）も含めると、およそ一〇〇の大学がエリート御用達と言っていいだろう。しかしここまで広げても、この現象全体の規模としては、過小に見積もることになる。僕は地方に根ざしたさまざまなリベラルアーツ・カレッジ——有名大ではないながら、多くの聡明で向上心に富んだ学生を受け入れている大学——の学生たちから話を聞いたが、そこでも抱えている問題は同じということだった。作家ジェームズ・ファローズの概算では、ハイスクールの卒業生のうち一〇から一五％が、選り抜きの大学の合格枠を奪い合う争いに巻き込まれているという。数にすると毎年四〇万人の子供たちが、である。次の章では、彼らが耐え忍んでいる子供時代について——そしてその親たちやハイスクール、優秀なる羊たちの精神生活について——記していこう。

第三章　トレーニング

全米の家族は怯《おび》えている。怯えるだけの理由がじゅうぶんにあるのだ。社会移動は難しくなり、人はそれぞれの社会階層で身動きがとれなくなった。グローバル化した〝競技場〟で行われる戦いは、日に日に熾烈《しれつ》さを増している。中流階級（ミドルクラス）は爪を立てて必死にその階層にしがみつくが、彼らにとって上位中流階級（アッパーミドルクラス）は、かつてないほど遠く手の届かないものになりつつある。二〇〇八年［リーマンショックにより世界的金融危機が起きた年］以来、未来は、以前にも増して暗澹《あんたん》たる様相を呈し、特に若い世代にとっては、記憶にあるどの時代よりも恐ろしげに見える。大学卒業資格は必要欠くべからざるものだという声が、絶え間なく耳に入ってくる。そして――これは多少疑わしく響くものの――大学の名が有名であればあるほどいいとも言われる。勝者がすべてを独り占めする社会で生きていくのなら、子供に勝者になってほしいと思うのは当然の親心だ。

しかしこんな理屈で自分たちをごまかすのはやめよう。大学入試にまつわる狂乱は、過去五十年近く、良い時も悪い時も、変わらず猛威を振るい続けてきた。ここ六年やそこらの話ではないのだ。本来的には、下位中流階級（ロウワーミドルクラス）やミドルクラスが、上の階層を目指そうという話でもなければ、アッパーミドルクラスがその地位をなんとか保とうとするという話ですらない。それは、アッパーミドルクラス自体のなかで、揺るぎない位階《ヒエラルキー》を定めようという話なのである。ファローズが一〇から一五％という割合で示した、ハイスクールの生徒のなかで選り抜きの大学への入試に参加する者たちは、収入分布における上位一〇から一五％と、必ずしも完全に合致するわけではない（低所得者の子供たちのなかにも、依然として一定の割合で、その狭き門を通ることに成功する努力家はいる。特に移民のコミュニティ出身者に多い）が、かなりの部分で重なっている。ちなみに二〇一二年の上位一五％の年間世帯所得は、十一万七千ドル以上だった。

郊外の高級住宅街や都会の中に飛び地のように存在する高所得者向けの地区で主に展開される大学入試競争は、エリート校に行くかどうかの戦いではない。どのエリート校に行くかの戦いなのだ。それは「ペンシルベニア大かタフツ大か」という問題であって、「ペンシルベニア大かペンシルベニア州立大か」という問題ではない。もちろん、聡明な若者がオハイオ州立大へ進み、医師になって、ブルーミントンやデイトンに居を構え、かなりいい暮らしをすることだって当然可能だが、それはこの際関係ない。そういう未来はあまりにも恐ろしくて、考えることさえできない。それゆえ、ある母親が僕に「この郊外を荒廃させる侵略的な病、この高学歴中毒」と書いてきたような事態になる。ボストン郊外に住む別の母親は「蔓延《まんえん》するプレッシャーは、馬鹿《ばか》げている……お下劣です」と評していた。

アッパーミドルクラスの高圧的な親は、今ではすっかりおなじみのキャラクターになっているが、一見すると、矛盾した要素が目につく。常に子供に付きまとい、プレッシャーをかけ、批判する「ヘリコプター・ペアレント」。そして彼らが管理する型にはまった、監視つきの、訓練中心の子供時代についても、今では知らない者はいないだろう。支配するときの決まり文句は、「〜しましょう」。

「さあ、ピアノのお稽古をしましょうね」という具合だ。その一方で僕らは、子供を甘やかしすぎる親たちについても知っている——レストランで走り回る子供を野放しにし、子供が八歳の誕生日を迎えてもまだ靴紐《くつひも》を結んでやり、絶えず子供に「あなたはとても素晴らしくて世界に二つとない雪の結晶《スノーフレーク》ちゃんなのよ」と言い、「大人になったら何でもあなたのなりたいものになれるわ。だから好きなことをして、夢を追いかけなさい」と励ますようなタイプ。

しかしながら、二つの子育てスタイルは、正反対というわけではない。元をたどれば、同じ衝動から発したものだ。甘やかすのも押しつけるのも、なでなでするのも監視するのも、それぞれに過保護の形。そのひとつひとつが、親は子供のためにこの世を安全な場所にしてやることができるという心得違いの表れである。これはすなわち、親がすべてを正しく行いさえすれば、なにひとつわが子を妨げたり害したりすることはないという誤った考え方だ。作家ペギー・オレンスタインの言葉を借りれば、親は盾となって「痛みや失敗や悲しみから」子供を守ることができるという考えなのである。作家アナ・クィンドレンは、ヘリコプター・ペアレントの行動は、支配できるという幻想に端を発しているると言っている。これにさらに付け加えるなら、その幻想の中でも、ミドルクラス特有の形なのではないだろうか。人生は予想可能なものになりうる、順当に達成を重ねていきさえすれば、安全と快適が保証されるような単純なものだという幻想なのだろう。わが子が十七のときに微積分でAを獲りなさいとプレッシャーをかけることは、わが子が八つのときに靴紐を結んでやることと、本質的には同じ。両方とも、彼ら自身では何もできないかのように接することのひとつの形なのである。

別の言い方をすれば、両方とも、「子供扱い」のひとつの形であるとも言える。「彼らは大人になっていないのだ」ハリー・R・ルイスは、ハーバード・カレッジの学長時代に出会った学生たちについて書いていた。「そして誰もがそうあることを望んでいるように見える」。(ある教え子は僕に宛ててこう書いた。「精神分析的あるいは精神療法的見地から考えるに、大学が親たちと結んでいる協力体制はけっして好ましいものではなく、エリート大に通う多くの学生にとって、それは怪物のような存在にもなり得ます」)。今日、大学卒業後、多くの若者が実家に戻るという話を聞いても、驚くにはあたらないだろう。これもまた、経済危機に襲われるだいぶ前から見られるようになった風潮である。残る疑問は、密《ひそ》かにそれを喜んでいる親がどれくらいいるかということだ。「私たちはすべきことをして、完璧な子供を育てようとしていました」ある父親は僕に言った。二つの相反する衝動が、ひとつの言葉にまとめられている。この「完璧」は、「完璧に幸せ」の「完璧」であると同時に、「完璧に成功した」の「完璧」でもあるのだ。なぜそんな模範的人間を育てたいと感じるのか、あるいはなぜそんなことが可能だと思うのか、なぜそうすることが望ましいと考えるのか、答えは、「完璧な」子供でなければ愛することができないからなのかもしれない。

この二つの子育てスタイルは、結局のところ、無理に識別されているだけなのだ。ヘリコプター・ペアレントは、子供を自分の願いを叶《かな》える道具にする。甘やかしすぎる親は、限りない自由と安定に対する自分自身の欲求を、子育てに投影している。どちらの場合も、子供は他者の延長として機能することを強いられる。それこそが今日の成功志向の子育ての本質である。『特権の代償［原題 The Price of Privilege］』のなかで、臨床心理学者マデリーン・レヴィンは、「子供が達成することにより、彼ら自身のもろく傷つきやすい自己を満たそうとする」親たちについて書いている。『青ざめた王

［原題 The Pale King］』のなかで、デヴィッド・フォスター・ウォレスは、語り手に次のようなことを指摘させている。「うちの家族は、営利目的の企業と少し似ていた。そこでは人はおおかた最近の四半期の売上げ高の分しか良いと見なされないようなところがあった」（エリートの精神構造について鋭い観察眼を持つウォレスは、他でも、子供として「価値を見出される」感覚と、もともと「価値がある」ものとして扱われる感覚の違いについて書いている）。人格の形成について多くの本を表しているマイケル・G・トンプソンの言葉を借りれば、「親は子供を自らの代理人として派遣する。子供は、自分は自由で自立していると思いこんでいるが、実際には親に与えられた使命を遂行しているにすぎない」ということなのだ。

そこには多くのプレッシャーが集まっている。親戚内でのステータス争い、コミュニティ内の仲間からの圧力、親と同じようになりたい、あるいは、親を越えたいという欲求――誰かが「家族のブランド構築」と言っていたが、まさにそれである。子供が名門大に入ったということは、親としてAを付けられたということなのだ。そしてもちろん、それより下の成績は許されない。

言うまでもなく、大学で終わりでもない。レヴィンは書いている。「私の診療室には大学への興味を失った聡明で多才な子供たちがひっきりなしに訪れる。理由を訊《き》けば、『両親は世の中には、医者か弁護士、二つの職業しかないと思っているんです』」。スタンフォード大のある学生は、専攻を工学から文学へ変えたら学費を止めると親に警告されたそうだ。先ごろイェール大を卒業したある若者は、両親の反対には耳を貸さずに教員になる道を選んだのだが、次のように書いていた。「母は私のために扉を開くよう心血を注ぎ、ミドルクラスとして羨望の目で見ていたエリート大へと私を進ませたのです。母は私がすべてを手に入れることを望んでいました――私が真に望むもの以外のすべてを」

では、「あなたの好きなことをしなさい」や「夢を追いかけなさい」はどこへ行ってしまったのだろう？　実はこれこそがいい例なのだ。親はそういうことを言い、自分は本気でそう思っていると心から信じているかもしれないが、周りから見れば一目瞭然。学校だって騙《だま》されはしない。これはある私立のハイスクールの理事から聞いた話なのだが、親はわが子が創造性豊かな自分の力で考える人になるよう教育されていると思いたがり、口ではそう言うものの、いざ肝心な時期が迫ってくると、名門大への合格が大事になってしまうのだそうだ。またこれは別の理事が言っていたことだが、親は学校に電話してくると、きまって「私はしょっちゅう学校に電話するような親じゃないんですがね」と言うらしい。

もっと重要なことに、子供たちだって騙されはしない。デニス・クラーク・ポープは、著書『ドゥーイング・スクール――我々はいかにして疲弊しきった、実利主義の、間違って教育された生徒たちの世代を作って来たか［原題 Doing School : How We Are creating a Generation of Stressed Out, Materialistic, and Miseducated Students］』のなかで、最終学年より一年下のハイスクール生が、GPAで三・九七を出し、極度な不安に陥ったときの言葉を引用している。「親は私のことを心配して、アイビーリーグの大学に行けなくてもいいんだ、それでもおまえのことを誇りに思うと言うけれど、そんなのは嘘《うそ》。ぜったい誇りになんか思うわけない」レヴィンはこれに関して、こんなふうに書いている。

十代の患者が、診察《セッション》のなかで親に「成績がまだまだね。あなたならもっとできるってわかっているのよ」とか、お決まりの「とにかくベストを尽くしなさい」という台詞《せりふ》を言われて目を剝《む》くときの屈辱を、私は理解できる。こうしたうわべだけの言葉は、心をかき乱す真実、すなわち、裕福なコミュニティの親たちの多くが期待しているのは自己ベストではなく、絶対的なベストなのだという真実を覆い隠すためのものであることが多いのだ。

成績優秀者の親は、子供たちがどんな目に遭っているか、気づかないことが多い。意図的に目をつぶってしまうことも少なくない。レヴィンは不安をかき立てるような多くの数字を挙げている。「裕福で教育程度の高い家庭の、プレティーン［十〜十二歳］やティーン［十三〜十九歳］の子供は……（中略）……この国の他のグループの子供たちと比べ、最も高い割合で、鬱病、薬物乱用、不安障害、身体的愁訴や、自分は不幸であるという思いを経験している」「経済的に余裕がある家庭で育った思春期の少女の実に二二％が鬱病に悩まされている」。さまざまな精神疾患は「私立ハイスクールの最終学年とその下の学年では」公立校の同学年の生徒と比べて「二倍から五倍も蔓延している状況がみられる」。またそうした問題が起きたとき、裕福な親はそれを認めない傾向にあるとレヴィンは言う。原因の一つとして挙げられるのは、学業がうまくいっているのなら、子供は順調に発育し、精神的にも健全であるとみなしてしまうことなのだそうだ。

こうしたなかでも、最も不安を生じさせる話は、裕福な家庭のティーンは、貧困家庭も含めた他のどのグループと比べても、親との結びつきを希薄に感じているということだろう。褒めることは温かさではない、親たちが熱心に身に着けさせようとしている自信満々な自尊心も、実際に世の中で自分が何かを成す能力があると信じる自己効力感とは異なるのだとレヴィンは言う。『目的への道〔原題 The Path to Purpose〕』をはじめ、子供の成長について数々の著作があるウィリアム・デイモンも、うるさく付きまとったり批判したりすることを、子供に注意を向けたり指導したりすることと混同してはいけないと述べている。高圧的な親というのは、レヴィンの若い患者の言葉を借りれば、「いつもそばにいるようでいて実際にはどこにもいない」のだそうだ。うっとうしいほど付きまといながら、結びつきには欠けているのである。

幸いにして、そうした親の一人が、われわれにそのタイプの親の完璧な描写を授けてくれている。エイミー・チュアの『タイガー・マザー』。二〇一一年にアメリカで出版されたとき、多くの人々がこの本を糾弾した。その一方で、著者が意図したとおり、われわれの怠惰なアメリカ流子育てに一石を投じるものとして、多くの人がこの本を褒め称《たた》えた。しかしもちろん、実体はそのようなものではない。チュアの〝アジア流〟子育ては、——他者より抜きんでるよう娘たちを追い立てる容赦なきプレッシャーといい、良い成績以外のすべてを断固として無視する姿勢といい——単にアッパーミドルクラスのやり方が、極端に走っただけのものであり、われわれに、そうした子育てにまつわる問題のすべてと、その奥に潜むもののすべてを、ことごとく教えてくれる。この本に目を通していると、当てにならない語り手による小説を読んでいるような気がしてくる。チュアは、彼女自身気づいていない心理をあちこちで露呈し、自分の物語の意味が見えていないかのようだ。

チュアは親には絶対服従という考えを擁護しているようだが、チュアが崇拝する彼女の父親は彼の親に反抗し、チュア自身もまた父親に反抗していた。彼女の父はそのために中国を後にして合衆国に渡り、チュアはそのためにカリフォルニアを離れて東海岸へ移った（二人とも、できる限りの距離を置こうとしたように見える）。チュア自身が告白するところによれば、彼女は進路の選択に関して長いあいだ一連の過ちを繰り返し、それはすべて最初から予想できるような理由によるものだった――家族を喜ばせるため、つい楽な道を選んでしまったから、ほんとうに望んでいることを自覚していなくて、などである。彼女は義理の母親を、ダメなアメリカの親の典型――「選択」とか「自立」とか「創造性」とか「権力に疑問を投げかけることの重要性」といった甘っちょろい概念を信じている人――として挙げているものの、その義母はチュア自身が結婚する価値があると認めた男性を育て上げた。しかもその男性は、彼の妻の基準に照らしてみても成功なのだ。なにせ彼は、プリンストンからジュリアード、さらにハーバード法科大学院に進み、イェール大の教授となったうえに、ベストセラーまで著したのだから。

しかし彼女自身の子育てということになると、チュアはこのすべてを忘れ去ってしまう。恐怖政治（けっして言いすぎではない）を推し進めようとする欲求は、パニックに駆られた完璧主義と、自分にはその資格があるとする子供じみた感覚が合わさったものである。彼女自身について、彼女の子供たちについて、夫について、妹について――チュアが繰り広げる芸のない自慢話の世界のただ中で、目につく言葉は「最高の」「有名な」「○○にも匹敵すると言われている」などなど。人はここまで地位に目が眩《くら》むものだろうか。中道というものがないのだ。チュアの精神は栄光と零落を境にした刃の上でバランスを保っているように見える。トップでなければ「負け犬」。素晴らしくなければ価値がない。これらが合わさり、高じて、この本の中で最も有名な場面に至る。「月並みなレストラン」で、チュアが娘の手作りのバースデーカードを、努力が足りない証拠として拒絶するシーンである。偉大なるエイミー・チュア様は、もっといいバースデーカードを贈られるにふさわしいというわけだ。ついでに「時間の経ったフォカッチャ」なんかよりもっといいものを供されるべきだということなのだろう。

そんな調子だから、娘たちが「負け犬」になって、「時間の経ったフォカッチャ」のように捨てられないためにはどんなことでもしようという意気込みになる。たとえそれが、娘たちの幸せを壊すことになろうとも。娘たちには友達がいないことをチュアは明かす（少なくとも他者が彼女にそう伝えたことを明かしている）。チュア本人はその情報を理解できていないように見える）。チュアは言う「正直なところ、私は人生を愉《たの》しむことが得意ではない」。つまり、だったら娘たちも愉しめなくたってしかたないじゃないということだろうか。幸せなんてものはどうでもいい、大事なのは「管理」だ。「中国の考え方では、子供は自身の延長なのだ」とチュアは説明している。親の利己主義を表現するのに、これ以上に露骨な言葉はない。しかし最後に行くにつれ、チュアは親には見えなくなってくる。依然として彼女自身の両親の延長——死ぬまで親の目が注がれていると意識し、自分が育てられた価値観に疑問を呈することができない状態——で、永遠に子供にとどまったまま、飽くことを知らず愛と関心を求め続けている。そして彼女自身の娘たちについて言えば、そのうち一人が現在ハーバードに入学したとは言え、これで彼女の方式が正しいと証明されたわけではない。それはむしろハーバードの、そして「システム」全体の〝罪の裏付け〟なのだ。そりゃあ彼女の娘はハーバードに入るだろう。この「システム」はこうした子育てに報いるようにできているのだから。それこそが、まさに問題の核心なのである。

エリート・ハイスクールの教師たちと話していると、僕は問題の本質を痛感し、生徒のためにがんばってほしいと願わずにはいられなくなる。ある人の言葉を借りれば、選り抜きの学校で教える教師は、「優秀なる黒羊」であることが多いそうだ。彼ら自身も同じように育てられ、彼らなりに華やかな道を進みながら、やがて人生にはもっと大事なものがあると気づいたはみ出し者なのだと。教室に違った価値観――たとえば学ぶことを愛する心とか、地域社会への貢献とか――をこっそり持ち込もうとしたときのことを語ってくれた教師たちもいた。問題は、彼らには行動を起こすだけの余地が与えられていないということだ。ウエストチェスターのプレップスクールの教師は、『ライ麦畑でつかまえて』について皆で議論していたとき、ある生徒が突然泣き出したことについて話してくれた。その生徒は、親の勧めにしたがって株式仲買人なるのがいやだと言ったという。その晩、その生徒の親が彼女に電話をしてきたそうだ。「うちの息子に、へんな考えを吹き込まないでください」

地域によっては、プレッシャーが軽減されるよう、努力しているところもある。ニュージャージー州にある郊外の高級住宅地リッジウッドでは、宿題や課外活動をしない日を設け、他のコミュニティにもこれに続く動きが見られるという。だがこのプログラムで定められた休みの日は週に一日ではなく、年に一日だということを見ても、この状況についてわれわれが知るべきことが如実に伝わってくるというものだ。おまけに多くの人々にとっては、それすらも許容できない。ある私立のハイスクールの教師は、一日でも学業をおろそかにする余裕はないからと、わが子を社会見学に行かせるのを拒む親たちについて話してくれた。しかも親たちに賛成する子供も大勢いたという。

自分のところの親がおかしくなっていなくても、そんなことは問題じゃない、周りがおかしくなっているのだから――僕はこの言葉を何度も耳にした。よその親たちがおかしくなっているから、学校全体がおかしくなってしまっている。教師は正しいことをしたいと意図していることが多いのだが、校長をはじめとした管理職に阻まれる傾向にある。ある教師は、彼ら自身も「システム」にとらわれて、身動きが取れなくなっているのだと言っていた。長年教壇に立ってきたベテランの彼女は、学校が、まるで企業のカスタマーサービスのような姿勢へと変化するのを目にしてきた――生徒への良し悪しはさておき、親の望むようにしなさい。親を理論で負かそうとしてはいけません。親の注意が教材に向かないようにしましょう。学問的厳密性など、口にするのはもってのほかです。

大勢の賢い教師たちが賢い親を持つ賢い子供たちを教えていながら、ついに学ぶことがどうでもよくなってしまった。それこそが、こうした学校に関して、何より非難されるべきことかもしれない。「うちの子にへんな考えを吹き込まないでください」その要求が、あまりにも尊重されすぎているのである。誰もがわが子に教育を受けさせたがっているが、真の意味での教育を受けさせたがっている親はいない。パロ・アルトの新聞に連載された記事――よりによってパロ・アルトとは――では、地元のハイスクールの学習環境を「学ぶことを敵視している」と描写している。『ドゥーイング・スクール』に登場する子供たちは、学びとはそれ自体がじゅうぶんに価値があるものだなどという話を聞かされたことはまずない。ある教え子は僕に宛ててこう書いていた。「私はイェールのフィーダー校であるホプキンズへ行きましたが、たまらなく嫌でした。そこでは学ぶことは単調な我慢比べのようなものに変わっていて、いちばんの〝競技者《アスリート》〟にほいほい一位を与えてしまうのです」

今や全米の社会の幅広い層で、子供時代と思春期が丸々、たったひとつのゴールを念頭において組み立てられている。かつて、われわれが子供たちを育てる方法として知らされてきた価値観――好奇心を培うこと、物事の性質を教えること、コミュニティの一員であるという意識を染みつけること、民主国家の市民としての受容力を育むこと、もちろん、遊ぶことの喜びと自由に重きを置くことは言うまでもない。それが子供がいちばん子供らしくいられる時間なのだから――そのすべてが失われてしまった。社会学者ミッチェル・L・スティーヴンスは、それをこう表現した。「裕福な家庭では、その生活のすべてが、子供たちのなかに計測可能な美点を植え付けることを中心に形作られている」。この場合の「計測可能」とは、大学入試において形に表すことができるという意味だ。われわれはもはや入試のために教えているのではない、入試のために生きているのだ。

そうした状況が生み出すものは、ありとあらゆる精神的苦痛の魔物以外に、何があるだろう？　僕の教え子の一人は、この状況を女子体操になぞらえていた。四年ごとのオリンピックの舞台で、競技が行われるときの雰囲気を思い浮かべてみてほしい。食欲を減退させるほどの完璧主義に身をこわばらせ、わずかなミスをすることも許されず、演技をする喜びは失われ、細かく採点する眼差しから逃れることもできずに、成功とは失点のないことだと教え込まれている。レヴィンは、「プレッシャーを感じ、認められてない気がして、不安におののき、怒りや悲しみや虚しさを抱えている」――一言で言えば、「恐ろしく不幸」な――ティーンについて書いている。彼らは、摂食障害や自傷、薬物乱用、依存症、鬱、反社会的行動、自殺傾向などの反応を見せるという。

『ドゥーイング・スクール』に登場する学業平均値が三・九七のイヴは――ハイスクール最終学年の前年の今、四つの大学単位認可（ＡＰ）クラスを受講し、最終学年ではさらに七つのＡＰを取る計画で、山ほどの学習量をこなすため、いろいろな手を使うなか、授業中にまで勉強（というのはつまり、他の科目を）している――こんなことを言っている。「ときには、睡眠時間が二時間しかとれないような日が二、三日続くことがある…（中略）…失敗するのがたまらなく怖い…（中略）…私はここでは生きてるとはいえないただの機械…（中略）…私はページを一枚一枚繰って作業しているだけのロボット」。彼女は「シリアルで生き延びている」のだが、ふだんは「ストレスと疲労が激しくて食欲も感じない」――それでも、友達の何人かのように、自殺したいと言い出すほどまだ疲弊していないと言う。そんな状態でも、彼女は他の道を選ぶつもりはないそうだ。「健康や幸福のほうが成績や大学より大事だと言う人はいるけれど、私はそうは考えない」

レヴィンは、「依存症」という言葉を通常の観点から使っているが、好成績な生徒たちの間では、依存症のようなメカニズムが、より広い意味合いで働いているのを見てとることができる。麻薬の常用者はよく、クスリが必要なのは、それが彼らを「いい気分」とまではいかなくても、「だいじょうぶ」だと感じさせてくれるからだと言う。麻薬はもはや彼らに快感を与えてくれるものではなく、ただ、苦しみを取り除いてくれるもの――そしてその苦しみとは、麻薬を求める苦しみなのである。こうした子供たちが訓練の末依存するようになってしまっているのは、「褒められること」の麻薬だ。「褒められること」は親の愛の徴《しるし》であり、その愛を得るための条件を達成したことを意味する。成績のAのひとつひとつがクスリ一回分であり、失敗への不安、力不足への不安を一時的に鎮めてくれる。

これこそが、親たちが必死になって子供に植えつけようとしている性質、かの有名な〝自尊心〟の正体だ。それは褒められることの熱気（〝価値を見出される〟のであって〝価値がある〟のではない）で絶えず膨らませつづけなければならない風船で、現実に触れると、いっぺんにしぼんでしまう。レヴィンは挫折を受け入れる能力がまったくない若者たちについて書いている。ある少女はSATの点数が思っていたより少し低かったというだけで自殺を考えたそうだ。ある少年は、バスケットボールチームから外されたとき、家に帰って父親のがっかりする姿を見るのがたまらなく怖かったという。これこそが、入試が破壊的なショックをもたらす所以《ゆえん》なのだ。それまで成功だけを味わってきた多くの子供たちが、人生で初めて、失敗に直面することを強いられるのである。僕の教え子の一人は、映画『ブラック・スワン』について話していた。主役のバレリーナが精神を崩壊させていく姿を見ていると、完璧主義が行き過ぎて現実のなかで生きられなくなってしまったような多くの同級生を思い出すのだそうだ。完璧主義は、批判を逃れるための必死の足掻《あが》きだとレヴィンは説明する。上昇志向の強い家庭において、批判は、単に子供の行動に対する不賛成を示すだけではなく、子供の存在そのものを非難することである。それは褒めることの真逆。子供に、おまえは両親の愛に値しないと知らせ、自己憎悪を抱かせる行為なのだ。

さて、ここからは、アリス・ミラーの古典的な精神分析論『才能ある子のドラマ』を参考に、この問題の核心に迫っていこう。ミラーの解説によれば、「才能ある」あるいは優秀な子供の自己は、何かを達成することにより、親の充足への欲求（レヴィンが指摘するように、これは往々にして、同じように育てられた結果生み出された親たち自身の〈傷つきやすい自己〉に起因している）に応《こた》えることで形成されていく。子供は親に、彼らが求めているであろうと思えることを与え、親が求めるような人間になろうとする。けれどその要望は飽くことを知らない。満足したとしても、それは常に暫定的なものだからだ。子供は「これでじゅうぶん優秀ということにはぜったいにならない」（＝「最近の四半期の売上げ高の分しか良いと見なされない」）ので、完璧になろうとする。もちろん、こうした期待が内面化してしまうと、必要とする「肯定」がどこから来ようと、そんなことは関係なくなる。すべての成果は、親に褒められることの代わりになる。ミラーは書いている。「子供は、賞賛を飽くことなく求め、それに充足することはない。なぜなら賞賛は愛とは違うのだから」

それゆえ、才能ある子——もちろん言うまでもなく、もはや必ずしも〝子供〟である必要はない——は、「得意満面」と「意気消沈」の両極を絶えず行ったり来たりするとミラーは言う。「得意満面」は自分は最高だという錯覚から来ている。親の期待に応えたとき、親がそう言うのだ——「おまえは完璧だ！」「おまえは最高だ！」「おまえがその気になればなんだってできる！」ＳＡＴで高得点を獲ったときや、ゴールドマン・サックスに入社が決まったとき、自尊心が最も膨れ上がったとき、君はこういう高揚感を味わう。頭の中では、こんな独り言が展開される。「おまえらみんな、ざまあ見ろ！　俺の勝ちだ！」「得意満面」の気分に浸り切り、君は世界征服さえ——君にとってそれが意味するものがなんであれ――できそうな気がしてくる。「意気消沈」は、君が挫折を感じ、錯覚が崩れた去った後に襲われる状態だ。自己嫌悪を催し、自分に愛想が尽きて、まるで心が死んだように感情が麻痺する感覚を覚える。それはまた、自己懲罰をも意味し、特に、自分を責めさいなむような考えを思い浮かべることでもある――「私は力不足だ」「僕の頭じゃ無理だ」「努力が足りなかった」「あいつのほうが俺よりずっと優秀だ」などなど。こうした考えは、自分には幸せになる資格がないという気持ちに由来している。僕の教え子の一人はこう言っていた。「(抗鬱薬の)ゾロフトを飲まないと、自分が嫌いになるんです」。「得意満面」は他者を蔑むことであり、「意気消沈」は自分自身を蔑むことなのだ。

　僕が二十代のころ、こうした変化をもっと露骨に言い表す言葉があった。「クソ上等《ホット・シット》／クソ惨め《ピース・オブ・シット》」。気分上々かドツボにはまってるか、最高にイケてるかクソの役にも立たないか、二つに一つなのだ。教え子の一人は、僕に宛てて書いていた。「私はイェールにいたころ、だいたい五〇%くらいの時間は、自分がみんなより賢いと思えて得意満面でしたが、残りの五〇%の時間は、だれもが自分より賢いように見えて最悪の気分でした」。成績優秀者のあいだに共通して見受けられるオール・オア・ナッシングの心的傾向の裏には、こうした考えが潜んでいる。彼らが話すのを聞いていると、大豪邸と貧民街、アイビーリーグと〝完全な面汚し〟のあいだの中道は無いように聞こえる。エイミー・チュアふうに言えば、カーネギー・ホールと負け犬のあいだの中道はないということになるのだろう。フィリップ・ロスの『ポートノイの不満』の主人公は、それについてこんなふうに言っている。

彼らユダヤ人の親たちときたら、どうしてこうなのだろう？　僕らユダヤ人の子供たちに僕ら自身のことを、一方では、王子様のように、一方ではユニコーンみたいに特別な存在のように、一方では――今日に至る子供たちの歴史のなかでこれほどまでに聡明で美しい子供はいなかったというくらいの天才ぶりと聡明さで――救世主とも言うべき完璧な存在のように信じさせておきながら、もう一方では、ドジで、無能で、不注意で、不甲斐なくて、自分勝手な、性根の悪いクソガキ、恩知らずなチビだと思わせるとは！

ここでわれわれが目にしているのは、その他の多くの伝統とともに息づいているかの有名なユダヤの罪悪感である。すなわち、親たちに喜びを与え損なったという罪の意識――有り体に言えば、子供として親に誇りに思ってもらうことができなかったという罪の意識だ。

これは僕にとってとても私的なことだ。僕もかつてはこういう子供だったのだから。この本で僕が話しているのはすべてとても私的な問題ではあるのだが、これはその最たるものだろう。僕は何年もジェットコースターに乗り「得意満面」と「意気消沈」のあいだを行き来していた。父親の賞賛を求める気持ちからなんとか自分自身を切り離そうともがいていた。（父は移民であり、アイビーリーグ大の教授。つまり二重にやっかいだった）。イェール大で教職に就くことができたときでさえ、その他のすべての成果と同じように、一時の慰めにしかならなかった。父は数カ月もしないうちに、おまえはいつ論文を出すんだと訊《き》いてきた。しかし父はすでに問題の焦点ではなく、それから十年ほど経って父が亡くなったときも、大きな変化は起こらなかった。真の問題は、教え子が以前言っていた言葉を借りるなら、「野心に憑《つ》かれたフランケンシュタインの怪物」、自分自身の中にあるトップに立ちたいという飽くなき欲求だったのだ。

僕は何度も、ああこれで乗り越えられたと思った。そして何度も、逆戻りした。この本のリサーチをするために『才能ある子のドラマ』を読んだとき――僕はすでに四十八で、大人の時期も半分が過ぎてしまっていたが――ついにようやく救われた。いや、実際には、『タイガー・マザー』の直後に『才能ある子のドラマ』を読んだときだ（ありがとう、エイミー・チュア）。『タイガー・マザー』は、子供のころのトラウマをふたたび体験するかのようだった。そして『才能ある子のドラマ』は、それを癒すセラピーのようだった。二冊ともが、方向こそ真逆だが、同じくらい明確な言葉で、自分がどのようにして育ったのかを見せてくれた。僕の中で何かが崩れた。いや、解き放たれたと言ったほうがいいかもしれない。不意に感じたのだ――何年もずっとそうしてきたように頭で理解しただけではなく、心で感じた――僕は自分の人生を生きてこなかった。幸せになるチャンスを逃し、自由になるチャンスを逃してきたのだと。

僕が逃してきたものは他にもある。自分以外の人々が成し遂げた成果に脅威を感じることがなくなったとき、そしてそうした成果がこの世に送り出す素晴らしさに心を開いたときに得られる歓びだ。君を追いたてる「妬み」――W・H・オーデンが詩に読んだ、単に愛されたいだけではなく、自分一人が愛されたいという切迫感――は、成績優秀者の精神構造にとって最大の呪縛の一つだから。これに関して、『失楽園』でミルトンがサタンに興味深いことを言わせている――この詩のなかのサタンは、妖怪のような生き物ではなく、天使の中で最も聡明でありながら、まさに過ぎたる野望によって、彼のような地位にあるものの中で初めて失墜した。サタンは今、アダムとイブの幸せを壊すためにエデンにやってきたところで、周囲を見回し、こんなことを考える。

我を取り巻く
歓びを見れば見るほど、より強く感じる
内なる責め苦、己とは相反するものに、
苛《いら》だたしいほど囲まれている、我にとって良きものはみな
破滅のもと、天にあらばこの有り様はなおのこと酷《ひど》くなる

「妬み」はこうした働きをする。良い物であればあるほど悪くなる――それは君のものでないのだから。あるいは、サタンがこの詩のどこかでより簡潔に表していたように、一言で言って「我自身が地獄なり」だ。だが今、僕はもうたくさんだと悟った。もう罪の意識を抱くことはやめよう。わざわざ惨めになる理由を探して自分を責めるのは終わりにしよう。いい気分になることを後ろめたく感じるのはもうよそう、と。そろそろ地獄を出てもいいころだろう。それにしても、この境地に達するまで、三十年以上もかかってしまった。

親の期待に応えようとして形作られた自己は、ミラーの言葉によれば、「偽りの自己」だ。子供の感情や願望が認知されなかったり承認されなかったりすると、子供自身もそれを無視するようになり、

やがてはそれを感知する能力を失う。こうした親たちは、「哀しんだり、要求が多かったり、怒ったり、癇癪《かんしゃく》を起こしたりする」子供たちを許容することができないとミラーは書いている——オレンスタインが言うような、自ら盾になって子供たちを「痛みや失敗や悲しみから」守りたいという昨今の親たちの衝動を、不吉に予見するような言葉である。その結果が、愛想が良く、要求に叶う、大人好みの性格となって表れる。これはまさに、今日の成績優秀な子供たちに特徴的な性格ではないか。子供たちは自分自身の目標や価値観によって内なる自己を発達させるのではなく、自分が何者であるかを知ることにおいて、権威者に、そして彼らがもたらす賞賛という印に、依存するようになる。レヴィンの患者たちは、彼ら自身について表面的な特徴を並べて表現させようとすると、たいてい六歳児のような話し方になってしまうという。「私は足が速く、目はブラウンで、ブロッコリーが嫌いです」と言う代わりに、「私は三つの優良《オナーズ》クラスにいる」とか「私のケツはめっちゃでかい」と言うのだそうだ。これを考えると、今日の子供たちが情熱のありかを探したり、目標を見定めたりするのに苦労しているのも、無理からぬことのように思える。

しかしながら教師たちの話によれば、生徒たちはけっして彼ら自身を他律的だとは考えていない。それは親たちが、自分自身を〝その手の親〟だと思っていないのと同じである。ハーバードで催されたあるイベントで、僕が、大学生は自らの進路に関してより幅広い可能性を考えるべきだと提案すると、ある女子学生が答えた。「私たちはミドルスクールのときにすでに進路を定めています。ハーバードに入れるような成績優秀者になると決めたときに」。七年生のときに定めた方向性でこれからもずっと生きてくつもりかという問題はさておき——別の言い方をするなら、自分がどう生きるかを七年生の言いなりで決めるのか？——その文脈において「私たち」が定めたとはいったいどういうことなんだという疑問を投げかけずにはいられない。

幼少期からの出世第一主義、方向を見失った功名心、リスクを忌み嫌う風潮、哲学者ホッブズが唱えたような「万人の万人に対する闘争」もさることながら、この「システム」はさらに、歴史にその名を残すであろう失笑の事態を増幅させてきた。それがどのような動機で定められたにせよ、昔のWASP的入試基準には、それなりの意味があった。スポーツは人格——勇気や無私の姿勢、チームスピリット——を培うとされていた。芸術は、文化の理想を体現するものだった。奉仕活動は、わが国の未来のリーダーたちの中に、公共の利益を優先する精神を育むためだった。リーダーシップそれ自体は、責務の一形態だと受け止められていた。これらすべてが今や、世代から世代へと伝承される一種の雨乞いの踊りのようになって、神様のご機嫌をとるための、中身のない一連の儀式と化している。子供たちはそういうものだと思っているからするのであって、自分たちが、あるいは他の誰かが、実際にそれを信じているからではない。もしも受験生たちに、「ハーバードに入るには、頭で逆立ちすることが必須です」と言ったら、彼らはその他すべてのことをこなしてきたのと同じように、意欲的かつ大真面目に、見事な技能で完璧にやり遂げるだろう。入試のプロセスは、かつてそれ自体のなかに目的があった行為を、ただの手段に変えた。それぞれがその精神を失ってしまっていることも、驚くにおよばない。スポーツは肉体の鍛錬以上の意味を持たなくなり、音楽は技術の進歩のみを意味し、奉仕活動は施しになり、リーダーシップは人の上に立つことだけを意味するようになった。

入試用の小論文のおかげで、体験までもが、道具としての機能しか果たさなくなっている。君たちの体験は、入試のせいで学びから必需品へと変わった。今や次なるステップとして、必需品として利用するために体験を探すというところまできている。『ニューヨーク・タイムズ』の記事によれば、小論文向きの夏休みをプロデュースするコンサルタント会社が出現したそうだ。そこに並べられたアクティビティのなんと薄っぺらなことか！　ルネサンス研究のためのイタリア周遊旅行一カ月、小説の書き方講座三週間、劇場のカウンセラー体験プログラム二週間、背教者バンドと過ごす一日。一日！「こいつはいい！　この体験を履歴書に載せよう！」（バンドのほうはこの出会いについて感想を訊かれる立場にはないものの、まあ、力になれて嬉しいということなのだろう）。『クラスを創る［原題 Creating a Class］』のなかでミッチェル・L・スティーヴンスは、私設入試カウンセラーの第一の目的は、入試担当官という〝消費者〟を前に、いかに自分自身をパッケージするかを受験生に示すことだという。それはつまり、パッケージとして売り込むことのできる自分自身を――あるいは少なくとも、自分自身の幻影を――作り出すということなのである。

当の生徒たちは教育そのものに対して、皮肉な見方をするようになっているのだろうか？　マサチューセッツ州の寄宿学校ディアフィールド・アカデミーのある卒業生が、僕に宛てて書いていたように「アルゴリズムを解いてひとつ上のレベルに進む、ゲーム理論と大差ない」と考えているのだろうか？『ドゥーイング・スクール』に登場した生徒が言っていたように「人が学校へ行くのは学ぶためじゃない」と信じているのだろうか？　カンニングは風土病となり、そうした醜聞が日常的に起きるようになっているのだろうか？　仮にそうだとしても、若者たちは、とても優秀な生徒としての姿しか見せていない。われわれが彼らに、そうするように教え込んできたのだから。彼らがなぜ大学へ行くのかまったくわからないまま進学するとしても、自分で何かを決めろと言われるとたんに右往左往してしまうとしても、あるいは彼らにその答えを売り込むリクルーターにとっていいカモにされてしまっているとしても、驚くには値しないだろう。

われわれ、この国の教育者たちは、〝課外活動〟を命じて、参加した者に褒美を与える。〝リーダーシップ〟を重んじるので、トップに上りつめる者に褒美を与える。自分たちの求めに素直に応える子供を大事にし、要領のいい子に褒美を与える。そしてこのゲームに参加しない者には罰を与える。われわれは、子供たちから子供時代も十代も思春期も奪いつつある。そうやってこの国の若者たちを、莫大な数の兵士に変えてしまったのだ。

アッパーミドルクラスのなかにも、エイミー・チュアのような典型に当てはまらない親が大勢いることは、僕も知っている。問題があるのはわかっていてもこうするしかないのだと言われることは珍しくない。順応と勇気とのはざまで悩む大学生が大勢いるように、狂ってしまった「システム」のなかで、せいいっぱいの努力をしようとしている親も大勢いる。しかしわれわれ大人たちは、どうしようもないとあきらめる以外に、することがあるのではないだろうか。たとえどんなに流れが強くとも、このままずっと身を任せ、流されていくわけにはいかない。子供たちを変えたいのなら、われわれ大人たちが、違う育て方をしなければならないのだ。

第四章　大学

幸いなことに、わが国の大学は、僕が今まで述べてきた問題についてきちんと認識しており、協調して解決に取り組んでいる。教育課程《カリキュラム》は教育経験に一貫性を与え、学生が自らの心の求める方向性を強く意識できるよう設計されている。学部生の指導計画にも深く関わる教授陣は、学生に知的成長をもたらすことに献身し、最高基準の学問的厳密性を保つよう強く求めている。就職課は大学卒業後の幅広い進路について情報を集めることに余念がなく、学生たちがありきたりな選択肢のみに目を向けないよう努めている。『USニューズ』誌に協力しない方針が確立され、ランキングを算出するために必要なデータを同誌に使用させない体制が整った。贅沢《ぜいたく》な設備や法外な経営陣の報酬に予算を浪費せず、大学はその使命の根本である教育とリベラルアーツにふたたび奉仕するようになった。

もちろん、これは全部冗談だ。今挙げたことの一つも実現していないし、高等教育の土壌に根本的な改革がもたらされない限り、今後も実現することはないだろう。大学は、学生たちがハイスクールのときのまま引きずって来た価値感や習慣から彼らを目覚めさせる努力をまったくしていないか、しているとしても微々たるもので——実際、問題があることを認識しているかどうかも怪しい——これにより、学士課程での体験は、ほとんど進歩ないものになってしまう。学生たちは受講コースのカタログを渡され、自分たちで考えろと言われるも同然だ。確かにアドバイザーはいるが、彼らは主に、必要とされる単位を取得するにはどう切り抜けたらいいかという奥義を学生たちに伝授し、必要とあらば（必要な時が来たらと言いたくなってしまうくらいその確率は高いが）彼らをカウンセリングセンターへ送り込む役割を果たしているにすぎない。それ以外のすべてはうまくいくと高をくっている。学生が大人の自己を形成する際に当然のごとく出てくる疑問とか、彼らが大人の自己を形成するための助けとなるような教育を請け負うことも含めてである。

元ハーバード・カレッジ学長ハリー・R・ルイスは書いている。大学は「学部生たちに対する、より広範囲の教育的役割を忘れ去ってしまっている」と。すなわち彼らが、自分は何者で、この世における自分の目的は何であるかを解き明かす手助けをする役割について忘れてしまっているというのだ。実際、大学は「彼らが提供する教育を何らかの特別なものにすることが難しくなっている」と述べ、さらに率直に「ハーバードはもはや何が良い教育かわからなくなってしまっている」とまで言っている。カリキュラムは、長く連なる関連性のないコースから成っている。各学部間の小競り合いが収まったあと、その停戦ラインの先には、配分上の必要性を満たす作業が続いている。哲学者アラン・ブルームは書いている。「ヴィジョンがまるでない。教育を受けた人間とはどのようなものかを議論するための競合するさまざまなヴィジョンすらないのだ」

この問題は古く、その起源はアメリカの高等教育自体が二つに大別されたことにある。アメリカの大学は、イギリスのカレッジと、ドイツの研究大学《リサーチ・ユニバーシティ》、二つのまったく異なる教育機関の使命を受け継いでいる。最初のひな型は、南北戦争前に普及した。カリキュラムは古典を中心としており、教育の目的は人格の形成であると理解されていた。十九世紀の最後の数十年に近代的な産業社会が出現するにともない、この種の教育法は時代遅れに感じられるようになっていった。ジョンズ・ホプキンス大は、ドイツを手本とした最初のアメリカの大学として、一八七六年に設立された。自然科学と社会科学に焦点を定めた〝知識の工場〟である。新たな経済とそれを生みだした世界には、こうした学問分野は必要不可欠だった。他の大学もこれに続き──シカゴ大が一八九〇年、スタンフォード大が一八九一年──既存の大学は新たな路線で装備し直した。ほどなくして、大学院以降の研究や教育の全体的な構造が姿を現した──学問分野ごとに組織化された学部、全国規模の専門職団体、同領域の研究者が寄稿する学術雑誌、論文を出す《パブリッシュ》かさもなくば死《パリッシュ》か、梯子のような教授職の階級、終身在職権、学位論文、博士号。

それと同時に、そしてそれと同じ理由から、ハーバードは他大学に先駆け、古い学部学科のカリキュラムに対し、まずは選択科目のシステムを、やがては専攻科目のシステムを加えた。このころになると大学は、専門職として生きていく準備をする場所、専門化の第一段階だと考えられるようになっていた。それでも、リベラルアーツという古い理想、大学は〝人のすべての面〟に訴えかけるべきだという考え方は、依然として生き残っていた。すなわち、医者でも、弁護士でも、科学者でも、管理者でもなく、一個の人間として考えるべき事柄──人文科学（ヒューマニティーズ）の名が示すとおり、人間性について、他のすべてを超越して問いかけられる目的や価値に対する論題という考え方である。二つの世界大戦のあいだの時期には、さまざまな〝一般教育〟のカリキュラムを発展させている大学で、専門化に対する巻き返しが起きた。最も有名な例が、コロンビア大とシカゴ大の「グレート・ブックス・プログラム」である。この国でいまだに専攻科目というものがあること自体が、深さと広さの理想のはざまで妥協したことを表している——専攻科目は他に何も学ばないから専攻なのではなく、他に学ぶからこその専攻なのだ。たとえば、イギリスやフランス、世界中のほとんどの国でも、化学を学ぶことに決めたら、それだけを学ぶことになる。

グレート・ブックス［一九二〇および三〇年代、コロンビア大やシカゴ大の教授を中心とした一団に選ばれた西洋文化における古典的名著のアンソロジー］のカリキュラムは、他の一般教育科目とともに、一九六〇年代と七〇年代につまずいている。西洋の古典はヨーロッパ中心の家父長主義的なお仕着せのコースだとけなされたのだ。僕がハイスクールを卒業した一九八一年、当時イケてる大学だったブラウン大は、その系統をほとんどそっくり捨て去ったことで有名になった。僕の出身大学であるコロンビア大では「コア・カリキュラム」と呼ばれる一般教育科目こそ生き延びたものの、この時点でそれは、主にブランド構築のためのもの——すなわち、大学という商品を競争相手と差別化するためのものになっていた。大方の大学において、縦の系統と横の広がりとして残ったのは、「ディストリビューション・リクワイアメンツ」と呼ばれるものだ。中華のコースメニューを選ぶように、まずAの系統から、続いてCまたはDまたはFの系統からというふうに一つ一つ選んでいく（「定性推論」「語学と文学」「世界文化」といった小洒落《こじゃれ》た感じで）。この方式のおかげで学生たちは首尾一貫した科目選びができず、ブルームが言うように、しばしば「あっちこっちつつき回してとるコースを探し……（中略）……大学で学ぶ年月をとりあえず満たす」ことになってしまう。昨今、ダブル・メジャーが流行《はや》りなのは、ひとつには、なぜこんなものが存在しているのかもわからなくなってしまった混沌《こんとん》とした選択方式に対する、無言の反抗なのかもしれない。もはや学生たちにとって、カリキュラムの中で唯一意味が理解できるのは専門科目だけなので、それをできるだけたくさんとっておこうということなのだろう。

しかし根本的な問題は、文化の流行りすたれや、事務手続き上の混乱などより、もっと深いところにある。現代のアメリカの高等教育の根源にある「折衷」――リベラルアーツ・カレッジをリサーチ・ユニバーシティのなかに収めようという考え方――は、どうやらうまくいかないことがわかってきた。たったひとつの教授団が、両方をカバーしなければならないからだ。教授たちは、研究をするために養成され、研究をすることで報酬を得ているため、ユニバーシティの価値のほうが、カレッジのそれより、圧倒的に勝ってしまう。こうした作用があることは、何十年もの月日を経て徐々に明らかになってきた。多くの大学では長きにわたって、博士号を持たずに教授団に加わることも、さほど多くの論文を執筆せずに終身在職権を得ることも、依然として可能だった。しかし、この職業特有の行動基準は、ゆっくりとその締め付けを強めていった。スプートニク［ソ連の人工衛星。一号は一九五七年に打ち上げられた］以降、国からの補助金が急騰したことにより、教育機関内での力のバランスは、決定的に研究のほうに傾いた。一九七〇年代の大学関連の雇用市場の崩壊――かの有名な「博士の供給過剰」という現象で、今なお続いている――により、大学は、学者たちの生産性への期待を一段と高めることができるようになった。知識はいっそう精緻なものになり、研究はかつてないほどに専門化されている。そして教授たちは望むことを何でも教えることができる――それは通常、彼らの専門分野や論文、著書というごくごく狭い範囲を意味している――ため、学部学科のカリキュラムには、断片化と専門化の影響が色濃く表れている。どう組み合わせても全体としての意味を成さない。そもそも全体としての意味を成すようには考えられていないのだから。教授たちはこれに関して無関心だ。彼らには関心を抱くだけの動機がない。彼らはただ研究がしたい、研究したことを教えたいだけで、それ以外のことを考えなければならなくなるような事態は避けたいと思っている。コースは、学生たちが知りたいこと、知っておくべきこととは必ずしも関連性を持たないままに提供されているとルイス元学長は言っている。より大きな視野で物を見る努力――教授会が招集され定期的にカリキュラムの見直しを行うこと――も、通常は縄張り主義と無関心と単なる無能さによって、どこにも行きつかないままに終わるのが常だ。「私たちには、教育を一般論として考えるという習慣がないのです」。やはり不成功に終わったハーバードの教授会で最近副議長を務めたルイス・メナンドは言っていた。「それが専門ではないのでね」

わが国を代表するカレッジやユニバーシティは、ほとんどの学生が大多数の他大学で選択しているような就職に直結した科目――コミュニケーションやビジネス、教育、看護といった科目――を専攻させないことに誇りを感じている。その一方で、彼らが教えるすべては、それが教えられている精神がゆえに、今や就職に直結しているようなものだ。すべてが技術主義的《テクノクラシー》――熟練の技を磨くこと――であり、すべてが、つまるところテクノクラシー的な考え方で正当化されている。エリート大は、学生にものの考え方を教えていると自慢したがるが、この件に関して彼らが言うのは、社会人としてビジネスで成功する上で必要な、分析や弁論の技術を学生たちに身に付けさせるということだ。学生たちはハイスクールのときと同じように、大人への入り口で必ず直面する、勉学や人生についての意味や目的を問う、より大きな疑問と取り組むだけの知識を授けてもらうことができない。宗教系の大学では——誰も名前を聞いたことがないようなほとんど無名の大学でも——率直に言って、この点ではずっといい仕事をしている。アイビーリーグの大学やそれに匹敵する有名大学は非難を免れない。なにせ大学のトーテムポールでは四段階くらい低いレベルにあり、SATのスコアが何百ポイントも低い学生たちを入学させている大学のほうが、教育を最も重要な意味に照らして考えたとき、彼らより優れたものを提供しているのだから。

それでもすべてが失われたわけではない。エリート大学は今も、一般教育を施す自らの責任、すべてを備えた人間を教える責任、やたらと授業料の高い職業訓練校以上のものになる責任を、うすぼんやりと思い出してはいる。だから子供たちは大学へ入ったとき、ひとつふたつ、大きな疑問を問いなさいと励ますスピーチを聞かされる。卒業するときもまた、ひとつふたつ、大きな疑問を問いなさいと励ますスピーチを聞かされる。そしてその間の四年間、彼らは小さな疑問を解くための訓練を施してくれるコースを履修して過ごす。専門化された教授陣が、専門化された学生たちに向けて講義する、専門化されたコースを。

しかし少なくともこうしたクラスには、学問的な厳しさがあるはずだ。彼らなりのやり方で、学生たちを鼓舞しているに違いない。だろう？　それが、必ずしもそうではないらしい。科学の分野ではそれが普通だ。しかし他の科目ではそうもいかない。作家ロス・ドゥザットはハーバードで学んでいたころ、勉学のほうは楽なものだったと書いている。「なぜなら、だれも深く踏み込もうとはしないようだったから」。もちろん、例外もあるだろうし、大学によって何が標準かは変わってくるだろう。それにしても、教授と学生はたいていの場合——それを見たある人の言葉を借りれば——「相互不可侵条約」を結んでいるようなのだ。学生はできるだけ少ない労力で切り抜けたい。エリート大の教授たちは特に、研究のほうで報酬を得ているので、クラスで教えることに費やす時間はできるだけ少なくとどめたい。教えることが、教授の昇進の条件に多少なりとも関わっているにしても、その査定はほぼ完全に生徒たちの評価に基づいている。そしてその評価が、成績点と相互に関係しているというのは周知の事実だ。さらに、助手や、終身在職権獲得競争から離脱した人々、年々増え続ける講師たちにとっては、評価はとても重要になる。その結果、見かけ倒しの授業によりよい評点がつけられるという傾向がさらに強くなる。

成績点の暴騰《インフレーション》という現象や、成績点のインフレに対する不満は、昨日今日始まった話ではない——ルイス元学長によれば、成績点それ自体と同じくらい歴史が古いものだそうだ。しかしながら、学業平均値（GPA）が一世紀以上にわたって上昇の一途をたどっているにしても、今の値を見ると、また別の段階に進んだように思える。一九六〇年、私立大学のGPAの平均値はおよそ二・五だった。一九九〇年には、これが三・一となり、二〇〇七年には、三・三で、選り抜きの私立大においては三・四三である。上昇のペースから考えて、最後の数字は、今現在三・五を越えているだろう。上昇のカーブが天井にくっつきそうになればなるほど、他者と区別するのが難しくなり、学生にとっては最善を尽くそうという励みが少なくなる。一九四〇年、Aの範囲に成績がある学生は一五％だった。

二〇〇八年、その数は四五%近くにもなっている。とは言え、勉強をしない学生というのはいつの世にもいるものだし、専門分野以外の科目をとっている学生だっているだろう（純粋に楽しむため、あるいは単位の必要性に迫られて）。そもそも最初から学力が追い付かない学生だっている（スポーツ枠や、レガシー枠）。また、成績点は、一年では比較的低くなるのが普通だ。エリート大では、一応勉強している上級の学生に対しては、Bプラスに満たない評価を付けるのはほとんど不可能で、最近ではAマイナスよりも低い評価を付けることすら難しくなっている。

しかし、成績点などはこの際どうだっていい。教師が学生たちに率直な意見を言うことは、それ以上に難しいのが現状だ。幼いころからずっとポジティブな評価だけを受けてきて、自尊心が完璧さの一点の上で危ういバランスを保っているような子供たちは、批判を受け止めるのが得意ではない。おまけに、彼らには猛勉強よりほかにすべきことがある。大規模な公立の「パーティー大学」――ここでは仮に、南フットボール大学と呼んでおくことにしよう――ならば、それはおそらくビールを飲んでテレビを観ることだろう。エリート大では、すべてのエネルギーを奪う課外活動がそれにあたる。課外活動には確かに価値もある。楽しいし、勉強と違って仲間ができるし（少なくとも真面目な勉強は人付き合いと両立しない）、これのおかげで学生たちはクラスでは見過ごされがちな能力を発揮し、育むことができる。社会とのつながりを作ったり、その道に就職する可能性を試したりすることができる。課外活動はまた、学内の交流の中心でもある。しかし若者たちには忙しくせずにはいられない性癖があるため、自分は何かやり残しているのではないかという恐れに駆られて、空いている時間にことごとく予定を詰め込む傾向にある。

問題は、やればやるほど、うまくできなくなるということ、しかもなにもかもがうまく回らなくなるということだ。教え子が書いた「しくじりファクター」というエッセイをご紹介しよう。これは新入生に宛てた助言の一部として公表されたものだ。「しくじりファクター」は、君がいろんなことを詰め込み過ぎた結果、すべてにおいて、どれくらいしくじっているかを見る指標である。数値は、一日の時間を君が学業や課外活動に費やしている時間で割ることにより算出される。

自分の一年のころを振り返り、遡及的に計算をしてみよう。その結果、ホメーロスの『オデュッセイア』を読むのに六分、組み鐘《カリヨン》を演奏するためハークネスタワーを上るのに五分、これは、私が毎晩睡眠時間二時間で、ランチをとれるのは二日に一度と考えた場合の数値だ…（中略）…私はたちまち、図書館で毎晩のように徹夜するようになったのだが、皮肉なことに、それでも課題を終わらせることができなかった。会合からリハーサルへといつも必死に走りながらけっして時間に間に合うことができず、渦の中の嘆きの妖精《バンシー》のようにのたうちまわって、なんとか切り抜けようとしていた。

「システム」が成り立つ唯一の道は、教授を含めたすべての人が、それぞれの期待を下方修正することだったようだ。エリート大学生は総合的に見てほんとうによく勉強するし、皆かつてないほど聡明であることにも変わりないのだが、彼らが学問の結果生み出すものがそれに見合うだけの基準に達しているかというと、必ずしもそうではない。こうした行き過ぎた現状を象徴する一例が、俳優ジェームズ・フランコの学歴である。彼は、あちこちで大卒者向けのプログラムを受講するのを趣味としている。あるときなどはコロンビア大に入学してライティングを学びつつ、ニューヨーク大で映画製作、ワーレン・ウィルソン・カレッジで詩、ブルックリン・カレッジで創作のコースを受講していた――しかもそのすべてを忙しい俳優業の合間を縫ってやっていたのだ。コロンビア大卒業後、彼はロード・アイランド・スクール・オブ・デザインで美術の修士課程を、イェール大で英文学の博士課程を履修しはじめた（そう、僕がかつて教えていた学部だ）。パロ・アルト・ハイスクール出身のフランコは、今日の成績優秀な若者のカリカチュアのようである。UCLAで、彼は一度、通常なら一九時間に制限されるところを、六二時間もの単位を履修することを許可されたそうだ。人はそこまで聡明で、多才で、エネルギッシュになれるものだろうか？　いや、なれない。そこまでの人間はいない。彼であろうと、他の誰であろうと。エリート大への入学は、史上かつてないほど熾烈を極めている。けれどひとたび中へ入れば、今日の仕組みに照らして考えるに、必要なのは、かなりの部分で、ただ授業に出ることだけになっているのである。

しかしながら、ここにはまた別の何かが作用していることも事実だ。その水脈は、教師陣の無干渉主義《レッセフェール》や学部生の計算高さなどより、もっと深いところを流れている。ここ三十年ほどのあいだに、大学の学生たちに対する考え方に変革があった。第二次世界大戦後の数十年は、高等教育の黄金期とも呼べる時期だった。一九四九年から一九七九年のあいだに学生の数は四倍を越え、学部の数は三倍近くになり、大学はほとんど一週間にひとつのペースで設立された。しかし一九八〇年代、べビーブーム世代が大学を卒業する年齢に達すると、政府が補助金を削減しはじめたのも手伝って、大学は学生を奪い合わざるを得なくなった。その一方で、政策担当者は税金を大学ではなく（奨学金やローンなどの形で）学生たちのほうへ集中させ、高等教育を消費者市場へ変える努力を率先して行った。

この努力は見事に功を奏した。高等教育の場は、今では他のビジネスとますます似た様相を呈している。儲《もう》かることがもてはやされ、儲けにならないことにはプレッシャーがかけられる。「教えること」は、資源を流出させる行為とみなされるようになった。数で測ることのできない教える技ではなく、知識を伝達する「効率」が、主要な価値になった。教育の質に対する経費など払えるものかと言わんばかりに、教授は、助手その他の低賃金の一時雇用労働者たちに取って代わられつつある。「アカデミック・ユニット」（これはすなわち、学部のことだ）は、〝収益中心点〟ととらえられている。職分を果たせない部門——リベラルアーツのほとんどがそうである——は、縮小を検討されるか、きれいさっぱり消し去られる候補になる。「科学」は最上位に君臨するものの、すべての科学がそうではない。基礎研究もまた、苦境に立たされている。聖杯のごとく探し求められるのは〝技術移転〟だ。科学研究の中には企業が直接のスポンサーになってくれるものも多く、交渉次第では利益を得ることも可能なのだ（もっとも最近では大学が短期の収入を求めて貪欲になり過ぎるあまり、提携先の企業が辟易《へきえき》することもある）。絶えず拡大し続けることは、必須と考えられている。世界中に広がる、新たな学舎、新たな研究センター、新たなキャンパス。ニューヨーク大はアブダビに、イェール大はシンガポールに、コロンビア大は中国、トルコ、ブラジルに。目的は、ブランドを構築し、市場シェアをつかみ取り、新たに台頭してきた世界的な富の源泉から資金を汲み出すことである。

この大学経営の「すばらしい新世界」で、皆が注意を払う〝測定基準〟は、古き良き『USニューズ』誌だ。ここには大学進学適性試験（SAT）と同じ精神がある。実際、次のような等比が成り立つかもしれない——『USニューズ』のランク対大学」は「SATスコア対受験生」に等しい。それぞれ、学問的な優劣を示す数値として胡散臭《うさんくさ》く、自尊心の基準としても意味がないものの、対象者をパニックに陥れるにじゅうぶんな影響力を持つ。言い換えれば、大学は、彼らが長きにわたってハイスクール生たちを悩ませてきた数字による支配と同種のものに、今度は彼ら自身が怯える番になったということなのだろう。

とは言え、子供たちは多くの時間を（そして親たちは多くのお金を）数字を少しでも良くするために費やしているが、大学の足掻《あが》きぶりははるかにひどいものだ。ランキングでは、難易度《セレクティビティ》がひとつの要素になっている。そこで大学は、そのうちの多くには入学のチャンスがまったくないと知りながら、積極的に出願者を募る。評判もひとつの要素なので、各大学が答えるアンケート調査で、時としてライバル校に故意に低い評価を下す。SATスコアの平均値も要素となるから、経済支援のための奨学金の基準を、困窮の度合いから成績の優秀さへとシフトしてきている——SATのスコアは家庭の豊かさと密接に関連しているため、これはより多くの奨学金がそれを必要としない学生に与えられ、真に必要としている学生の手に渡りにくくなることを意味する。さらに、これだけ足掻いてもうまくいかないと、大学は受験生と同じように、ずるをする（誤ったデータを報告する）。最近ではエモリー大、バックネル大、クレアモント・マッケナ大をはじめとしたいくつかの大学がこれをしたことが発覚している。

しかしながら、高等教育の商業化がもたらした最悪の結果は何かと言えば、大学の学生に対する見方を変えてしまったことだろう。大学は今や、学生を〝顧客〟と考え、鼓舞する相手ではなく、媚《こ》びる相手ととらえている。キャンパスにいても、その匂いをはっきりと嗅ぎとることができる。そこでは明らかに学生が主導権を握っている。一九六〇年代から七〇年代初めにかけて急激な高騰を見せた成績点は、一九七五年から一九九〇年まで、おおかたは横ばいだったものの、それ以降ふたたび上昇しはじめている。問題は、これによって学生たちが、お金を払ってAを買っていると感じてしまうということだけではない。卒業率も『USニューズ』のランキングに加味されるため、大学が学生を成績不良で退学させることはなくなってしまった。こうしたカスタマーサービス的な姿勢は、やたらと豪華な新しい寮やジム、学生会館などに散財するところにも表れている――一九九〇年代から二〇〇〇年代初めにかけて起きた建設ブームは、この時期に起きたさまざまなことと同様、負債を積み上げて資金を調達したもので、それが授業料の値上げの主な要因となっている。大学は今や、学生たちに対して、「君たちがこう育つことを期待していますよ」ではなく、「君たちにこういうことをしてあげられますよ」という態度で自らを売り込んでいる。「学部での経験を形作るための大いなる教育理念というものがない」とルイスは言う。「学生たちに影響を与える決断は、彼らの安直な要求を満たすことを考慮しておこなわれる」。学生たちは、「人文科学《ヒューマニティ》／人間性」を失う代わりに、「快適さ《アメニティ》」を得たのである。

商業主義的な関係は、教育上の関係とは真逆のものである。顧客ならば欲しいものを提供するだけで、彼らの長期に渡る幸せなどは気にもしない。教師は学生たちの長期に渡る幸せに関心があるからこそ、彼らが求めるものを与えない。その代わりに学生たちに問うのだ。教師が学生に最も強く問うのは、彼らが何を求めているかである。ソクラテスが言ったように、教えることとはすなわち、欲望を再教育することだ。父親気取りの態度だと思うかもしれないが、まさにそうあるべきなのだ。教授は師であり、商品でも店員でもない。教育は消費するものではない。君が自ら足を運び身を浸すべき体験だ。しかし大学はもはやそのように考えなくなってしまった。自らを、社会の財産を預かるのではなく、市場に商品を供給する存在だと考えている。自分たちが提供する教育というものの意味がわからなくなっているのだとしたら、それは彼らが、学生たちからの注文を待つようになってしまったからかもしれない。

僕の知る学生の中にも、大学で素晴らしい教育を受けたと感じている者は確かにいる。しかしながら彼らが口を揃えて言うのは、「自分から求めれば、機会はある」というような言葉だ。言い換えれば、こちらから願い出なければ――いや、実際にしつこくせがまなければならないということだろう。ドウザットが彼の母校についてこう書いている。「自らに教育を施したいと思ったとき、ハーバードは今でも、世界で最も適した場所のひとつと言える」が、それは「積極的に君を教育してくれるわけではないし、意味があるほどに導いたり仕込んだり背中を押したりしてくれるわけでもない」。バージニア大教授のマーク・エドマンドソンの言葉を借りればこういうことだ。「教育を受けるため、いつの間にか入ってしまった大学を相手に、君はおそらく戦わなければならなくなるだろう——そこがどれほど有名な大学でも（むしろ、大学の名声が高ければ高いほど、君は必死に挑まなければならなくなる）」

考えてもみてほしい。君はそのためにそこに来て、そのために金を払っている。にもかかわらず、しつこくせがまなければ与えてもらえない。そんな姿勢で運営されているとは、これが病院や、あるいは食料品店だったらどうだろう？　割りを食っているのは勉強をさぼろうとしている学生たちではなく、教育を受けたいと望んでいる学生たちなのだ。彼らはなぜかわからぬまま不利な環境に立ち向かわなければならない。僕の経験では、真剣に学びたいと願い、大学時代にその願いを満たされた学生よりも、騙《だま》されたような気分に陥ったまま卒業していく学生を目にすることのほうが多かったように思う。彼らはここでの経験はいったいなんだったのだろうと悩み、四年前、ここに入って来た時、冒険に挑むようにわくわくしていた気持ちはどこへ行ってしまったのだろうかと考える。僕はイェールで教鞭をとっていたころ、そういう学生たちからよく相談を受けた。熱意に満ち、好奇心旺盛で、独立心の強い学生——「技能」ではなく、「意味」が欲しくて大学に入った、この世界に「安定」ではなく「可能性」を求めている学生たちである。彼らが一様に口にしたのは、大学から見捨てられたような気がするという言葉だった。ここで授けられている教育は、自分に関係があるとは思えない、胸に抱く志に叶《かな》う人生を歩むためにどうしたらいいかを解き明かしたくても、誰も助けてくれない、と。こういう者たちこそ、大学が最も重んずるべき学生だ。にもかかわらず、最も悲惨な形で脱落していくのは彼らなのである。

実を言えば、エリート大学には、探究者や思想家や詩人や教師や聖職者や社会派弁護士や非営利団体職員や、あるいは大学教授さえも、あまり多くは生み出したくないという強い動機があるのだ。豊かすぎる奉仕精神や創造性や知性や理想主義を育ててしまっては困るのである。高い名声を誇る大学では、確かに豊富な学問的、芸術的機会、さらには倫理性を高める機会を提供しているが、これはそのための財政手段があればこそだ。大学卒業後、貧困地区の子供たちに文芸創作《クリエイティブ・ライティング》を教える活動を始めた僕の教え子が、あるとき熱のこもった長い手紙をくれた。そこには、イェール大は彼女に、進むべき道を見つけ、そこへ進むための資質を与えてくれたと書かれていた。そうした例もある一方で、多くの大学は、学んだことをよりよく活用するためにはどうしたらいいかというようなことを何も提案してくれない。言い換えれば、徳や尊厳や幸福といったものを物質的な成功と同等に扱ってしまう社会の価値観に挑むことを、彼らはなにひとつしないのである。

彼らはまた、若者たちがありふれたものではない職業の道へ進むにあたって、ほとんど手助けしてくれない。いや、むしろその逆だ。どの大学へ行っても、同じような話を繰り返し耳にしたのだが、就職課は四大進路――すなわち、法律、医学、金融、コンサルティング――以外の道に進みたいと考えている学生に対して、ほとんど何もアドバイスしてくれないか、してくれるとしてもごくわずかだという。就職フェアでは、いま挙げた四大進路のうちの最後の二つが会場を席巻している。これに関して、さらに一歩踏み込んだ大学もある。スタンフォード大は、各企業にそれぞれ一万ドルで、学生にアプローチする特別な機会を与えているそうだ。スタンフォード大がこれをしている唯一の大学だとは信じがたい。

高い値を付けてくれる入札者に学生を売る――これ以上に呆《あき》れた話があるだろうか？　だが、プロセスはここまであからさまでないにしても、「システム」そのものの仕組みは、基本的にはこれと同じである。僕の友人に、三世代続いたイェール大出身者がいる。その友人が以前言っていたことだが、イェール・カレッジの存在意義は、イェール同窓会を作ることにあるそうだ。これに関して、作家デヴィッド・フォスター・ウォレス（アマースト大、一九八五年卒）は、小説の登場人物に次のように言わせている。

大学そのものが、それにまつわるたくさんの倫理上の偽善をはらんでいることがわかった。たとえば、自らの多様性を祝い、政治においては最も左派的な愛国心を誇りながら、実際にはエリートの若者たちをエリートの職業に就かせ、大金を稼がせている。そうすれば、同窓会に寄付してくれる裕福な卒業生の集団をさらに増やすことができるからだ。

むろん大学は、稼ぎのいい職に就こうとする学生を阻むような真似《まね》をするわけがない。たとえそれが、その学生の能力をじゅうぶんに発揮できない仕事であったり、社会的に悪影響を与える仕事であったとしても。そしてもちろん、大学は学生たちを真っ先にその方向へ進ませるための「システム」を運用している。ハーバード大の元総長ジェームズ・B・コナントが、一九三〇年に能力主義に方向を転じはじめたとき、彼は少数派となる〝傑出した才能の持ち主〟を呼び寄せたいと思っていた――ライオンのためのいちばん大きな分け前、すなわち合格枠の大部分は、依然として未来の実業家、つまりは将来寄付をしてくれる者のためにとっておくつもりだった。それが今、大学はその二つを両立できるようになった——正しく選び抜き、正しく訓練さえすれば、能力のある者たちが、将来寄付をする成功者になるのである。それゆえ、世界経済のバランスが変化するに従い、エリート大学における外国からの留学生の割合が増えるという現象も起きてくる。イェールのようなところでは、ありがちな配合比として、戦略地政学的配置を反映したものになるそうだ。西ヨーロッパからの留学生はもう流行《はや》らない。BRICs《ブリックス》（ブラジル、ロシア、インド、中国）その他の経済的に発展しつつある国々からの留学生が旬らしい。これから先のひと世代分の贈り物をしっかり確保しておこうというのだろう。未来のアーティストや夢見がちな慈善家も、多少は入れて学問をかじらせている（いずれ、こういう有名人が同窓生にいると自慢するための仕込みでもある）が、これは倫理の帳簿とのバランスを取るためであり、けっして芸術や正義のために献身しようという強い意志があるわけではない。

　選り抜きの大学の大多数では、この「システム」は実際とても上手に回っている。出願者数は膨らみ続け、寄付は潤沢で、経営陣の給与は近年うなぎ上りに上昇している。授業料の値上げにはお決まりの不満が唱えられるものの、ビジネス自体が傾くことはない。しかしその「システム」が、他の人々にとってもうまく回っているかどうかは、また別の問題だ。僕がこの一連の問題で、いちばん悲しくなるのは、ハイスクールの生徒たちや大学に入ったばかりの新入生たちが、大学の四年間への期待を口にするのを聞くときだ。彼らも遠からず失望することになるだろうとわかっているから。けれどそんななかでも、大学のロマンはいまだ消え去ってはいない——ブルームが言ったような、君自身が冒険に挑む夢は、今も残っている。学生たちは、表向きは皮肉めかした態度を取らなければならないような気にさせられているものの、取り澄ました表情の下には、若き日の憧れが、依然として息づいている。ここ二、三年国内を回って気づいたことだが、今日の学生たちは、大学が本来与えるべきであるにもかかわらず与えていないものを、強く渇望している。それはすなわち、より大きな意味での目的と道しるべであり、教室で才能の集合としてではなく一人の人間として語りかけてもらうことであり、人生において重要な問題と向き合い導いてもらうことであり、こうした事柄について、そしてこうした事柄を語る言葉について、思い悩んでもいいのだと、ただ、認めてもらうことなのだ。彼らがその渇望を満たすにはどんな方法があるか、次章からはそれについて話していこう。

第二部

自己

第五章　大学はなんのため？

「投資収益率」。最近、世間で大学について話しているのを聞くと、よくこの言葉を耳にする。言い換えれば、大学に入ることで、支払う金額に対して、どれくらいの見返りが得られるかということ。しかし誰も尋ねようとはしないのは、大学がわれわれに与えるべき「見返り」とは何かということだ。それは単に、より高収入が得られるということだけなのだろうか？　教育の唯一の目的は、職業に就くこと？　一言で言って、大学とはなんのためのものなのだろう？

僕らは議論する。昨今の高等教育について、上がる一方の学費について、増えつづける学生ローン債務について、新卒者を待ち構える恐ろしげな労働市場について、熱く語り合う。僕らはまた、大学の未来についても議論する。予算規模の縮小、通信制大学、大規模公開オンライン講座（ＭＯＯＣ）、現行の形での大学が必要なのかという話も出ている。僕らは、国家競争力や、二十一世紀の労働力、科学技術《テクノロジー》と工学技術《エンジニアリング》や、栄えある未来の見通しについても論じ合う。けれどその一方で、僕らはその話題の基盤となる前提について話し合うことはない。まるで、幸福な人生と健全な社会をもたらすものは、自明のことであるかのように。そしてそのどちらに対しても、唯一の答えはさらなる金銭的な豊かさだとでも言うかのように。

もちろん、お金は大事だ。仕事も、経済的安定も、国家の繁栄も大事。しかしひとつ疑問がある——大事なのはそれだけか？　人生は仕事だけではないし、仕事は給料だけではない。国家だって豊かさだけではない。政治家や企業のお偉いさんがどれほど巧みな言葉で君を丸めこもうと、教育は労働市場向きの技能を習得することだけではないし、君という人間は、雇用主の収益や国内総生産に貢献するだけの存在ではない。大学はなんのためかを問うことは、人生はなんのためか、社会はなんのためか、そして人はなんのために在るのかを問うことだ。

学生たちには、この問いが聞こえているだろうか？　彼らの耳に届くのは、いかにも正しげな世論とともに、彼らを正反対の方向へ行進させようとする絶え間ない太鼓の響きだ。政策担当者が高等教育について語るとき、大統領以下、皆一様に、もっぱら数学と科学のみを念頭に置いた話をする。ジャーナリストや専門家と呼ばれる人々も——中には人文学を専攻した者もいるだろうし、少なくとも看護師やエンジニアではないのは明らかなのだが——飽きもせず若者たちに、学ぶ科目を選ぶ際には慎重になりなさい、単に興味があるからといってそれを専攻にしようとするのは世間知らずというものだと諭してみせる。「専攻科目ベスト10」はいちばん面白い科目ではなく、いちばん就職に有利な科目だ。「分野ベスト10」は、平均所得額をもとに決められていて、その職業の満足度で決められているわけではない。「そんなものを学んでどうするんだ?」当然のように嘲笑《あざわら》う人もいる。「リベラルアーツ」はけなし文句で、「英文学専攻」は爆笑を誘うオチになった。

実用至上主義の取り締まり隊は、何をそんなに心配しているのだろう？　学生たちがミルトンやカントの講義に殺到しているわけでもあるまいに。世にも恐ろしい英文学専攻を選ぶ者は、今や全体の三％しかいない。ちなみに、経営学は二一％で、すべての芸術および人文科学を合わせた専攻者数と照らしても、その半分以上を占めている。基礎科学も低迷している。フィジカルサイエンス——物理学、化学、天文学、地質学など、生命科学を除く自然科学——を主専攻とする学生の数は、一九六〇年代中ごろと比べて六〇％も少なくなっており、これは英文学専攻をしのぐ減少率だ。一九七一年、入学したての一年生のうち、七三％が、「意味のある人生哲学を構築すること」は必須またはとても大切と答えており、三七％が「経済的にとても豊かになること」（「豊かになること」ではなく、「とても豊かになること」という点に注目されたし）は必須またはとても大切と答えている。しかし二〇一一年になると、この数は逆転し、四七％と八〇％になる。三十年以上の長きに渡って、僕らは声高に、幸福とは金だ——付け合わせに名声も添えてくれ——と唱えてきた。学生たちが大学とは職を得るための手段だと信じるようになったのも無理はない。

君は仕事を得なければならない。しかしそれ以前に人間らしい人生を歩みたいはずだ。大学に対する投資収益率はなんだろう？　では、子供を持つこと、友人と時間を過ごすこと、音楽を聴くこと、本を読むこと——これらの投資収益率は？　やる価値がじゅうぶんにあることは、それだけでやる価値がある。教育の唯一の目的は社会を切り抜ける技を身に付けることだなどと言うやつは、君を軽んじている。職場では生産性の高い社員、市場では騙《だま》されやすい消費者、国家にとっては従順な国民となるだけの存在に、君を貶《おとし》めようとしている。大学はなんのためと問うとき、その答えには、僕らが欠けるところのない「丸ごとの人間」でいられるかどうかがかかっているのだ。

大学はなんのためか、その第一は、考えることを学ぶためだ。ずいぶんとありふれた答えではあるが、実際ちゃんと意味があるし、それはふつうに言われているよりもはるかに深い。これは単に、個々の学術分野に特有の思考方法――方程式を解いたり研究計画を立てたり文章を分析したりする技術――を培うということではないし、分野の枠を越えて研究する能力を得るということでもない。何ごとにも疑問を抱く癖をつけて、その癖を実践する能力を育てることだ。物事を当然のものとして受け止めない姿勢を学び、それによって君自身の結論を導き出せるようにすることだ。

君は学ぶ前にまず、これまで学んだことを忘れなければならない。君は大学にまっさらな状態で来たわけじゃない――君が生まれた瞬間からこの世界が君に植えつけてきた、ありとあらゆる考えや感じ方がしっかり刻みつけられた状態でやってくる――作り話、伝聞、推論、個人の価値観、信仰や宗教から出た言葉が、君の中に染みついている。君の魂は、アラン・ブルームの言葉を借りれば、君の周囲を取り巻くものの鏡だ。僕は新入生を教える立場として、いつも気になっていることがあった。学生たちは、僕が何かの題材を提供すると、それがどんなものでも、即座にそれに対する意見を述べることができた。だからと言って彼らは、必ずしも、以前それについて考えたことがあるわけではない。彼らの思考は、月並みな意見を湛《たた》えた薬品槽のようなもので、こちらが何を投げ入れようと、溶解液の成分が瞬く間にその周りに凝結し、皮膜でコーティングしてしまうのだ（その現象が十八の若者に限ったものでないことも承知している）。

社会というのはそれ自体が、真実から遠ざかり、それに触れまいとする陰謀だ。僕らは宣伝工作《プロパガンダ》にどっぷり浸かって一生を過ごす――商品の広告、政治家の弁舌、現状を伝えるジャーナリズムの断言、大衆文化の陳腐な表現、党や会派やクラスの会則、フェイスブックで毎日やりとりされる月並みな話、両親が僕らを慰めるために言う嘘と友達が社交辞令で言うお世辞、自分を直視するのが怖くて、それを押しのけるために、絶え間なく心の中で唱え続けている自己欺瞞《ぎまん》。プラトンはこれらをドクサ（憶見）と呼んだ。その力は進歩派だろうが保守派だろうが、マサチューセッツだろうがミシシッピだろうが、無神論者だろうが原理主義者だろうが、おかまいなしに浸透していくほど強い。真の教育（リベラルアーツ教育）の第一の目的は、このドクサを認識し、疑問に感じ、それにとらわれずに考える術を教え、そこからわれわれを自由に《リベレイト》することなのである。

マーク・エドマンドソンは、『教師［原題 Teacher］』のなかで、彼が十七歳のときにこの役割を果たした恩師について描写している。その人物がいなかったら、彼は深く考えることなく一生無意味な努力を続けていただろうということだ。エドマンドソンの師のやり方は、プラトンの師であるソクラテスのそれと同じだった。教師は、君の意見を繰り返して君に聞かせるか、あるいは君自身にそれを声に出して言わせる。それを弁護するよう命じたり、あるいは単にそうした考えを抱いていたことを認めさせて、その意見を白日のもとに晒《さら》す。それにより、教師はその意見を解体し、中身を露《あら》わにして、批判的思考による手術を行う――思考力というのはそもそもこうして発達するものなのだ。大事なのは、教師が生徒の考えを自分の考えに置きかえないこと。目的は、生徒にとって不慣れで居心地が悪く、なおかつ尽きることのない実りを生み続ける疑いの状態に、彼らを引きこむことなのである。教師は生徒に、何を考えるかではなく、どう考えるかを教えるのだ。

それにしても、なぜ大学で？　大学はそれをけなしたい人々がよく言うように「現実社会とは違う」。

だがそれこそが大学の強みだ。大学は、数年のあいだ、安全で落ち着いた家庭と生き馬の目を抜くような社会のはざまで、実世界の外に立ち、物事を少し離れた場所からじっくり考えるいい機会なのだ。作家アンドリュー・デルバンコは書いている。「それは、人生に呑《の》みこまれてしまうまえに、思考し、熟考するための貴重な機会である」。エドマンドソンがそうしたように、ハイスクールでもすでに考える癖をつけはじめることはできる――年齢的にはじゅうぶんその力はあるだろう。しかし君のすぐ後ろにはまだ親が立っていて、君はうなじにその息がかかるのを感じている。教師たちは、依然として程度の差こそあれ、試験のために教えているような状態だ。大学に入れば状況は変わるはずだ――大人の入り口にある自由な一時期、すべてが始まるまえの「一時停止」。それは世界中の若者の多くにとっては手の届かない特権？　確かにそうだ。しかし君は、その機会を見送ることで運命に特別扱いされた罪が軽くなるわけではない。ならば、せめてそこから何かを得るようにしたほうがいい。

　大学にはまた、教授というものがいる。自力で考え方を学ぶというのも、理論上は可能だが、成功する見こみはあまり多くない。教授は君の世界に新しい風を吹き込み、彼らがいなければ思いつかなかったような方法を提示し、君ひとりでは出会えなかったようなものを紹介してくれる。独学は、変にねじ曲がったり、不明瞭になったり、自己完結型になったりしがちだ。教授の最も重要な役割は、君の考えが厳密性を持つように導くこと――正確に、根気よく、敏感に、冷徹に、考えられるようにすることだ。そして、僕自身の師であるカール・クローバーがかつて言っていたように、君の「最も根深く染みついた想定」についてだけではなく、「たとえその大部分は単なる勘違いだったとしても、最も心浮き立つような新しい洞察」について考えられるようにすることなのである。人生において、君が何か間違いを犯したとき、それを指摘する人たちがいてくれるのは、とてもありがたいものだ。

大学には、教室で出会った考えについて、質問しあったり討論しあったりする仲間もいる。深夜《レイトナイト》の自由討論《ブルセッション》は、人々が大学時代の思い出を語るとき、好んで口にする言葉のひとつだ。これを聞いた今の学生たちが怖気づいて知的欲求を削がれる言葉でもある。しかし教室と寮の部屋は、言わば一本の棒の両端なのだ。前者は君の頭に考えを吹き込み、後者はその考えを君の魂の一部にする。前者では厳密さが求められ、後者では自由が与えられる。前者は標準的なもので、後者は破壊的なものだ。作家ルイス・ラップハムは書いている。「私がイェールで学んだことのほとんどは、今にして思えば、チャペル・ストリートでただ一軒の終夜営業のレストランで一度、とりとめのない長い会話をしたときに学んだものだ。そのときの話題――神、人間、存在、アルフレッド・プルフロックの桃［T・S・エリオットの詩『J・アルフレッド・プルフロックのラブソング』に登場する桃］――はどれも、『英文学10』だったか『哲学116』だったかのテキストとして支給された一冊の抽象主義のアンソロジーから引っ張り出したものだった」。授業は砂の一粒だ。そこから真珠を作るかどうかは、君自身にかかっている。

考えることを教えてくれる場所は大学だけではない。大学は、君が考えることを学べる最初の場所でもなければ、最後の場所でもないが、最高の場所であることは間違いない。ひとつ確かなことがあるとすれば、君が学士課程を修了するまでにはじめなければ、その後の人生でそうするようになる見こみはほとんどないということだ。学部の経験を就職の準備だけのために捧げてしまうのは、四年間を無駄にするにも等しいと言えるのはそのためなのだ。大学の目的は、君がより聡《さと》く、より敏感に、より自由に、より満たされて生きられるようにすることなのである。僕はブリン・マー・カレッジを訪れたとき、二人の四年生と話をする機会があった。そのうちの一人が言った。「私がブリン・マーを出る時に携えていく疑問は、これから歩んでいくうえで、私のフェミニズムの理念を、どうしたら実践できるかということです」「理念」という言葉もなかなかいいが、僕は特に最初の部分が気に入った。真の教育とは、履歴書ではなく、いくつかの疑問を携えた状態で、君を世に送り出してくれるものなのだ。

しかしながら考える方法を学ぶことは、手始めにすぎない。君には、特に考えるべきことがある――君自身だ。リベラルアーツ教育は、伝統的には、公共の利益、民主的市民性の理解力を培うのが、その存在意義とされてきた。この概念においては、教室は共和主義的美徳の実習《ワークショップ》の場であると言える――筋の通った討論、理にかなった反対の主張、互いを尊重しつつ話し合う姿勢。この考え方の利点は山ほどあるが、それでも、これだけではせっかくの一大事業を軽視してしまうことになる。こうした教育によってもたらされる公共の利点などというもの以前に、より個人的な効果――いや、まさに個人に対する効果があるのだ。コロンビア大の伝説の教授、エドワード・タイラーならば、初日の授業で新入生にこう言うだろう。「君たちは、とても自己中心的な理由でここに来た。自分自身を築くためにやってきたのだ」。この行為が、他の誰かの利益に寄与することがあるかどうかについては、この際問題ではない。自己は、君が、君自身のために培わなければならないものであり、それは一朝一夕にはいかないし、簡単でもないし、苦しい作業になることも多い。

自己を築く——この言葉は、君にとってあまり馴染《なじ》みがないかもしれない。デヴィッド・フォスター・ウォレスは今日の若者たちについてこう書いている。「僕らは彼らに教えた。自己というのは生まれつき誰にでもあるものだよ、と」。幼いころにも、君に自己がまったくないわけではない。ただ、あまり大きく育っていないだけだ。偉大なるロマン主義の詩人ジョン・キーツの言葉を借りれば、この世は、「魂を創る谷」だ。古くからの言い回しである「涙の谷」——すなわち悲しみの谷間で、魂はその世の向こうにある救いの地へ行きつくまで、苦しみながら通り抜けなければならない——ではない。そしてこの「魂」もまた、伝統的な意味合いとは異なる。伝統的な「魂」というのは、永久不変で、世俗的な自己からは多少距離のある、少なくともそれとは確実に異なるもので、いずれにせよ、罪とか徳とかいう話のときだけ問題になってくるようなものだ。キーツの言う魂とはむしろわれわれの世俗的な自己——道徳も、知性も、肉欲も、感情も、われわれの存在そのものも、すべてをひっくるめて理解される自己なのだ。そして彼はこの世を「魂を創る谷」と呼ぶことで、経験それ自体が、魂を形作る坩堝《るつぼ》となることを意味している。

彼は書いている。「あなたにはわからないのだろうか、痛みと悩みの世界が、知性を鍛錬し、魂へと育てるために、どれほど必要であることか」（痛みと悩みがどれほど必要であることか——ヘリコプター・ペアレントや常に安全第一を念頭においておられる方々、ぜひご注目いただきたい）。「千の異なる方法で心が感じ苦しまねばならぬ場所」——キーツの考えでは、この世は依然として、悲しみの舞台だが、喜びや愛やその他すべての感情の舞台でもある。心が感じ、知性はその感情が反映されることによって育成されていくと彼は言う。誰もが考える脳を持って生まれるが、こうして内省すること――自分を見つめたり、頭と心、頭と経験とのあいだの伝播を確立したりすることによって、君は一個人に、唯一無二の存在に、すなわち「魂」になる。そしてこれこそが、自己を育むということなのである。

では大学はそれとどういう関係があるのか? 君が自己を発掘する作業にとりかかるとき、大学はそのための道具を揃えるのを手伝ってくれる。もう一度言うが、それを独力でやるのはとても大変だ。大学の仕事は、君が魂を創る谷を抜ける旅へと踏み出すのを後押しすることだ。場合によっては力づくで送り出すかもしれない。書物、知識、芸術作品や思索が生んだ作品、さらに君の周りの仲間たちがそれぞれのやり方で自分の答えを探そうとしていることから感じるプレッシャー――すべてが君を刺激し、混乱させ、妨害する。それらは、君がこれまで自分自身について知っていると思いこんでいたことについて、ことごとく疑問を抱かせる。アラン・ブルームは書いている。「真のリベラル教育とは、学生の人生を根底から覆すものでなければならない。リベラル教育はすべてを危険にさらすものであり、学生側もすべてを賭すことができなければ成り立たない」。その過程は心穏やかなものではないが、わくわくするような高揚感は味わえる。それは「学術的」とはほど遠い。正しく行われれば、殻を割ったような感じ――自分自身を新たに産み出したような感じがするはずだ。ラップハムは、ある老教授の言葉を引用してこう書いている。「教育とは、自らに傷を負わせることである」

僕はさきほど、これまで受け取った意見「ドクサ」を越えて考えることについて話した。そして今、君自身について考えるという話をした。しかしこれらは、最終的には同じひとつの行為なのだ。この世の中の見方を変えれば、それは必然的に、君自身の人生の見方を変えることになる。逆もまた真なりだ。実を言えば、この二つははっきり分けられるようなものでもない。それを疑問に感じるだけの年齢に達する前に染みついてしまったすべての思いこみ、そのなかでも最も強力で、最も個人的なものは、君自身に君が何者かを吹き込む思いこみ——われわれのアイデンティティや価値を定めようとする思いこみ——である。大学は、それを君が自分で決められるようになる場所だ。コロンビア大で教鞭《きょうべん》をとる歴史学者マーク・リラは、これに関してこう述べている。大学は、「求めるだけの価値があるものはなにか」を解き明かせるようになる場所だと。その場所で君は、これからどんな人になりたいかだけではなく——周りのすべての人たちに思いこまされていた君自身の像の奥底にある——本来の自分はどんな人間なのかを知ることができるようになる。新たな理想と新たな希望を見出すようになる。そして、君自身のために二つの尊ぶべき質問の答えを探しはじめる。よい人生とはどういうもので、そのために私はどう生きたらいいのか、と。

実を言うと僕は、君が大学で成すべきことの表現としては「意味のある人生哲学を構築すること」という文句は、あまり好きではない。ひとつには、情熱を感じないから。「人生哲学を構築する」などと言うと、論文のひとつもひねり出すように聞こえる。もう一つには、静的だから。「哲学」を構築し、それを箱に入れて、この先一生持ち歩き、必要とあらばそこから出して使うかのようだ。この行程は、そんなものよりももっとずっと深くて——一番底の底まで、とことん掘り下げる——そんな表現が不似合いなくらい、もっとずっと流動的で暫定的だ。それは大学を卒業したからって終わりではないし、なんなら一生終わることはないだろう。ラップハムの傷は生涯癒えることはない。彼の自己はもう無垢《むく》な無自覚の状態には戻れずに、その傷をずっと維持しつづけるだろうから。君が大学で、ほんとうに構築したいと願うべきは、内観する癖だ。それは君の変われる能力を意味するのである。

ここまでずっと「魂」という言葉を使ってきた。僕は信心深い人間ではないが、これらの問いの真価をじゅうぶんに伝えるだけの重みがあるのは、宗教的な言葉だけではないかと思う。なぜなら、今話しているのは、最も大切なこと——どう生きたらいいかに劣らぬくらい大切なことだから。それでは、君は大学に入り、巡礼の旅の一歩を踏み出すとしよう——真実と自己へ通じる第一歩を。どんな信仰に、あるいはどんな道に進むかはまだわからないが、君は転向を求めている。君は、君自身で最後までやり遂げたいという欲求に駆られ、救済の伝となりうる考えに近づいていく。他者の思いついた考えを抱き、他者が掲げた理想を夢見て、手あかのついた人生に甘んじることがないように。修道院に入る人々は入ってみてはじめて、なぜそこに入ったかがわかると言う。大学もこれと同じに違いない。僕らはかつてこの世に生まれた。僕らが生まれたこの世界は、自然だけではなく、文化の側面もあり、その文化はたちまち、第二の自然となった。しかし僕らに恵みが与えられるならば、ここでふたたび生まれることができるのだ。人はたとえ世界を手中に収めても、必滅の魂を失ってしまったら、何も得るものはないのだから。

真の教育とは、国内総生産に貢献するだけの働き手を訓練するためのものでないのはもちろんのこと、公共の領域で使命を果たす一市民を育成するためのものでもない。真の教育とは、真の信仰と同じように、他者が君に主張してくる事柄から、一線を画した場所に立つことを可能にしてくれる。必要とあらばそれと対立することもできるようになる。自己とは、他からは切り離されたスペース、他者が踏み込むことのできないスペースだ――これこそが、マデリーン・レヴィンが、彼女の十代の患者たちの多くに欠けているのに気づいたという、内なるスペースである。それは強さを、安心を、自律を、創造性を、そして楽しさを生むスペースだ。小説家D・H・ロレンスは、「人は魂がなくとも、自我と意志だけで生きられる」と言った。確かに、彼が言うように「前に向かって、ひたすら、がむしゃらに歩きつづける」ことはできるだろうが、心の中は虚しいままだろう。E・M・フォースターの小説の登場人物が指摘するところでは、そういう人々は「私」と言うことができないそうだ。彼らは「私は欲しい」と言うことさえできない。「なぜなら、『私は欲しい』と言えば、『私は何者だろう?』という疑問に行きついてしまうから」。よって彼らは、「私」を省き、ただ「欲しい」とだけ言う。「お金が欲しい」「豪邸が欲しい」「ハーバードが欲しい」

アンドリュー・ハッカーとクローディア・ドレイファスの共著『高等教育?』のなかで、彼らは、大学の目的は、君をもっと面白い人物にすることだと言っている。なかなかいい考えではあるが、これは君が一番面白いと感じさせるべき人物は君自身だという前提のもとだ。なぜなら、君がこの先一生ずっと付き合っていかなければならないのは君自身だから。しかしながら、面白い人になるというのは、デイヴィッド・ブルックスが言うような「証明書付きの自己実現」からはかけ離れている。四科目主専攻したところで、面白くなれるわけではない。学生新聞の編集をしつつ、アカペラ・グループで歌い、非営利団体を立ち上げて、エスニックな穀物料理の作り方をおぼえたところで、面白くはなれない。面白さは〝成し遂げる〟ものじゃない。面白さは〝立派だ〟と感心されるものでもない。面白くなるには、本を読み、考え、ゆったりする余裕を持って、とりとめもない会話をし、君の中に豊かな内なる世界を築くことだ。

大学の目的を、別の言葉で言い換えるなら、思春期の若者を大人に変えるということだろう。べつにそのために大学へ行く必要はないが、どうせ大学へ行くのなら、それこそが、達成すべき最も重要なことである。これが真の教育だ。替え玉は許されない。大人の入り口の最初の四年間を、人生の他の部分はすべてないがしろにして、就職の準備だけに捧げるなど、おぞましい限りだ。人に無理やりそうさせられたとしたら、君は強盗に遭ったも同然である。そしてもし君が、大学を出るとき、入ったときと同じままなら——同じことを信じ、同じ価値観を持ち、同じ希望を抱き、同じ理由で同じ目標を目指しているのなら——君はしくじったということだ。戻ってもう一度やりなおすがいい。

「どうせなら教育でも受けようかと思うの」。マーガレット・アトウッドは、小説の登場人物にこんなことを言わせている。「彼らはそんな風に言う。あたかも教育が、ドレスと同じで、人がすんなり受け取れるものであるかのように」。もうおわかりかと思うが、ここで最も問題を含む語は「人」である。「人」が教育を受け取るのではない。「人」は、この表現においては〝変数〟だ。「人」は、教育が作用する対象なのだ。よく聞くけなし文句に、こんなのがある。「教育とは残りものだ。君が教わったことをすべて忘れ去った後の」。しかし最初にこの考えを述べたハーバード大総長のジェームズ・B・コナントは、侮辱するつもりで言ったのではない。大学で君が出会う知識のほとんどは、やがて記憶から消え去る運命にある。後に残るもの、それは君自身に他ならないのだ。

第六章　人生はその手で創る

Ⅰ　方向

さて、自己認識についてはこれでよし。それでもやはり仕事は見つけなければならないよね？　それはそうだ。君自身をよく知るべきだという理由の半分はそこにある。君は何が得意だろうか？　何に関心がある？　君が信条とすることは何だろう？　『目的を持って働く〔原題 Work on Purpose〕』の著者ラーラ・ガリンスキーは、「曲がり角」にさしかかったとき、つまり、次に何をするかを選ぶ人生の節目で、こうした質問をひとつひとつ問いかけるのが大事だと述べている。ウィリアム・デーモンは、『目的への道〔原題 The Path to Purpose〕』のなかで、若者たちを急《せ》き立てて人生の節目を走り抜けさせようとするいわゆる実用主義《プラグマティズム》は、結局は自滅をもたらすと言っている。なぜなら、なんのために働いているかがわからなければ、幸せにはなれないからだ。自己認識はこの世で最も実用向きだ。君にとっていちばんしっくりくる進路を見つけるのを助けてくれる。「人生の意味はなんだろう？」これは哲学的な疑問として、あまりにもありふれたものかもしれない。抽象的で意味がないように聞こえるかもしれない。ところがこれを次のように言い換えると、とたんに牙を剝《む》いて攻撃的な顔を見せる。「私の人生の意味はなんだろう?」君たちだって、四十歳になってようやく目覚め、これを自問するようにはなりたくないんじゃないだろうか。

vocation(=天職、職業)は「呼ぶ」という意味のラテン語から来ている。つまり、君はそれをするためにお召を受けるということだ。言い換えれば、君が仕事を選ぶのではない。仕事のほうが君を選ぶ。それは君にとって、やらずにはいられないことだ。君がその意味をあれこれ考えるより、向こうのほうから意味を訴えかけてくる——それが君に意味を与える。しかしながら、「お召」は放っておいても起こらない。それを受け入れられるように、まずは君から働きかけなければならないのだ。君の本質を見つけるために、まずは君自身を自由にすることからはじめる。これまで、これは大事だよと教えられ握りしめてきたものすべてをいったん手放さなければ、君にとってほんとうに大事なものが何かはわからない。今日の成績優秀な若者たちが必死にしがみついてきたものが何か、僕らはもう気づいているはずだ。

僕のもとにハーバード大の四年生から連絡が来た。彼女はハーバード大について、同大が学生に自己効力感「自分にある事柄を遂行する能力があると認知すること」を植え付けることにどれくらい成功しているかという点に着目し、卒業論文を執筆中だった。彼女の話では、試験でAを獲ったとき、「いい成績を獲れたのは簡単だったからだ」と言う学生と、「いい成績を獲れたのは自分が優秀だからだ」と言う学生の二種類がいるという。僕に言わせれば、それは自己効力感というよりも、むしろ自尊心「自分の能力を信じていること」ではないかと思うのだが、ともあれ彼女の結論は、ハーバードは、後者のような学生を輩出することに優れているということだった。僕ならばさらに突き詰めて考えるだろうと、返事を書いた。ハーバードなどの名門大学へ行くような学生は、もともと自分はそうだと信じているのだろう、と。しかしもう一つ別の考え方がある、と僕は続けた。真の自尊心とは、そもそも自分がAを獲るかどうかなどということに関心を抱かないことを意味する。それは、自分がこれまで信じるように教え込まれてきたことに影響されず、自分が獲る点数は、人としての価値を定めるものではないと認識していることを意味するのだ。真の自尊心とは、何を成功とするかは自分自身で判断することを意味するのである。

彼女はまた、ハーバードの学生たちは、彼らの自己効力感を世に出るときにも生かし、それによって「革新的」な存在になっていると主張していた。けれど僕が、それはどういう意味かと問うと、彼女が挙げた例は「『フォーチュン500』に入るような企業のCEOになっている」というものだった。そんなのは革新的でもなんでもないと僕は言った。それはただ成功しているだけ、その一語に尽きる――とても狭い意味合いでの成功ではあるが、と。昨今それがわれわれの悩みを解決する万能薬でもあるかのように「革新的」が大流行《おおはや》りだが、こうした「革新的」という言葉の概念こそ革新する必要がある。君は機械や薬やアプリを発明するのと同じように、君自身の人生もまた〝発明〟することができる。すでに敷かれたレールの上を走るのではなく、君自身のレールを創り出すのだ。芸術的な構想力や科学的な構想力があるのは知られているが、「モラル（moral）の構想力」というのもある。この場合のモラルとは、道義上の良いか悪いかという意味ではなくて、身体に対する〝精神〟という意味であり、最も幅広い感覚で何かを選び取ることをつかさどる部分だ。「モラルの構想力」は、言わば「心の構想力」――どう生きるべきかについて、新たな選択肢を心に描くことのできる能力なのである。君がスターバックス・コーヒーに入るとき、ラテやフラペチーノその他、いくつかのメニューの中から選ぶことができるが、選択肢はもう一つある。くるりと方向を転じ、出ていくこともできる。君がほんとうに欲しいものは、その店にはないかもしれない。君が名門大学へ入るときも、医療や金融、コンサルティング、その他二、三のメニューを提示されるだろうが、必ずしもそこから進路を選ぶ必要はない。ここでもくるりと背を向け、その場を離れて、しばらくじっくり考えることだってできるのだ。

「モラルの構想力」を発揮するのは大変なことだ。その難しさはエリート学生たちが今までしてきたこととはまったく違う種類の難しさなのだ。それを勉強することはできない。それで人と競い合うこともできない。必要とされる資質は人柄であり、知力ではない。容易ではない上に、どこまでやっても、これでじゅうぶんということがない。そして君には勇気も必要となる。「モラルの勇気」、すなわち君の家族や友達が何と言って君を止めようと、君の構想力が示した道へと進む「心の勇気」だ。君の周囲の人々は、きっと反対してくる。モラルの勇気を備えた人は、周りの人間たちをとても落ち着かない気分にさせるものなのだ。世の中の仕組みはこうあるべきだという彼らの考えに当てはまらないため、彼ら自身が選んだものについて――あるいは、選ばなかったものについて――不安をかきたてるのである。肉体的な勇気は、賞賛すべきものだ。しかし社会的な見地から考えると、そちらのほうがはるかに容易である。賛同する仲間が、君を支えてくれる。ご近所や知り合いも、応援してくれる。モラルの勇気は、実に孤独なものだ。人は自分が囚《とら》われの身であっても気にしない――他に自由な人がいない限りは。けれどひとたび檻《おり》を抜け出す者が出てくると、彼らはたちまちパニックに陥るのである。

僕はこうしたことについて、スタンフォード大の授業で話をした。そのときのクラスではたまたま『ミドルマーチ』〔ジョージ・エリオット著、一八七一―七二年刊〕を読んでいて、このテーマについて深く考えるにはかなり理想的な教科書だったのだ。（小説家ヴァージニア・ウルフは、『『ミドルマーチ』は欠点を数多く備えながらもとても壮大な物語であり、イギリス文学の中で数少ない大人向けの小説である」と述べている）。この小説の女主人公ドロシア・ブルックは、意欲に燃えた理想主義的な若い娘で、彼女の人生を有意義なものにしたいと考えていた。しかし舞台は一八三〇年代のイギリスの田舎町だ。時代的にも場所的にも、崇高な憧れを満たせるような要素はほとんどなく、若い娘の生き方となると、なおのことだった。せいぜいドロシアに許されるのは、私生活においてその大志を実現しようとすることだけだ。かくして彼女は、周囲が結婚相手として期待を寄せる人物、ハンサムで穏やかな準男爵のジェイムズではなく（彼は結局ドロシアの妹の愛らしいシーリアと結ばれる）、むしろ傍目《はため》にはぞっとするような恐ろしげな相手、エドワード・カソーボン牧師と結婚することを選び、家族や近隣の人々にショックを与える。カソーボンはかなり年上で、質素で、威厳があり、学問に身を捧げている――ドロシアは彼の精神を素晴らしいと感じ、その知的労働を手助けできるのはとても名誉だと思っている。

しかし彼女はほどなくして気づく。カソーボンはまた、病弱で、狭量で、冷淡な心の持ち主だった。ドロシアは結果的に大きな間違いを犯してしまったのだ。カソーボンとの生活は、寂しく、殺伐とした毎日だった。危険を顧みずに冒険をすれば、当然のことながら危険に遭う可能性があるわけだ。しかしドロシアは代わりに準男爵のジェイムズと結婚して、妹のように可愛《かわい》い奥さんになるべきだったのだろうか？　考えは人それぞれだろうが、少なくとも彼女を創造したジョージ・エリオット［英国の女性作家。一八一九－一八八〇］は、その点について、なんの疑いも抱いていなかった。ドロシアは彼女にとってのヒーロー、〝偉大なる魂〟なのだ――この賑やかな大作に登場する多くの人物の中で、今とは違う人生を思い描くことのできる構想力とそれを実際に生きようとする勇気の両方を備えているのはドロシアだけだ。というわけで、二度目のチャンス、ふたたび選ぶ機会が訪れたときにも、ドロシアは危険を顧みることはなかった。彼女は今回、夢見がちな若い改革者と結婚する。なんの地位も持たない相手に、彼女の家族は前回以上に激しく反対する。ドロシアは彼女の快適な暮らし――今で言う、〝ライフスタイル〟というやつ――を手放し、都会へ移らなければならなかった。彼女の妹はそれを「通りに住む」と表現した。シーリアにとっては、文字どおり、まったく想像できない暮らしだった。「どうやって暮らすの？」シーリアは、いかにも親戚が言いそうな台詞《せりふ》を言う。「見知らぬ土地で、おかしな人たちに囲まれて。会うことだってもうできなくなるわ……お姉さまがそんなにまで貧しくなるなんて」。ドロシアは最後にようやく彼女の求めていた人生を手に入れる。しかしエリオットは、それが何の犠牲も払わずに得られたものだと思わせるような書き方はけっしてしていない。『ミドルマーチ』は、まったくもって大人向きの小説なのである。

実を言うとモラルの構想力とモラルの勇気を示すのに、ドロシア以上にいい例がある。ジョージ・エリオット自身である。ドロシアの物語を執筆しつつ、彼女は他ならぬ彼女自身の物語を演じていた。

エリオットが育ったのはこの小説に書かれているような田舎町だ。この女主人公のような物質的に恵まれた生活からは程遠かったものの、彼女と同じくらい、いやそれ以上に、崇高さを求める渇望を抱いていた。エリオットは熱心に本を読み漁《あさ》った。物を教えてくれる人々と過ごした。そして独りで思索にふけった。彼女が宗教上の信仰を失ったと宣言すると、父親は家から追い出すと脅したが、彼女は主張を曲げなかった。その後、ロンドンへ移り、執筆活動を始めると、対等な立場で男たちの席に加わろうとした。これは独身女性の振る舞いとしては、前代未聞のことだった。

そればかりか、彼女はさらにスキャンダラスな道を選ぶ――既婚男性と付き合いはじめたのだ。世間一般の想像とは異なり、ヴィクトリア朝時代のイギリスでは、不倫は非常に珍しいことだった。エリオットの相手の男性は、「オープンマリッジ」［夫婦が互いに社会的、性的に独立することを承認し合う婚姻形態］をしており、彼の妻は別の男性の子供を産んでいた。エリオットの行為が常軌を逸していると言われたのは、彼女がその関係を秘めたものにしなかったからだ。エリオットは、法的な契約よりも愛のほうがよほど大事だと信じており、断固としてその男性との生活を隠そうとせず、相手を夫と呼んだばかりか、その男性の姓を名乗ろうとさえした。そしてそのために苦しんだ。彼女は社会からつまはじきにされた。エリオットが崇拝していた実の兄ですら、彼女と口をきかなくなった。それでもエリオットは耐え続けた。それこそが、彼女が決めた人生であり、彼女はそれについて弁解しようとはしなかった。そして最後には、純粋な意志の強さと非凡な才能により――『ミドルマーチ』は発表されるが早いか、英語で書かれた最も偉大な小説と絶賛された――エリオットは世間にありのままの彼女を認めさせたのである。しかしそれには二十五年を越える歳月を要した。またそうやって成功するという保証は、どこにもなかったのだ。

自己と社会、選択とその結果、臆病と勇気、因襲と反逆——彼女がこの傑作を執筆する際、まさにこうしたテーマに基づいて構築したと知っても、驚くには値しない。この小説で「自らの行為を形作り、世の中を多少は変化させる」登場人物は、ドロシアだけではない。二番目に重要な役割を担うのは才能あふれる若き医師リドゲイドだ。彼は科学の分野で名を成そうと考えている。しかしリドゲイドはあまりにも早くに結婚してしまい、しかも相手は美しくも虚栄心旺盛かつ浅薄な娘で、彼女はちやほやされなければ気が済まなかった。リドゲイドは結局は「ありきたりな型にはまって」しまう——外見上は成功したように見えても本人は失敗者だと考えるようになってしまうのだ。そんな状態だから、彼にハッピーエンドは訪れない。リドゲイドは、構想力こそ持ち合わせていたが、勇気に欠けていた。最終的には、快適さと賞賛を得られなければ生きられない人間になってしまったのである。

とは言え、その表現は少し厳しすぎるかもしれない。この小説の他の登場人物たちと同じように、リドゲイドは彼を圧迫する状況と闘わなければならない。これこそが、エリオットがこの小説で掲げる最も大きなテーマだ。彼女はそれを、読者が一人の登場人物にも出会わないうちに、すでに打ち出している。この物語の序文で、偉大なる宗教改革者、聖女テレサの逸話について思い巡らせている箇所だ。テレサの恵まれた魂には多くの潜在力があったが、周囲の状況が不利に働き、それを克服できた潜在力はわずかだったとエリオットは語っている。ドロシアも、もしも彼女を取り巻く状況が違っていたら、もっと能力を発揮することもできたかもしれない。「複雑に絡み合う状況」とエリオットは呼んでいる。それは、人が編み出し、互いに錯綜する「蜘蛛の巣」にたとえられ、この小説の特徴的な描写として知られている。数十年ほど後になって、『若き芸術家の肖像』のなかで、ジェイムズ・ジョイスが似たような比喩を使っている。主人公のスティーヴン・ディーダラスはアイルランドについて言う。「人の魂は、この国で生まれると、いくつもの網を投げられて翔《と》ぶのを妨げられる。君は僕に国家や言語や宗教について話してくれたけど、僕はその網をかすめて翔んでみようと思う」

今日、われわれの社会には、別の種類の〝網〟がある。「そんなことをしてなんの役に立つの？」という網。「自分探しなんてしていないで、仕事を探したらどうなんだ？」——これも網だ。そして、学生たちと進路について話しているとき、何度も耳にした「わがまま」という言葉もまた網である。「もっと実用的な科目じゃなくて哲学を専攻にしたら、それはわがままというものですか？」「この学位があれば他にできることはたくさんあるのに、精神修養をしたいと思うのはわがままでしょうか？」「卒業後、しばらく旅をしたいと思うんですが、それってわがままでしょうかね？」今日の若者は、何か少しでも人と違うことをしようと考えたとき、自然とこういう質問をする。いや、もっと困ったことに、そういう質問をしなければいられないような状況に追い込まれてしまっているのだ。

なんと哀れな現状だろう。僕らは、この国が豊かだと思っている。しかしこれはアメリカ社会の知性の——そしてモラルの、精神の——貧しさを、如実に表しているもののひとつではないだろうか。その貧しさのせいで、この国で最も優秀な若者たちが、自らの好奇心を追求することはわがままだと感じてしまっているのだ。君たちは大学へは行っておくものだと言われる。しかしそれと同時に、教育らしい教育を受けたいと思うのはわがままだと言われている。だったらわがままでないものはなんだろう？　コンサルティング会社に就職するのはわがままじゃないのか？　金融界の仕事に就くのはわがままじゃないのか？　法律の道に進み、多くの人がそうしているように、自分もたんまり稼ごうとすれば、わがままじゃないのか？　そんなものは誰の役にも立たないから、歴史を学ぶのはだめだが、ヘッジファンドを売るのはOKということか？　情熱の対象を追い求めるのはわがままだけれど、そこに多額の報酬がからみさえすれば、わがままじゃなくなるということなのか？

ずいぶん前に、評論家のドワイト・マクドナルドが言っていた。「人がその人生を詩を書くことに捧げると、変わり者だと言われてしまう。しかし彼がその人生を、子供の朝食にクリスピーではなくクランチーを食べさせるよう（広告を）書くことに捧げるのは、自然だと言われる」。僕はかつて、才能豊かな若きミュージシャンを説き伏せ、音楽は人の人生を変えることができるのだと納得させたことがある。昨今では、第二のマーク・ザッカーバーグになるべく、有名大学を中退することもかっこいいと思われているようだが、大学に留まり、社会福祉士《ソーシャルワーカー》になるのは愚かだと言われてしまう。誰もが「社会を変えよう」とか「利益の還元」とか、口では調子のいいことを言うが、社会貢献は、それなりの肩書きを得て――そしてできれば利益を生む形で――行わなければ、さほど大きな力は発揮できない。学生たちは大学へ入るために、創造性を発揮したり、奉仕を行ったりすることが望ましいとされる。にもかかわらず、職業として真剣にその目標に向かうような愚かな真似《まね》をする者はいない。「わがまま」という言葉とともによく耳にするのは、「木陰に座って詩を綴る」という言い回しである。やたらと具体的なステレオタイプだが、これを見ると、創造的なあるいは知的な仕事というものが、一様に、夢見がちで、唯我独尊的で、的外れで、何の役にも立たない、なおかつどことなく女々しくて青臭いものだと考えられているのがよくわかる。そしてまたこの表現は、そんなものは仕事なんかじゃないと主張しているのである。
プレッシャーはありとあらゆる方向からかけられる。韓国出身のある留学生は、哲学を勉強しようと夏にふたたび訪米したとき、入管係員に、こともあろうに空港の真ん中で説教されたそうである。ハーバード大を卒業したある女性は、僕に宛ててこう書いていた。

卒業し、個人経営の書店によい条件で採用されたのですが、先生がお書きになっていたのとまさに同じ現象に遭遇しています。そのうちのひとつに、周囲の反応があります。私が書店で働いていて、すぐに大学院や法科に行く予定もなく、弁護士や政治家になる野心もないと言うと、彼らは困惑し、時には憤りすら見せることがあるのです。ゆうべも父と喧嘩《けんか》しました。今ではすっかりお決まりになった内容です——私が真の人間関係を培い、親睦を深めることを学んだり、じっくり時間をかけて考え、仕切りの中に収められていたような何年もの歳月の後で精神的に癒される時間をとったり、遅まきながら人付き合いを深めたりしていることは、ハーバードの学位を無駄にすることだと言うのです。金のために身売りするよりも悪い、わがままで怠惰だと言われてしまうのです。

ここでは、傷ついているのが誰かを確認することは容易である。自由な魂が、因襲的な態度の犠牲になっているのを見てとることができる。しかし自分がいつの間にか、この論争の反対側にいるのに気づくほうが、可能性としては高いかもしれない。僕自身もそうした立場をとったことがある。特に二十代初めの大学生のころ、友人が決めた進路に、なぜか自分が脅かされたような気がしたときだ。なぜなら、彼らは、僕の理解できない価値観を体現していたから。言い換えれば、網を編んでいるのは、僕ら自身なのだ。エリオットは書いている。「われわれ、取るに足らない人間たちは、何気ない日々の言葉や行為を繰り返して、多くのドロシアたちの人生を形作っているのだ」

それでは、君のvocation（＝天職、職業）を見つけるためには、どうしたらいいだろう？ あるいは、昨今、皆が言うような〝情熱の対象〟を見つけるには？ これは若者たちが直面する、最大の難問だ。特に、これまではもっぱら、次なる直近の目標のことだけを考えるように訓練されてきたのなら、なおのことだろう。簡単な答えはないが、二、三アドバイスすることはできる。君が自発的にしたくなるようなことを仕事にしよう――あるいは、君がもっと若かったころ、自発的なことがすべて君の中から叩《たた》きだされてしまう前に、自発的にやっていたことを。たとえそれによって報酬を得ることがなかったとしても、やりたいと思えるようなことをするのだ。今していることとはべつに、こんなことができたらいいと願ってることに、君にも心当たりがあるんじゃないか？ それをやろう。君がいちばん好きなことを仕事にしよう――いや、違う、それじゃない。君が好きだと思いこんでるもの、自分は好きに違いないんだと、今言い聞かせているそれじゃなくて、君が心底好きなことだ。

幸せとは何かについて、これまで描いた文学作品は山とあるが、そこからいくつかの考察を得ることができる。ある程度の物質的な満足が手に入ったあと、幸福というのは二つの要素からなる――他者との繋《つな》がりを持つことと、意義のある仕事に従事すること。この考えはけっして新しいものではない。古代ギリシャの哲学者アリストテレスは、人間は社会的動物であると言っている。また、幸福とはその個人の特殊な能力を行使することによって得られるとも言っている。言い方を変えれば、君がうまくできることに精力的に取り組むことによって得られるということ。君の得意な分野の仕事で力を発揮し、腹の底から湧き上って来るような歓びや解放感を覚えているときに、幸せは得られるということだ。

僕がクレアモント・マッケナで、哲学入門の講義をしていた時の話だ。このカレッジは、極めて実用主義的なところで、学生の半数は経済学か政治学を専攻している。なぜ彼らは、このコースを受けているのか？　それは必要な単位を取得するためだと、多くの学生たちは答える。なるほど、だけど、面白いのかな？　はい——ほとんど全員がうなずく。それはいったい何を意味してるんだろう？　僕の問いに一人の学生が答えた。「ふつうに使われてるような〝面白い〟っていう意味ではないと思います。私が考えたいと思っていたようなことを考えさせてくれるんです」。別の学生は言う。「教材を読んでると、いつまでも時間を忘れて没頭してしまいます」。そう、それだ。僕は言った。哲学でそれを体験する者もいれば、数学でそれを体験する者もいる。しかしどの科目も〝面白く〟あるべきだ。少なくとも、できる限り多くの科目がそうあるべきなのだ。そして、君の仕事もまた、できればそうあってほしい。

これは極めて実際的な問題である。大学生は往々にして理数系の科目を学ぶよう勧められるが、誰もがこの分野に向いているわけではない。たとえば、その方面の才能に優れていないのなら、工学を学んだところで無意味だろう。君にとって興味があることを学べば、より多くを学びたくなり、ますます理解できるようになって、さらに深く追求し、その分野で頭角を現すことができる。小説家ジョージ・オーウェルは書いている。「かなり早い時期、おそらくは五つか六つのころから、私は大人になったら作家になるのだと確信していた。十七歳から二十四歳のあいだは、その考えを捨てようと努力した。だがそうしながらも、私は本来の自分自身を虐げているのだと意識していた」。本来の自分自身を虐げるというのはできれば避けたい。『死ぬ瞬間の5つの後悔』で、介護人として終末期ケアをしてきた著者が述べているところによれば、患者たちが口にすることが最も多い後悔の念は、「他者が自分に期待するように生きるのではなく、自分の心に正直に生きる勇気を持てばよかった」というものだそうだ。君はいつかきっと見返りがあるからと、うんざりするような仕事を続けて、満ち足りた生活を送ることを際限なく先延ばしにすることができる。あるいは、働くことそれ自体が見返りとなるような仕事に就く方法を、自分自身で見つけ出すこともできる。

ラーラ・ガリンスキーは、若い人たちに話すとき、「情熱」をあまり強調しすぎないほうがいいと言っている。この言葉に、彼らは怖気《おじけ》づいてしまうのだそうだ。僕自身もよく耳にしたように、彼らの多くは、自分には特に情熱の対象があるようには思えないと言う。ガリンスキーは「目的」という言葉を好んで使うと言っており、僕もその点に異存はない。実際、ある特定の単語に頼りすぎないほうがいいのかもしれない。僕はここでvocation（＝天職、職業）という言葉を使っているが。この単語もまた、聞くものを畏縮させてしまうかもしれない。誰もが「お召し」を受けられるわけではないし、ひょっとしたら君は、いくつかの違った方向に呼ばれているように感じ、そのうちのどれを追い求めたらいいのかわからなくなっているかもしれない。ウィリアム・デーモンは、「目的」は、内と外、自己と世界とをつなぐ力であると言っている。これはすなわち、君のしたいことと、君が社会に対してこうすることが必要だと考えることを結びつけるということだ。ガリンスキーは、次のような質問を好んで使うと言う。「あなたは何に心を動かされるだろう?」「あなたはどんなことに結びつきを感じる?」弁護士になることは目的ではない。弁護士になって労働者の権利を守りたい、あるいは検事になって犯罪者の罪を問いたいというのが目的だ。目的とは、何かをすることであって、何かになることではないのである。

目的にすべき価値のある重要な仕事は、収入の多寡にかかわらず幅広く分布しているのがわかる。デーモンが紹介しているある研究によれば、「バスの運転手、看護師、事務員、そしてウエイトレスも、自らの仕事を意味深いと感じている点では、法律や医学など〝エリート〟と呼ばれるような職業に就いている人と比べても、何ら変わりがない」ということだ。ひとつ確かなことがあるとすれば、収入や地位には——そしていわゆる現実主義者が掲げるような「ただ生活できればいい」というような目標にも——目的としての意味を持ちつづけるだけの力がないと彼は力説する。僕にはどうも問題はこの「ただ」じゃないかと思える。今度誰かが君に、仕事に意義を求めたり、好きなことを職業にしたりせずに、ただ生活していける稼ぎを得ることだけを考えろと言ったら、この人はほんとうにそうしているのだろうかと自問してみるべきだ。実際にはそうでない可能性が高い。そしてもしほんとうにそうだったら、この人は幸せなんだろうかと考えてみるといい。

デイヴィッド・ブルックスは、大学卒業後の進路に「自分自身を見つけなさい」とか「夢を追いかけろ」と忠告するような「感情的な個人主義」は「ベビーブーム世代特有の理論」だと批判している。僕に言わせれば、そんな一言では片づけられないほど、大きな意味があるはずだ。どれほど安物扱いされようと、センチメンタルだと笑われようと、月並みだと片付けられ宣伝文句に利用されようと、それは現代の世の中、そしてアメリカ合衆国という時代の先端を行く国家において、基本となる考え方のひとつ——いや、それこそが最も基本とすべき考え方だろう。それはラルフ・ウォルド・エマソンの唱えた自己信頼であり、ヘンリー・デイヴィッド・ソローが唱えた「あなた自身の太鼓の拍子で歩け」という言葉なのだ。大人になるときのドラマ、自己を開発し、世の中で自分の居場所を見つけるストーリー——古典文学の中でも、このテーマを扱っているものは非常に多い。

それはまた、現代の状況においては避けて通ることのできない反応でもある。伝統的な社会——そこでは君の人生の意味は、周囲を取り巻く意見の構造によって定められ、君のこの世における居場所はコミュニティの中に限定されていて、君はただ父親や母親がやっていたのと同じ仕事をする——では、職業の選択などについて考える必要はなく、職業を変える機会もなかった。それが今、君は自由という名の恩恵と重荷の両方を負わされることになった——君は就くべき職業を自ら解き明かす機会を得たのだ。その機会を手放して、他の人に何をすべきか決めてもらうこともできる——自由というのは往々にして不安と戸惑いを伴うものだ——しかし、機会がないかのようなふりをするのはやめよう。われわれ大人たちは、〝自分探し〟や〝夢を追いかけること〟の大切さを信じていないわけじゃない。問題はそこじゃない。われわれ大人たちは、子供たちに、それだけの心の準備をさせてこなかった、これこそが問題なのだ。さらには、大人たちが、子供たちにそうしてほしいかどうかわからなくなっていることも問題だろう。

　しかしながら、ブルックスの主張は、少なくとも半分は正しい。彼は言う。「大半の人は、あらかじめ自分を確立してから人生を歩むわけではない。彼らは問題に直面し、必要に迫られる。そして自己はその必要に応じて、次第に形成されていく」。前半は確かにそのとおりだ。大学の寮の部屋で座っていたのでは、自己を形成することはできない。大学はあくまでもその過程のスタート部分。そして大学教育の中で培われるべき内観する能力は、君が人生で必要とする能力のうちのひとつにすぎない。だが、僕が考えるに、ブルックスの「問題」という概念こそ問題ではないだろうか。そういう具合に物事が進む場合も確かにある。今日の若者たちの中でも冒険心が旺盛な者たち、社会企業家になることに惹《ひ》かれるようなタイプは、そうして成長していくこともある。地方自治体の行政はもっと効率化すべきだと考えて、住民と公共サービスを結び付けるようなアプリを考える。貧しいコミュニティでは健康的な食事を摂ることが難しいと知り、新鮮な農産物を学校に供給する活動を立ち上げる。

　しかし他の種類の企業家はどうだろう？　もし君がコンピュータゲームを作るとしたら、あるいは、デザイン会社を設立するとしたら、あるいは、パン屋になって店を開くとしたら、君は問題を解決する必要に迫られ、その機会によって成長したと言えるだろうか？　他の職業はどうだろう——教師は、看護師は、ソーシャルワーカーは、学者は、聖職者は、あるいは法律家や医者はどうだろう？　人は、仕事が社会におよぼす大義に惹かれるのと同じくらい、その仕事に本来そなわっている性質に惹かれるものではないだろうか（子供が好きだから、考古学に夢中だから、神のそばにいられるように感じるから）。クリエイティブな仕事はどうだ？　曲を書くことは、問題解決の必要に迫られてではないし、何かの機会に乗じてすることですらない。それは、内なる衝動——表現したい、伝えたいという欲求によって湧き上って来るものだ。ブルックス自身は、ジャーナリストであり、政治評論家であり、社会評論家でもある。彼がそうした職業へ進んだ動機をどのように説明するのかはわからないが、僕が想像する限りでは、そこに含まれているのは知的好奇心や、哲学的な心情や、モラルの情熱であって、問題解決の必要に迫られたわけではないだろう。ブルックスだってきっと、自分探しに成功して、夢を追いかけたに違いないと思えるのだ。

ふと考えてみると、こうした文脈のなかで、なぜか使われなくなってしまっているのが「理想」という言葉だ。正義、美、善、真実——これらはモラルの道しるべとなる星である。最近ではどうも「理想」という言葉は使用禁止になっているらしく、皆「価値感」という身も蓋もない言葉のほうを好んで使う。けれど実は理想にはとてつもないパワーがあるのだ。理想は君に、地位や富や成功の誘惑に抗《あらが》う強さを授けてくれる。理想は、この世が君に与えるどんなものよりも大切だ。それはかつて宗教上の信仰が一般にもたらしていたのと同じような役割を果たしてくれる。実際、僕の経験から言えば、信仰心に厚い学生は、確固たるモラルの自律性を保持していることが多く、外部からの賞賛に無関心でいられるようだ。評論家アルフレッド・ケイジンは書いている。「理想は心理的なゴールであり、精神の健康に不可欠なものである」。そしてたとえそれが卒業時、大学の門を出た途端に捨て去られるものと思われているとしても、こんな逸話もある。米国第三十二代大統領フランクリン・デラノ・ルーズベルトは、第二次世界大戦中の最も暗い時代、卒業から四十年を経て校長に手紙を書き、若き日の理想を卒業後もしっかり握りしめて放さないよう励ましてくれたことへの感謝を伝えたそうだ。

僕はここ数年、最近大学を卒業した多くの若者と話をした。二十代を懸命に切り抜けようとするなかで、大学でこれをしておけばよかったと悔やみつつ、自分は何者なのか、何がしたいのかを解き明かそうとしている若者たちである。ここで二、三、彼らの物語を紹介しよう。

ユーニースは二十代後半のアジア系アメリカ人女性だ。僕は招待されたイェール大の同窓会イベントで彼女と出会った。彼女はシアトル郊外で育ち、経済学を専攻して、卒業後は名門投資銀行モルガン・スタンレーに入社した。大学では学問上の指導はたくさんしてもらえたが、進路指導は皆無だったそうだ。後日、詳しい話を聞かせてもらったときに彼女は言った。「卒業するとき、自力で探さない限り、進路の選択肢は限られているんです。就職課はあまり力になってくれないので」。彼女の友人たちの多くは、法律か医学か経営の道に進んだという。誰もが皆同じようなことをしているなかで、もっとも幸せそうでないのは法科大学院に進んだ連中だと彼女は言っていた。彼女自身の目から見て「素晴らしいこと」、「私もやってみたいと思えるようなこと」をしている仲間は、ほとんどいないそうだ。

ユーニースは、三年後、モルガン・スタンレーを辞めた。人生で何かを辞めたのは、それが初めてだった。「ずっとあの会社に居続けて、報酬に満足してしまったら、二度と離れられなくなると思ったんです」。彼女は上海に行って働きはじめ、そこで個性的な若いアメリカ人たちと知り合いになった。彼らは必ずしもエリート大学の出身者ではなかったが、ユーニースの元クラスメイトたちよりも、はるかに人生を愉《たの》しんでいるように見えた。彼らに共通しているのは、リスクを喜んで受け入れる姿勢だった。レストランを営む者、作家として活動する者、事業を立ち上げた者——制作会社を設立した若い女性もいれば、イベントプランナーをしている人、カップケーキ店の経営に乗り出した人もいたそうだ。ユーニースにとっては、「泡《あぶく》のようなアイビーリーグの幻想」から足を踏み出した最初の機会だった。そして彼女は、名門校出身でなくても、立派に成功している人々を目の当たりにしたのだ。

上海で二年間を過ごした後、ユーニースはシアトルへ戻った。彼女はそこで一年間仕事に就かずに一息入れつつ、いろいろなことをじっくり考えることにした。ほんの気まぐれからヨガ講師になるための講習を受けてみたり、心の赴くままに地域のボランティア活動に参加したりしつつ、翌秋から経営学修士（ＭＢＡ）プログラムを受講する計画を立てた。ビジネススクールは、大学のときと同じくらい、狭い進路に向けたものであることはわかっていたが、今度は自ら先を見据えつつ、ありきたりでない道を探していくつもりだった。今振り返ってみると、大学では何も考えないまま経済学を専攻したりせず、もっと興味を持てるものを選べばよかったと後悔している。彼女は「大学は就職先を得るためのもので、教育を受けるためのところではない」と身に沁《し》みたそうだ。今の一連のプロセスの中では、「自分自身の心を見つめる」余地は与えられないのだと彼女は言った。「自分が求めていると思いこんでいるものではなく、ほんとうに求めているものについて考える余裕はない」と。

ユーニースは今、他の事柄についても、新たな視点から考えられるようになった。「イェールを卒業すると、またべつの一級銘柄《ブルーチップ》を履歴書に加えなきゃならないようなプレッシャーを感じてしまうんです。でも考えてみたら、誰がそんなもの見るんでしょう？」周囲の人々が自分のことをどう考えているか気にすることは、ずいぶん少なくなったそうだ。物質的な豊かさも、以前ほど重要だとは思わなくなった。「正気でいること」のほうがよほど大事だと言う。モルガン・スタンレーにいたころは、一日十二時間働いていたそうだ。「鼠《ねずみ》が回し車を回すように働いていたって、心ここにあらずじゃなんの意味もありません。家路につくときに達成感がなくては」。欲望をかき立てられるものと、ほんとうに必要なものとは違うのだと彼女は語っていた。言い得て妙な彼女の表現をそのまま借りれば、「持続可能な人生」を生きるために必要なものは、またべつなのである。

二つ目の物語に移ろう。今回は本人自身の言葉でお伝えしようと思う。マーガレットは僕のエッセイを読んだ後、次のような文章を送ってきてくれた。

私はまさに先生がお書きになっていたような罠《わな》にはまりこんでしまっていたのだと思います――自分ではそのつもりはなかったのに、コロンビア大にいるとなぜか競争心をかきたてられてしまって、卒業後、貯金が底を突くまで旅行したりボランティア活動をしたりしたいと思いつつも、それをわがままだと感じていました。そんなわけで、大学に入ってからずっと、その計画を（そして夢を）抱いていたにもかかわらず、仲間たちがこぞって職探しに精を出しているのを見て、罪悪感を抱くようになりました。結局、私は妥協しました――世界的に有名な研究所の特別研究員《フェローシップ》という栄えある地位に落ち着き、客員研究員という立場で天候の変化と農業についての研究をすることになったのです。少なくとも外国へ行き、多少なりともエギゾチックな熱帯ブラジルで過ごせるのだからと自分に言い聞かせていました。

けれど、そこで過ごすあいだ、上級研究員たちが管理職の座を巡って争い、（しかるべき博士号ではなく）修士号を二つしか持っていないと言って人をけなすのを目の当たりにしながら、私自身はオフィスに留まって行ったこともない遠い土地の問題について書かされたりしているあいだに、先生の記事のことをずっと考えていました。そして気づいたのです。私は自分をごまかしている、と。私は気象学者であるかのように装っていました（実際には、私が学んだのは国際関係論で、それ自体も、なんとか四年で卒業しつつ、できる限り外国へ出る口実にするためのものでした）。そして何百人もがその座を虎視《こし》眈々《たんたん》と狙っているようなこの仕事が好きなのだと自分を偽っていました（数カ月前、博士課程を履修しているアフリカの方から、私のインターンになりたいとの問い合わせが来ました……［中略］……）。そして何よりも、私はこの〝成功〟の形が気に入っていると、自分をごまかしていたのです。実際、イェールやコロンビアといったアイビーリーグ品質の大学では、学生にごまかすこと、しかも上手にごまかすことを教えているのです。私はほんとうにそれが上手なのです。私はここで昇進し、昇給も打診されました。科学雑誌に論文を掲載され、国際学会で基調演説もしました。私は今の仕事に長《た》けてはいるのですが、つまるところ、それは仕事としているだけで、私が好きなことではないのです。私はじっくり自己分析をして、自分はどんな種類の〝賢さ〟を備え、どんな種類の技能を身につけたいのかと自問してみました（もちろん、偽るのではなく、ほんとうに身になるという意味で）。そして気づいたのです。私はそもそも、〝成功〟の階段など昇りたくはないと。よくよく考えれば、私が何より望むのは、せいぜい三十席程度の小さな非営利目的のレストランを開くことだったのです。馬鹿げたアイディアではありました――私は二十二歳で、資金も限られているうえに、それを南米でやりたいと思っていたのですから。けれど、もう一人、アイビーリーグ出身（コーネル大、二〇一一年卒）で現実に目覚めた人とともに、なんとかやってみようという話になりました。そしてさまざまな問題を片付けるうちに、私たちは年間学費五万五千ドルの大学では教えてくれなかったことをたくさん学びました――壁の下塗りを正しく行うにはどうしたらいいかとか、安い木材でテーブルを作る方法とか、レストランの予算をどう振り分けるかとか。もし私たちの試みが大失敗に終わるとしても、これだけは言えます。私たちには夢に挑戦するだけの「モラルの勇気」があったのだと。

ユーニースは、人生の中でもっと面白いことをしたいと望む現実主義者だ。マーガレットは、思い切ったことに挑戦する夢想家と言える。ユーニースは社会により大きく貢献する方向へと進みつつある。マーガレットは、おそらく、その逆に向かっているように見えるだろうし、彼女の選択に疑問を持つ人も多いかもしれない（傍目《はため》には素晴らしい機会と思えるような職を自ら捨て去ってしまうことも含めて）。しかし彼女たちに共通しているのは、彼女自身がすべきことではなく――たとえそのすべきことがたくさんのお金を稼ぐことだろうが、この世界を救うことだろうが――自分がやりたいと感じることをしたいという欲求なのだ。

最後はこの僕の話をしよう。僕の天職を見つける旅路は長かった。ずいぶんと回り道をしてしまった。父は工学の教授で、僕が大学へ入ったころ、上の兄弟たちはすでに医療関係の仕事に就くか、着実にその方向に向かっていた。わが家では科学が可能性の限界だった。それ以外の分野はまったく勘定に入れず、存在しないも同然だった。それに加えて、ユダヤ系移民の二代目ということで、専門職で成功を収めることへの期待が必ず付いて回った。どれほど読んだり書いたりすることが好きでも、科学以外の分野を専攻することは、僕自身まったく考えていなかった。

それにハイスクールでは、二人の素晴らしい教師のおかげで、生物が大好きだった。心理学にも前々から興味を抱いていた。オリエンテーション・ウィークに授業カタログを検討した際、コロンビア大ではこの二分野の複合専攻（ジョイント・メジャー）があると知り、即座にそれを選んだ。少し考えてみようとか、カタログが囁《ささや》いている新しい知の世界（人類学、史学、古典）を探ってみようということもなく、自分がこれから専攻しようとしている分野でさえ、コースのリストをざっと眺めただけで、どんな内容を教わることになるのか調べようともしなかった。わくわくすると同時に、ほっとする気持ちがあった。大学というものが示している〝不確かさ〟に耐えられなかったのだ。選択肢の幅を広げておくのではなく、完全に閉ざしてしまう必要があった。実際、僕は完全に閉ざした。複合専攻に含まれる科目――これは一・五科目主専攻という感じだった――以外についてもコロンビア大特有のコア・カリキュラムその他の必修科目を合わせ、そこから四年の間に学ぶコースの四分の三を決めてしまった。まだ授業を一時限も受けていないにもかかわらずである。

僕を止め、もっと考えろと勧めてくれる人はいなかった。僕自身の愚行から僕を救ってくれる人はいなかったのだ。一年のときの作文の授業は大好きで、その教師が何らかの助言をしてくれればよかったのだが、言葉に対する情熱をもっと深く追求してみたらと提案してくれることもなかった。自分の選んだ学問の道にどこで迷いはじめたのか、なぜ迷いはじめたのかはわからない。あるいは単に僕自身の興味が底を突いてしまったのかもしれない。あるいは大きな教室で行われる討論の機会もない科学系の講義の形式に馴染めなかったのかもしれない。あるいは自分がこの先どうしたらいいかという展望があまりにもあいまいだったため、なぜ大半が無味乾燥だと思えるような内容を苦労して学ばなければいけないのかわからずに、動機を維持できなかったのかもしれない。僕は大講義室の後ろのほうで、ノートに隠して小説を読みながらぼんやり過ごしているのが常だった。その状態が、自分自身に何かを訴えかけていることに気づきもせずに。

英文学を専攻すべきだったと悟ったときにはすでに手遅れで、路線変更することはできなかった。それにしても、これからの人生はどうしたらいいんだろう？ 当時の多くの若者と同じように、僕はロースクールの安全圏に逃げ込むことにした。スタンリー・カプランの予備校へ行き、ロースクール適性試験（ＬＳＡＴ）を受け、いくつかのロースクールに願書を出した——が、そこでふと立ち止まり、自分が迷っていることに気づいた。そしてかなり遅まきながら考えた。僕は法律家になりたいんだろうか？ 結局、ジャーナリズムの学校へ行くことにした。ジャーナリズムについては、課外活動で少しかじったことがあったのだが、学校へ行ったのは一年間の自分の居場所を作るためだった。そもそも、何かしら大学院のようなところへ行かないとしたら、大学を出た後他に何をすればいいんだろう？——僕はまたしても、無意識のうちに、その場しのぎの態度をとっていた。まあ、予想できたことながら、それも惨めな結果に終わった。僕はジャーナリストになりたいわけでもなかった。その後、僕が面接を受けることができたのは、傾きつつある小さな非営利団体ひとつだけだった。かくして僕は、大学卒業後二年が経ったところで、自分が教育を受ける機会を無駄にしてしまったのだという苦い現実を噛みしめていた。自分にとってなんの意味も持たない仕事をし、社会人としてのキャリアは暗礁に乗り上げ、自信はすっかり朽ち果てて、自分が何をしたいのか、この先どこへ向かっていったらいいのか、何一つわからなかった。

そのころ、たまたま建築関係の大学院へ行っている友人を訪れる機会があった。彼女も現状に不満を抱いていた。プログラムがまるで机上の空論で、形だけのものだと言うのだ。僕らが並んで歩いているとき――それが起きた場所を、今でもはっきりと憶えている――彼女は言った。「私、大学院を辞める」。僕はとっさに思った――もちろん、まったく理屈に合わない反応ではあったが――「僕は大学院へ行かなきゃ」。つまり、英文学を学ぶ機会を自分に与えてやらない限り、けっして幸せにはなれないと悟ったのだ。そうか、ちくしょう、まだ遅くはないんだ、手遅れになんかさせるもんか。それはまさに、雷に打たれて覚醒したような経験だった。すべてが明確になり、心がすっと穏やかになった。自分が何をすべきかやっとわかった。ずっと心の底では気づいていたことに、ようやく意識を向けることができたのだ。

その時点で大学院へ入るのは容易ではなかった。十一のプログラムに出願して九つ拒まれた。僕を受け入れてくれたプログラムでも、最初の年の終わりに、受講生を半分にすることになり、自分の居場所を確保するために奮闘しなければならなかった。それでも、もう長い間そうしたことがなかったほど、能力を全開にして勉強に打ち込んだ。そして生まれてはじめて、学校で学ぶのは楽しいと思えた。週に七、八〇時間学び、院生向けの狭く汚い貸し部屋で朝四時まで本を読み、それまで感じたことのない幸せを味わっていた。僕は初めて、自分の心の声を聞くことを覚えた。もっと理屈っぽい言い方をするなら、モラルにおける欲望の重要性を認識した。自分がただやりたいからという理由だけで、やりたいことをやってもいいのだと、僕はようやく気づいたのだ。

II　リスク

君の手で人生を創るためには、「システム」が巧みに君の中に植え付けたものを克服しなければならない。それは失敗への恐れだ。デーモンは、失敗は避けるのではなく、成長するためのごく当り前な、そして価値のある一部分として、うまく乗り越える術《すべ》を身に付けることだと言い、繰り返しその大切さを強調している。失敗を体験すべきいちばんの理由は、失敗したってこの世の終わりじゃないんだということを身をもって学ぶことができるからだ。僕はキャンパスに集っている学生たちを捕まえては、よくこう言う。「最初に試験でひどい点を獲ったときには、もう自分が誰なのかわからないくらい呆然として教室から出てきたものだ。でも二度目はずっと楽になった」。この話は間違いなくその場をなごませ、浄化《カタルシス》の笑いを引き出すことができる。学生たちは、試験で一度や二度失敗してもちゃんと大人になれるのだと知って安心するようだ。ハーバード総長のドリュー・ギルフィン・ファウストは、新入生全員に読んでほしい本は何かと問われ、キャスリン・シュルツの『まちがっているエラーの心理学、誤りのパラドックス』を挙げている。この本では「疑うことをひとつの技能として擁護し、間違いを知恵の土台として賛美している」そうだ。一度も失敗したことがないのは、優秀さではなく、もろさを示すものだ。それはつまり、君は恐れのせいで、本来なら君がやりたかったこと、あるいはなりたかったものに手を出せずにきたということを意味している。劇作家サミュエル・ベケットは、「(次は)もっとうまく失敗しろ」と書いた。君の目標がしかるべき高さにあるのなら、君は何度でも失敗するはずだ。単に成功すること――Aを獲ること、最初からさほど高く設定されていなかったぬるい目標を果たすこと――が、即、真に秀でているということにはならない。

しかし人生にはもっと大きな意味での失敗もあって、そういう失敗に備えておくことも必要だ。この場合の失敗とは、ドロシアが『ミドルマーチ』のなかで苦しんだような失敗、すなわち、重大な失敗、存在を揺るがすような失敗だ。『若き芸術家の肖像』のスティーヴンは言う。「僕は失敗を恐れない。とてつもなく大きな失敗も、生涯にわたる失敗も、そしてたぶん永遠に続く失敗さえ」。とても力強い、胸を揺さぶる台詞《せりふ》だ。僕はずっと前からこの言葉に励まされてきた。けれど僕らは、その重みもしっかり受け止めなければならない。ジョイスの賭けは成功したが(スティーヴンのほうはどうだったのか、われわれにはわからない)、君もそうなるとはかぎらない。リスクをものともせずにわが道を切り開き、偉業を成し遂げた者たちひとりひとりの陰に――すべてのジョージ・エリオット、すべてのスティーヴ・ジョブズの陰に――目的を果たせずに終わった者たちが大勢いる。それでも挑む理由、君自身の人生をその手で創らなければならない理由とは――君が非凡なものを目指そうと、ただ君らしいものを目指そうと――それでこそ君の人生、君の選択、君の失敗になるからなのだ。僕の同僚が、以前こんなことを言っていた。「学生たちは、ウォール街に向かう〝回し車〟を降りたところで、やっぱり失敗はするだろう、でも少なくとも、みんな同じ失敗ではなくなる」。そう、君はもちろん失敗をする。中には耐えがたいほどの失敗もあるだろう。しかし結局のところ人生は、どのように生きるべきかを長い歳月をかけて学ぶものなのだ。それこそが正しい生き方なのだと思う。

『目的をもって働く』の著者ラーラ・ガリンスキーは、エコーイング・グリーン（社会起業家への資金供与をするファンド会社を代表する存在であり、ティーチ・フォー・アメリカやシティ・イヤーその他、何百もの非営利団体に資本金を提供している）の上席副社長《シニア・バイス・プレジデント》として、若い社会起業家たちを指導する立場でもある。彼女は、「意志に裏づけられた無謀さ」の重要性について述べている。不可能なことに挑戦するとき、君は不安を訴える感情に目をつぶらなければならない。構想力とは、それまでになかったものをこの世に創り出すということだ。不可能に感じられるのは、今まで誰もそれをやったことがないから――あるいは少なくとも、君はやったことがないから――に他ならない。

言い換えれば、君は恐れの表を伏せて、見えないようにしておかなければならないのだ。ついこのあいだ、あるハイスクールの教師が僕にこんなことを言った。恐れとは支配するためのひとつの道具で、権力者が相手を御しやすくするよう、われわれのなかに染み込ませているのだ、と。そして未来のエリートたちが大人たちにその名を囁《ささや》かれ、最も恐れるようになった〝お化け〟と言えば、「貧民街」だ。ハーバードか貧民街か――例によってオール・オア・ナッシングの心的傾向が、ここでもまた働いている。「おまえが配管工で幸せなら、そうするがいい」。僕らが子供のころ、決意がほんの少しでも揺らいでいるようなところを見せると、親たちはよくこう言ったものだ。僕がメールをやり取りしている若者たちの話を聞くと、選択肢は地下室で小説を書くこと（つまりは、精神的な生き方）と、ガラス張りの高層ビルで金融派生商品《デリバティブ》の取引をすること（堅実な実用主義の生き方）の二つに一つしかないように聞こえる。もちろん、そんな考え方は馬鹿《ばか》げている。君がほんの少しの勇気を出して進めるなら――恐れに出会ったときに身をすくめてしまうのではなく、押しのけることができれば――こんな論調は、いっぺんで崩れ去ってしまうはずだ。

ガリンスキーは、彼女の母親の言葉を紹介している。子供を脅してでもリスクを避けさせようとする親たちとは、だいぶ違うようだ。彼女の母親は言ったそうである。「怖さを感じるのは〝進め〟というサインよ」。恐れの中には合理的なものもあるが、不安から生まれる恐れは、むしろ腹をくくって進めと君に知らせている。親は、若いというのがどういうことか、つい忘れてしまいがちだ。若さは耐えることも乗り越えることも可能にしてくれる。世間の親たちがわが子に、自分のような危ない真似はしてはいけないと言うのを、これまで何度耳にしてきたことだろう――その内容は私的なものから公的なものまで、仕事から性生活までさまざまだ。しかし親自身はちゃんとそれを生き延びてきただけでなく、そのリスクを負ったからこそ、今の彼らがあるのだ。

あらかじめ定められたエリートの進路の退屈なまでに意外性に欠けることといったら、これが自分の心《モラル》の旅路の光景だったらと想像するだけでうんざりする。歓びを味わうこともなく、常に安全策だけをとっている。人生を賭けて何かをすることはなく、常に冷めて整然としている。理想を追い求めることもなく、常に自分はこれでよいのだと決めつけている。そんな人生、誰が生きたいと思う？

安全というぬるま湯から抜け出たほうが、よほど楽しいじゃないか。エマソンはオリバー・クロムウェルの言葉を引用してこう言っている。「人は、おのれがいずこへ行くのかわからぬときほど、高みに昇っていることはない」。不確定要素をすべて排除しようとすることは、人生自体を消し去ってしまうことだ。

僕は女優メリル・ストリープを想う。彼女は、一九七〇年代の初め、ヴァッサー・カレッジにいたころに、フェミニズムに目覚めたと言っていた。(「それは、今の学生たちも、大学へ行ったらこういうことをぜひ経験してほしいと思うような、まさに〝創発《エマージェンス》〟でした」)。僕はレズビアンの漫画家アリソン・ベクデルを想う。彼女が友人たちの影響で詩人アドリエンヌ・リッチに関心を向けるようになったころ、リッチの詩はまだ授業では扱われていなかった。僕はミュージシャンで詩人のパティ・スミスを想う。彼女はフランスの詩人ランボーの作品を初めて読んだ時に興奮したそうだ。ランボーの詩と人生は、生き方を模索する多くの若者にインスピレーションを与えてきた。(「彼には不遜な知性があって、それが私に火を点《つ》けたの」)。こういう出会いは、今どれくらい起きているのだろう。果たしてどれくらい起こり得るのだろうか？ 観念《アイディア》の力にガツンと殴り飛ばされ、そのはずみで人生が別の道へ逸《そ》れてしまうようなことが、今の若者たちにもあるのだろうか？ 彼らも自分自身にそういう機会を与えてやっているだろうか？ スティーヴ・ジョブズが彼自身の成長に欠かせなかったと言っていたような、思いがけない偶然《セレンディピティ》に、今の若者たちも身を任せることができるだろうか？ 若者たちの間では、今も彼らだけの秘密の知識が共有されていて、それを自己改造計画の青写真にしたりしているのだろうか？

それとも、歴史家でジャーナリストのリック・パールスタインが「学生の自分探しまで時間割にするお役所仕事」と呼んだように、誰かに管理されておとなしくしているのだろうか？　僕は判事になるつもりだという学生と話していた。（彼女はロースクールに入る前に別のことをする期間を設けると言っていたが、それはわずか一年で、しかもそのあいだに何か「生産的なこと」ができればという条件付きだった）とても勉強熱心な学生だったが、それは一定の範囲に留まっていた。彼女は大学の最初の二年を振り返り、懐かしそうにこう言った。「本を一冊読むたびに、世界を見る目ががらりと変わったんです」。それでも人生設計は変わらなかったようだねと、僕は敢《あ》えて指摘してみた。彼女は面食らったような顔をしてから――その二つのあいだに何らかの関係があろうとは、夢にも思わなかったようだ――自分がしたいことは九年生のときからずっと「これだとわかっている」と言った。

　確かに世の中には、幼いころから自分の天職に気づく恵まれた人々もいる（クリエイティブな分野でより多く見られる現象だ）。しかし、たとえば、ジョージ・オーウェルのような人と、僕が話した判事志願君とのあいだには隔たりがある。オーウェルは、物書きという仕事がどういうものか、身をもって具体的に体験していた。「私には孤独な子供にありがちな、物語を創作する習慣があり…（中略）…自分には言葉を扱う才能と不愉快な現実をも直視する力があることを知っていた」。作家というのは、けっして人がその地位のためになりたいと切望するような〝頂点〟の職業ではない（もっとも、それにまつわるきらびやかなイメージは、作家になるのもいいかなと考え直す理由になるに違いない）。そして何より、先ほども話したように、オーウェルはまさに大人の入り口で、作家になる考えを一度捨て去ろうとしている。彼はそうしてしばらく生きてみて、ふたたびもとの信念に舞い戻ってきたとき、それは以前とは比較にならないほど成熟した大人としての判断力と自覚に基づいた決意だった。

僕のまた別の同僚が言うには、昨今の若者たちは「感情後《ポスト・エモーショナル》」世代なのだそうだ。つまり彼らは、あまりにも無秩序でパワフルなものとして、感情を避けたがる傾向にあるという。それが本当かどうか僕にはわからない。僕にわかるのは、自分のなかの面倒な部分から目を逸《そ》らしてはいけないということだ。君に衝撃を与え、慎重に選んだ道筋から逸らしてしまうような衝動や疑いを否定するべきではない。西洋文学で放浪者の典型と言えば、ホメーロスの叙事詩『オデュッセイア』の主人公オデュッセウスである。彼の冒険を記したこの詩のタイトルは、魂を培う波瀾《はらん》万丈の旅の同意語になっている。オデュッセウスは十年に渡って彷徨《さまよ》いつづけ、想像を絶する神や怪物の世界を体験し、彼の腕力と知力の限界を試された。そしてようやく、彼を寵愛《ちょうあい》する女神アテーナーに救われる。しかしながら、この長い旅路のはじめに彼の船が嵐に巻き込まれて流されるよう仕向けたのは、他でもないこのアテーナーだった。彼女は最後にはオデュッセウスを助けるものの、彼のためにしてやれる最善のことが何かを、よく承知していた。それは、まず最初に、海へ——荒波の中へ、人跡未踏の旅へ——彼を放り込んでその機転を試すとともに無理やり方向を転じさせ、この世が何で成り立っているか、彼自身にどんな力があるのかを発見させることだったのである。

自分の手で人生を創るには、それなりの代償を払う可能性もある。この点については、いくら強調してもし足りないくらいだ。人は「情熱の対象を見つけろ」と励ましてくれるが、「苦労するからそのつもりで」とは言ってくれない（それがたとえ、わが道に進まなければ得られたであろう地位を明け渡すことへの苦痛だけだとしても）。人は「夢を追いかけろ」と応援してくれても、「社会的信用なんて気にするな」とまで言わない。僕がここであきらめる可能性があると言っているのは本質的な社会的信用のことではない。これはあらゆる場面で必要だ。そうではなくて、証明書や学歴を偏重する考え方、威信を求める欲求のこと。それは多かれ少なかれエリート特有の思考を決定づけるもので、君自身の情熱を探したり夢を追いかけたりするのを不可能にしてしまう。それにしても、学位授与式で意気揚々とスピーチするお偉いさんが熱心なはなむけの言葉を述べているのを見ると、つくづく馬鹿げていると思う――正直言ってへどが出る。学生たちが情熱や夢を手にすることをはばんでいるのは、他ならぬ今の大学だというのに。

地位というのは不思議なものだ。お金は、少なくとも君が物を買うときに役に立つ。地位は、ただその地位にいるという自覚以外に、さほど多くを与えてはくれない。お金は、それ自体が君を幸せにしてくれることこそないが、これだけあればじゅうぶんだと満足している状態は、容易に想像することができる。だが地位はどんなに上に行こうと満足できない。本質的にあくまでも相対的で、競争が付き物なのだ。地位は君を幸せにしてくれないだけじゃない。積極的に君を不幸にしようと働きかける。君はトップに立ちたいか？　トップなんてどこにもない。どれほどの高みまで昇ろうと、必ず上に誰かいる。ノーマン・メイラーはヘミングウェイになりたかった。ヘミングウェイはジョイスになりたかった。そしてジョイスは、自分が第二のシェークスピアにはなれないことを、痛切に感じていた。これはどの分野でも同じことだ。君がどのあたりまで出世するか、今この場で当ててみせよう

――真ん中へんのどこか、僕らみんなと同じ場所だ。その中で正確にどの位置かなんて、それほど重要なことだろうか。人はイェールのようなところに入ると、「ついにここまで来たか」と思うだろうが、すぐに次なる「ここまで」の場所が現れて、そこへ行くことになり、その後はまた次なる到達地点があることがわかって、そこへ向かわなければならなくなる。そうして限りなく奥へ奥へと引き込まれる。ちょうど合わせ鏡の中の世界が、無限に続いているように。なぜ僕らがそもそも地位というものにしがみつくのかについてだが、その答えは人の心理の奥深いところにあって、名誉や屈辱や汚点、さらには自我《エゴ》や、自己像《セルフイメージ》や、自尊心と密接にかかわり合っている。お金さえも終《しま》いにはどうでもよくなって、地位を得るための道具にしか見えなくなってくる。

僕はスタンフォードで講演をしていた。情熱を追い求めれば、それは当然何かをあきらめることを意味し、その何かはスタンフォードかもしれないと言った――すなわち、スタンフォードに入ること、あるいは、今すでに入っているのなら、次のレベルの〝スタンフォード〟へ到達するのをあきらめることかもしれない、と。言うまでもなく、この考えはあまり好意的には受け入れられなかった。僕は今まで、多くの優秀な学生たちから、純粋に学問のために学びつつ頂点にも昇りつめる、その両方に力を注ぐことは可能だろうかという質問を何度もされた。そしてその都度、いや、不可能だと答えてきた。純粋に学問のために学ぶということは、読んで字のごとく、そのままの意味だ。学ぶことそれ自体が、君が学ぶ理由でなければならない。大事なのは学ぶことだけだ。頂点に立ちたいと思えば、これとはまったく別の一連の動機が関わってくる。君はその事実を直視しなければならない。学問のために努力を重ねた結果の副産物として、たまたま頂点に立ってしまうこともあるかって？　まあ、ないとは言えないが、それはほんとうにたまたまだろうか。それともそうやって自分をごまかすつもりなのか？

地位を欲する心、世間一般から見た成功を求める欲求を克服するのは、けっして容易なことではない。それは僕自身がいちばんよく知っている。まるで依存症だ。つまり、完全に捨て去ることはできない。君のできるせいいっぱいは、その対処法を身に付けることだ。その点で僕は、この問題を考えるとき、よくアルコホーリクス・アノニマス［アルコール依存症患者が飲酒問題を解決するための相互援助を目的としたグループ］を思い浮かべる。自分が何と闘っているかを思い出すために毎日ミーティングに行く必要があるとか、闘うための力を日々せいいっぱい振り絞るとか、そういうところが重なるのだ。君は地位を求める欲求を根絶することはできないかもしれないが、その欲求が起きても行動に移さずにやりすごすことはできる。そして抵抗し続けるにしたがって、欲求は徐々に弱まっていく。

成功ではなく、仕事や勉強自体をゴールにしよう。僕は折りに触れてこの考えに立ち返ることにしている。自分が報酬のことをあまりに気にしはじめていると感じたら、仕事そのものに――それを完璧に近づけるための終わることのない努力へと――意識を戻すのだ。目の前の作業に集中し、その他のことはすべて忘れる。これを終えたら、幸せが待っている、やり損ねたら惨めさと迷いにとらわれると唱えながら。作家ジェフ・ダイヤーは言った。「それ自体のために行うことはすべて、いかなる結果になろうとも、やる価値がある」。何より喜ぶべきは、それは今、君の手の中にあるということだ。私はこれだけやったのだから当然世の中に認められるべきだと思ったところで、実際に認められるかどうかについて、君はどうすることもできない。けれど仕事それ自体は違う。高みを目指そう、確かにそうだ。けれどそれは、その仕事への愛、その学問への愛のためでなければいけない。仕事と愛――どんな道のりも、行きつくところはその二つ。真の成績点、真の評価は、君がいかによい人生を生きたか、なのだから。

僕がここで言っているようなことは、今ではすっかり陳腐な決まり文句に貶《おとし》められてしまっている。それは痛切に自覚している。いや、決まり文句よりもひどい――宣伝用の使い捨ての言葉だ。「君らしくあれ」「己の道を行け」「人生は一度きり」こうした文句は、すっかりその中身を失ってしまっている。今はなんでもかんでも「エッジが効いて（先鋭的で）」なければならない。猫も杓子《しゃくし》もクリエイティブか、イノベイティブか、さもなきゃ、イノベイティブなクリエータだ。誰もが「常識を越えた」ところを考えている。トーマス・フランクをはじめとした作家や批評家は、何年も前から「商品化された異議」や「〝反逆〟を好む消費者」について語っている。スラックスもスニーカーも、ソフトドリンクも楽曲《ソング》も、どの商品もそれを使えば君は群れから抜け出せる――もちろん、他にそれを買った大勢といっしょに――というイメージで売り出されている。Change the Script（台本を書き変えろ）、Chart Your Own Course（自分の航路は自分で決めろ）、そしてもちろん、かの有名なThink Different（発想を変えろ）。パンツを売るために、アメリカの個人主義の偉大な象徴が、まるでヴードゥー教の儀式か何かのように、墓から掘り起こされている。リーバイスはホイットマンの詩を引っ張り出してきた（「開拓者よ！　おお、開拓者よ！」）。ギャップはケルアックがチノパンツを穿《は》いていたと言っている。今日の若者たちにすっかり染みついている臆病な現実主義の思想は、商業化されたうわべだけの反逆によって正当化される――そしてカモフラージュされ、慰められる。

こうしたガラクタを相手にしてはいけない。マックブックに「私は自立した個人だ」(まあ、この際どんな文句でもいいが)と書いたステッカーを貼ったところで、自立した個人にはなれない。ピアスを刺しても、髭をはやしても、芸術家の多いオースティンに引っ越しても、それだけで君が個性を発揮できるわけじゃない。モラルの勇気を得る道は、けっしてお飾りなどでは実現しないのだ。そこに含まれる選択は、金で買えるものではない。洗練された家具やクールな音楽はいいものだが、それとはまったく別の話だ。フェイスブックも、この際勘定には入らない――独自の思想を持つ人々の言葉を投稿したところで、君が独自の思想を持ったことにはならない。実際的な目安をひとつ教えよう。君がもし、何一つ手放していないのなら、それはモラルでもないし、勇気でもない。つまずく、何かを犠牲にする、思い悩む、フライングを犯す、道に迷う、親や仲間たちと衝突する――本物の場合は、こうした兆候が現れる。つねってみて痛ければ現実というのと同じように。

表向きだけかっこつけても意味はない。僕の知人で、大学では型にはまらず、卒業後十年経っても依然としてその雰囲気を纏《まと》って生きていたような人がいる。彼女はあいかわらず反逆児を気取りながらも、ぬるま湯のような快適な暮らしに身を浸していた。大学で理想を掲げるのは大事だが、その理想が試されるのは、おそらくは少し先のことになる。場合によっては、何年も先になるかもしれない。君が口先や見せかけだけでなく理想に基づいて行動し、それによってぎりぎりの選択を余儀なくされたときに(もしもそういうことがあればだが)。そのときも、かっこつけるためにやってはけない。かっこつけるということは、これまで親や大人たちから得ようとしていた賞賛を、仲間からのものに、少なくとも仲間の一部からのものに、あるいは君を見ている仮想世界の仲間からのものに、置き換えているだけなのだ。それを君の自我《エゴ》を満足させるため、自分のモラルが人より優れていると思いたいがためにやってはいけない。君自身の手で人生を創りたまえ。それが、最終的にどんな形になろうとも。人生は必ずしもクールである必要はないし、きらびやかである必要もないし、反体制主義を気取る必要もない。ひたすら君自身のためだけにやるのだ。

僕が今ここで話していることのすべてには――大学へ行く目的や、自分自身を構築することの必要性、モラルの自立を得ることの大切さ、リスクにも豪胆に立ち向かうことの価値には――もちろん、とてつもなく大きな条件が付いている。君は現実を無視してそこから逃れるわけにはいかない。そして、最も重い現実は、お金だ。君は食べていかなければならないし、大学生には若すぎて思いもつかないような諸々《もろもろ》のことにお金を使わなければならない。君が裕福な家庭の出身だったら、なおさらこういう話には疎いだろう。君にとって家を立てることが重要なら住宅ローン(そうでないのなら家賃)。子供を持つつもりならば養育費。いずれは大学に入れるための学資も要る。そしてしかるべき額の老後資金。聖書だって、お金をすべての悪の根源だとは言っていない。すべての悪の根源は、お金を愛しすぎることだと言っているだけだ。

経済の悪化によって、事態はよけいに深刻化している。名門大学の卒業生にとっても、雇用は減少している。卒業後、実家に戻って住まわせてもらう若者の数は、記録的な値に達している。未来の経済不安に対する懸念は、長い間経験していなかったほどに高まっている。加えて、それに追い打ちをかけるような学生ローンの問題がある。自分が卒業するときに何万ドルもの負債を抱えていると思うと、就職のことなど気にせずに大学を自己の発展の機会ととらえようとしても、かなり難しくなるだろう。ある教授が僕に言っていたように、学費が年間五万ドルともなると、大学と学生の家族との関係は、五千ドルだったころとはずいぶん変わってくる。今日、高等教育を語るとき、人々が投資収益率という言葉を口にすることが多くなっているとしたら、それは投資額が膨らみ続けているからに違いない。

とは言え、パニックに陥る必要はない。経済を覆っていた暗雲は、ゆっくりではあるが遠ざかりつつある。これから先の見通しは、過去六年間ほど悪くはないだろう。わが国の経済にまつわるムードは、実際の状況が示すよりも大袈裟《おおげさ》に変動する傾向がある。景気が良いとなると――バブルがはじける前の時期を経験した者なら誰しもわかるとおり――このお祭り騒ぎは未来永劫《えいごう》続いていくかに思える。それがひとたび暗澹《あんたん》たるムードになると、人はもう二度とお日様を拝むことはできないのではないかと想像する。悲観論にもまた、バブルのように一発で消え去る側面があるようだ。だいたい、自分をごまかしてもしかたがない。わが国の高等教育に関する観念を支配している実用主義的な姿勢も、エリート学生の中に見られる出世第一主義も、経済危機の結果初めて見られるようになった現象ではないのである。

しかしながら、ここで僕らは、残酷なまでに正直になる必要がある。君自身の目的を見つけ、天職（君がそれをどう呼ぶにせよ）に取り組むことは、ある学生にとっては、他の学生よりも、容易だという現実がある。君が幸運にも債務なしで卒業することができたら、あるいは君の親が精神的にも経済的にも支援をしてくれるのなら、君はより自由に動き回ることができるだろう。その点を考慮に入れると、どこの大学へ行くか、選択の方向が変わってくるかもしれない。経費が低く抑えられるかあるいは債務が少なく済む（またはその両方である）ことのほうが、きらびやかな名声よりも、大事になるかもしれないし、そのほうが後々、君に多くの選択肢を残してくれるかもしれない——しかしながら、純粋に学費だけを見ると、財務にゆとりのある、より有名な大学のほうが安く済む可能性もある（あくまでも可能性であって、そうでない場合もある）。

もっともお金だけの問題でもない。僕が会ったコーネル大生——彼は債務なしで卒業できるそうだ——は、ライター志願だが、最初からあきらめていると苦々しげに言っていた。イェール大生のような伝《つて》がないと言うのだ。そのあたりの強烈な思い違いは聞き流すとして、僕が言いたいのは、精神の自由は欠かせないということだ。どれほどの不確かさに君が耐えられるか（それと同時に、二十代に、あるいはもっと後になってから、君がどの程度のお金でやっていくことができるのか）は、すべて君がどういう人間かにかかっている。僕自身、大学というのは、君自身を探求するだけでなく、君を変える機会でもあると信じているが、それをするにも限度というものがある。理想は膨らませることができるし、価値観は変えることができる。だが人の性格というものは、それほど柔軟にはできていない。生まれつき楽天的な性格の人もいれば、常に「グラスがもう半分空だ」と嘆く人もいる。

しかしながら、あくまでも残酷なまでに正直な姿勢を貫くのなら、これも言っておかなければならない。こうした問題も、エリート大学に通うような学生たちにとっては、ずっと容易だということだ。もし君がジョンズ・ホプキンス大学やボウディン・カレッジに通っているのなら、あるいは、エモリー大やベイツ・カレッジでもいい、君はそれだけでかなり幸運だと言っていい。人は君を喜んで雇い入れたがるだろうし、大学院もより容易に入ることができるだろう。仮に出身がエリートの家庭でなくても、君はすでにエリート集団にうまくとけこむ術を身に付けている。実際に社会に出ることをスムーズにしてくれる伝《つて》もできているはずだ。エリート大学の入試制度や成績評価の方法にはさまざまな問題があるとは言え、君はおそらく聡明で才能あふれているのだろうし、エネルギーとやる気に満ちているのは間違いない。たとえ君が通う大学が名門中の名門でなかったとしても、あるいは、君が入りたいと望んでいたほどの有名大学でなかったとしても――あるいは君が、名門大学へ行くことを考えながらも最終的には別の大学を選んだ場合でさえも――君はおそらく、どんな道を選ぼうとだいじょうぶだ。アメリカはいかなる基準に照らして考えても、依然としてとても豊かな国だと言える。つまり君たちには、金持ちになる機会よりもずっと貴重な、類稀《まれ》なる素晴らしい機会が提示されている。それはすなわち、金持ちにならなくてもいい機会だ。君の目的を見つけ、天職に身を捧げても、依然として人並みの暮らしを営める機会なのだ。

人は平等であるべきだが、この世の中がわれわれに与える物は、けっして平等ではない。「遺伝子の宝くじ」は今も昔も、公平であったためしがない。君の手で人生を創る自由を得ることは、言わば特権だ。情熱の対象を追いかけられることは、究極の恩典と言えるだろう。けれどこうした事実を非難したところで、それが消え去るわけではない。僕が今話していることが、エリート大学に通うすべての学生や、あるいはエリート大学を目指すすべての生徒にあてはまるものではないことはわかっている。それ以外の大学に通っている学生にあてはまる率は、もっと少ないだろう。問題は、君に当てはまるかどうかだ。もしそうだとしたら、他の人々が君ほど幸運でなかったからと言って、君がそこから逃れられるわけではない。むしろ逆だ。僕がこうした問題について大学内のイベントで質問されるとき――「低所得者の家庭の子供は、どうしたらいいんですか？」――質問の主はきまって、生まれてこの方、お金のことで一度も悩んだことがないように見える学生だ。ともあれ、君がほんとうに経済的に苦しいわけではないのなら、学生ローンの債務なしに卒業することができるなら、それを言い訳にはできないだろう？　ここでも「わがまま」のときと同じような及び腰の心理が働いているようにに見える。特権を夢を追うために使うのは魂が穢《けが》れそうだが、それを使ってもっとリッチになるのはなぜか正道に思えるということなのだろうか。富《マモン》の邪神の祝福を受けて生まれたのなら、それを崇拝しないのは忠義にもとるということだろうか。

実際に低所得の家庭の学生たちにとっては、もちろん、重圧はずっと大きくなる、迷い道が許される余地も比較にならないほど小さくなる。さらに、また別の要素も加わってくる。家族の中から大学へ進学した最初の一人になること（有名大となればなおさら貴重になる）、君をきっかけにして君の家族がミドルクラスかそれ以上に上に行くという可能性をその肩に担うこと、君の両親が老後も快適に暮らせるようサポートできるようになること――こうした事柄を考えると、君の進路選びに、まったく別の種類のプレッシャーがかかってくることになる。これまでにも同じようなことを言われただろうが、僕が言えるのはこれだけだ――君の選択肢を安易に手放してはいけない。マーク・エドマンドソンは、ハイスクールも辛うじて卒業したという彼の父親の話を紹介している。

ある晩、夕食の後に、父と私は、キッチンに座って…（中略）…私のその後の人生計画を産み落とそうとしていた。私は大学進学を控えていた。それは今生きてる者たちが記憶している限りでは、私の一族の中で誰も達成したことのない偉業だった。「僕は法科に行く準備をしたいと思ってるんだ」私は父に言った…（中略）…「おまえは弁護士になりたいのか？」父は尋ねた…（中略）…「僕にもまだよくわからない」私は答えた。「だけど弁護士って、給料がすごくいいんだって。そうだよね？」

父は感情を爆発させた…（中略）…父は私に、おまえが大学に行くのは一度きりだ、だからそこにいるあいだ、おまえが好きなことを学びなさいと言った。金持ちの子供たちが大学へ行く時、彼らは興味のあることを専攻するそうじゃないか、おまえも、弟のフィリップも、金持ちの子たちになにひとつ劣っちゃいないのだと（私と弟は、金持ちの子供たちから金をマイナスしただけだった）。

あらゆる所得層出身の友人たちや学生たちを眺めてきた僕の経験から、もうひとつ別の角度からの考えを加えておこう。もし君が、あまり金銭的に余裕のない家庭で育ったのなら、金銭的に余裕がない状況に対処するのもうまいに違いない。それ自体が、ある種の自由なのだ。

移民の家庭では、また別のプレッシャーが存在する。僕自身、身をもって経験したように、すでにアッパーミドルクラスまで伸《の》し上がった家庭でも、その点は同じだ。移民は実用主義的である傾向が強く、理想を語ろうとしても聞く耳を持たない。地位が重要となることにも、また特別な理由がある。低所得の親たちが、わが子がミドルクラスへの足掛かりを得るのを見たいと思うのと同じように、移民家庭の親たちは、自分たちの子孫が、アメリカで一族の確固たる居場所を築くのを期待している。特に「新たなユダヤ」と呼ばれる東アジア系の学生たちは、本物のユダヤ人たちと同様、学問の成果を尊ぶ伝統の産物だ。また儒教文化は、子が親を敬うことを特に重んじているため、そうした文化的背景を持つ移民たちは、自分の人生以上に子供に期待をかける傾向にある。

その一方で、移民の親たちは、子供たちほどアメリカの文化に順応していない。彼らはアメリカ社会の現状——豊かで活気のある社会がもたらす可能性——だけではなく、成功というものの構成要素についても、限られた狭い考えを抱いている。僕の家では、アイビーリーグ以外の大学は、存在しないも同然だった。今日のアジア系のコミュニティについても、これと同じことが言えるのではないだろうか。ウィリアムズやアマーストのような名門大学でさえ、彼らの視界には入らないのだ。僕はこのことを考えていて、出エジプト記の物語を思い出した。〝荒れ野の世代〟は、奴隷の身分から逃れた者たちで、彼らは神により荒れ野を彷徨《さまよ》うよう仕向けられ、約束の地へ入ることを妨げられて、生死さえ危うくなる。生まれつき自由を手にした彼らの子供たちだけが、その自由を享受し、満喫することができるのだ。

とは言え、子供のために何ができるかをよく理解している親たちもいる。〝この世で一番ヒッピーから遠い男〟、上院議員のマルコ・ルビオは、キューバ移民の両親についてこんな話をしている。「子供のころから、僕らは両親に何度も聞かされたものです。仕事《ジョブ》とは生活のためにするものだが、好きなことをして給料をもらえるようになったら、それは職業《キャリア》と言う。自分たちが仕事《ジョブ》をするのは、おまえに職業《キャリア》を築けるようになってほしいからだ、と」。親が支援してくれることのありがたみは、言葉では語りつくせない——金銭的なものはもちろんのこと、精神的な支えであればなおさらだ。ある学生は、彼女の父親から言われた言葉を僕に教えてくれた。「心配するな、おまえはまだ若い。この先、まだ人生が丸々残ってる。おまえにだって未来はあるさ、当り前だろう。誰にでも未来はある。それがどんなものになるか、おまえにはまだわからないだけだ」

しかしながら、親の賞賛よりも、はるかに大切なものがある——それなしでやっていく術《すべ》を学ぶことだ。そもそも大人になるというのは、そういうことなのである。反抗したことのない子供は、ずっと子供のままだ。世代間の衝突は、一九六〇年代に新たに創り出されたわけではない。ごく自然な成長過程の一部であり、人間社会に不可欠な特徴の一つなのだ。自然ではないのは、むしろわれわれを取り巻く今の状況のほうだろう。たとえば、ヘリコプター・ペアレントと、一時限が終わるたび大学から親に電話する子供たち——関係者たちの遠近感と帰属意識が怪しげに合致している。自然でないのは、親と子供が、何よりもまず〝友達〟であるべきとする考え方だ。

子供の精神分析の専門家として偉大な功績を残したドナルド・ウィンコットは言っている。不忠実とは——彼は家庭内の不忠実を指している——「生活にとって欠かせない一面であり」それは、「人が己自身であろうとすれば、己以外のすべてのものに不忠実になることを意味するからである。世界中の言語の中で、最も攻撃的で、ゆえに最も危険なものは、『私は』という主張を表す言葉の中にある」。しかし今や家族は条約でも結んだかのようだ――ぜったいに離れない、けっして忠実さを忘れないと。僕は成長しないようにするから、お父さんお母さんもそうさせないでね。おまえが成長しなければ、私もおまえを失う悲しみを味わわずに済むよ。思い出していただきたい。卒業の後、親元に戻って実家に住むのは、経済危機が訪れる以前から、ごくふつうに見られるようになっていた現象だ。今日の子供たちが反抗しないのは、その必要性を感じないからか――だって親とは友達だもん！――それとも、そうすることが安全でないと察するからだろうか？　反抗はある日突然起きるわけではない。どのあたりが限界か、じわじわと試してみる余地が必要なのだ。しかし少しでも離れようとすることが脅威と受け取られてしまうなら、試す過程は最初から起こり得ない。昔の専制君主のような家長のほうがまだましだ。彼らが相手なら、子供たちは友達のふりなどせずに、おおっぴらに敵意を表すことができた。

「ひとつは僕自身のためで、もうひとつは親のためです」。スペイン語と経済学とか、歴史とコンピュータサイエンスとか、おおよそかけ離れたものをダブルメジャーにしている学生に対して、不思議に思って尋ねると、こんな答えが返ってくる。なぜ単純に、「僕自身のため」だけではいけないのだろう？　君の人生を生きなければいけないのは、君自身じゃないのか？　親に対して、いったいどんな借りがあるって言うんだ？　彼らを愛し、後になって求められることがあれば、面倒を見ればいい。服従する必要はない。人生まで明け渡さなくていい。君は親に何の借りがある？　いや、何一つない。家族はビジネスの取引じゃない。親とのあいだに貸し借りなどないのだ。あるのはただ、親子という関係だけ。君がまだ子供だったころ、その関係には当然、服従という要素が含まれていただろう。大人になれば、それが自立を伴うものにならなければいけない。子供から大人へ、危なっかしい道を乗り越えてなんとか進んでいくのが青年期というものだ。親のほうから子離れしてくれるのを待っていたら、たぶんずっと実現しないだろう。

それではここで、大学へ行くとき、君がどういうふうに振る舞えばいいか、いくつかアイディアを授けよう。親と週に一度以上話してはいけない。月に一度ならなおけっこうだ。成績点や論文や試験について、あるいは、学期のあいだの君の勉強の進み具合に関するすべてのことを親に話してはいけない。親にいかなる種類の助けも求めてはいけない。科目の選択や大学生活のその他の要素について親が口出ししようとしてくるのなら、あくまでも礼儀正しく、だいじょうぶだから立ち入らないでと頼もう。それでも聞き入れてくれないようなら、いったん礼儀は忘れて、放っておいてくれと言おう。これは君がすべき経験であって、彼らのものではないということをはっきりさせておくのだ。

「そんなことしたら、親に殺されちゃいますよ」。学生からよく聞かれる言葉だ——音楽を専攻したりしたら、車で旅してまわりたいなんて言ったら、休学したいなんて言い出したら……。だったらこうすればいい。先に親を殺してしまうのだ。いやいや、実際に殺せと言ってるわけじゃない。スタンフォード大教授のテリー・キャッスルが「君の両親と別れる事例」と題したエッセイで述べたように、「〝大人の〟人生を、意義のある人生を生きるために…（中略）…ある種の象徴として〝自分から孤児になる《セルフ・オーファニング》〟という方法をとってはどうだろうか」

自らの意識の上で、継承することを捨て去る……反抗したり、物事の本質を突いたり、あるいは単に昔ながらの手法で親をがっかりさせたりする意志を培うことこそが、知的かつ精神的な自由のために、いまだかつてないほど必要とされている絶対的前提条件なのである。

学生たちが僕に問いかけてくる質問の中で、最も頻繁に耳にするものが、最大の難問でもある。多少表現は違っても、内容はだいたいこんな感じだ。「それで、私は何をしたらいいんでしょう?」これには、どこの大学へ行くべきか、どの科目を学ぶべきか、その後どんな進路に進むべきか、というものも含まれる。もちろん、こうした質問は、僕であろうが、他の誰であろうが、本人以外に答えられるものではない。それでも、誰かが答えてくれたらと願う気持ちは、僕にもよく理解できる。僕が提案できる唯一の具体的な解決策は、君もすでに聞いたことのあるもの——つまり、休むことだ。休んで少しのんびりし、違った視点から考える余裕を持つこと。絶え間ない達成のサイクルから自由になり、常に監督されている状態から逃れて、大学の外にもこの世界は存在しているのだということをその目で見ること。そしてこれまで伸ばす機会が得られなかった技能を高め、受容力を試してみることだ。

大学へ行くまえに、休もう。いわゆるギャップ・イヤーやブリッジ・イヤーという入試から入学までにある程度の期間を設ける制度は、近年ますます人気が高まり、大学側からも推奨されるようになっている。ハーバード大、タフツ大、ニューヨーク大をはじめとした大学は、今や合格通知を送付する際にその選択肢を提案しているほどだ。プリンストン大は、独自のプログラムを開始した。最近では大学に適応しようとする際に問題を抱える新入生が増えていることから、大学側も彼らになんらかの成長の機会を経た上で入ってきてほしいと願っている。新たなプログラムが次々にスタートし、インターネットの関連サイトや、ギャップイヤー・フェアなど、君がそれを検討するときに役立つものがたくさんある（短い期間のオプションも多いが、小さいものをたくさん詰め込むことだけは避けたい――それでは履歴に経験を詰め込もうとするあまり焦点が定まらなくなった入試のときの姿勢の再現になる）もちろん費用の問題はあるだろう。しかし親としても、子供たちが大学に行く際できる限り多くの成果が得られるよう、その準備のためにお金を費やすのなら、それはすでに支払う予定の大学の学費を無駄にしないことにつながると考えるべきである。僕自身は親しい友人が皆ギャップ・イヤーのプログラムに参加したにもかかわらず、わが家では許してもらえなかった。父は僕が「何かの衝撃で道を逸《そ》れる」のを心配したのだ。その結果、僕の大学生活は失敗に終わり、その後もずっと長い回り道をすることになった。

とは言え、プログラムに参加せずにギャップ・イヤーを利用することも検討してみるべきだろう。きちんと決められた時間割や〝生産性〟を重んじなければならないという考えも、この機会に君が距離を置くべきもののひとつなのだ。「充実した一年を過ごそう」。多くのプログラムにはそう書かれている。それは、大学お墨付きの方向で君をより高めてくれるもの（たとえば海外へ行って語学を学ぶ）であり、最終的には、出世競争にも役に立つものということだ。しかしここはひとつ、君をより高めることを忘れてみてはどうだろう？　履歴書に書かないようなこと（あるいはフェイスブックで自慢できないようなこと）をやってみては？　ただぶらぶらと彷徨《さまよ》うのもいいし――文字どおりでも、比喩的でも――、どこかにこもって、本を読みふけるのもいいんじゃないか？　友達と（あるいはルームメイトを探している見知らぬ誰かと）安アパートを借り、アルバイトをして生活してみるのはどうだろう？　少なくとも君は、これまでの生活では会えなかった人たちに出会うことができるはずだ。さもなくば、君のモラルの構想力を働かせて、僕を含めて他の誰も思いつかないような夢を現実にしてみては？　大学へはもう入っているのだから、失うものは何もないだろう？

大学の途中で、休もう。ハーバード・カレッジ元学長ハリー・R・ルイスが言っていたような壁にぶち当たり、いったい自分は何のためにここにいるんだろうと思ったら、一学期、あるいは一年、休学すればいい。僕の知っている学生で、これをやり、別人のようになって大学へ戻ってきた者は数え切れないほどいる。皆ひと回り大きくなり、自立して、より積極的に人生と向き合い、学問上だけでなく社会のまやかしをものともせずに進めるだけの気概を身に着けていた。さらに、今日の仕組みから言えば、君は休学する必要すらない。単純に夏休みは休めばいいのだ。インターンシップも、フェローシップも、就職の準備を進めるようなことは何一つしなくていい。ただどこかへ行って、一息つけばいい。そこで気づかされるものに、君自身も驚くだろう。確かに君は他の学生たちから出遅れる。彼らは夏休みを無駄にはしていないのだから。しかし、そもそも道を間違えていたとしたら、先を急いでもしかたないだろう？

大学を卒業した後、休もう。もっとも、そうなればもう、人生を生きるというだけのことだ。君はもうどこかに行かなければならないわけじゃないから、〝休む〟わけではない。卒業は、君が最高に自由になると同時に、可能性が最大限に高まる瞬間でもある。大学院や職業別プログラムなどを見ても、卒業時に門戸が開かれていて、二年後には参加できなくなるようなものはほとんどない。僕はふとアーミッシュの人々のラムスプリンガという習慣を思い出した。と言っても僕が知っているのは大衆文化の中に反映されているイメージだが、それを見る限りでは、若者が生まれ育ったコミュニティを離れ、別の種類の生活を味わってから、コミュニティに戻るかどうか判断するというもののようだ。アッパーミドルクラスも、服装の規定こそあそこまで厳格ではないが、まあ一種の宗派のようなものだ。君が戻りたいと感じれば、戻ることはいつでもできる。

大学はスタートにすぎないということを、どうか覚えていてほしい。「自分自身を見つける」というのは、学校という枠組みの外で、君がどんな人物かを探し当てることだ。課外活動も、夏の間のアルバイトも、インターンシップも、その点では不十分だ。なぜなら、それは本物ではないから――利害関係は限られているし、条件も人為的に制限されているし、選択肢の幅も比較的狭い。君の人生をその手で創るのだという決断は、答えではない――それは延々と続く数多くの疑問のはじまりで、その疑問にはやりながら答えていくしかない。ルイス&クラーク・カレッジで教えている僕の友人は、新入生に言ったそうだ。「君たちが情熱を見つけるのではなく、情熱のほうが君たちを見つける。そしてそれが君たちを見つけるのは、たくさんの努力を積み重ねた後だ。その努力の大半は、君たちが情熱を感じられないものだろう」

じっくり時間をかければいい。ダスティン・ホフマンが言ったように、二十代は「疑問符の時代」だ。僕自身は、大学時代や卒業後に時間を無駄にしたことを後悔しているものの、ある種の無駄やある種の迷いは、必要だしよいものなのだと、今になってわかってきた。無駄は単なる無駄ではない。

それと同じように、一見実用的に見えるものだって、それが君を不幸な居場所へ導くものなら、けっして実用的ではないのだ。大学卒業後の数年間、もがいたり戸惑ったりしているうちに、思いがけない新しい道が開けてくる。作家チャールズ・ウィーランが言ったように「成功した魅力ある人々は、ありきたりでまっすぐな人生など歩んでいないものだ」。

今日、手に入れることのできる選択肢があまりにも多いということは、多くの学生が進路を見つけるのを難しいと感じる要因の一つに違いない。ある学生が言っていた、例の「幹細胞」の問題、自分は何にでもなれるという考え方だ。そうしたジレンマは、僕にも覚えがある。大人の入り口にずっと留まっていたい気持ちと、無限の可能性を抱く感覚を明け渡さなければならないという悲しみ。けれど僕は、どうやってそれを乗り越えたかも覚えている。これはひとつかすべてかの選択ではなく、ひとつか無かの選択だと、ようやく気づいたのだ。自分が何かひとつに身を捧げなければ、何にもなることはできないのだと。

しかしながら、それとまた同じ理由で、君はその選択がただ一度きりのものだと思う必要もない。最後の到達点を、今決める必要はないし、もし決めようとしているのなら、それが変わる可能性にも備えておくべきだ。帆船を間切らせるように方向を変え、ある点からある点へとジグザグに進みながら、最終的にここを目指したいと思う場所へと近づいていく。働き、学び、考えるうちに、そしていろんな人に出会い、いろんな場所を訪れるうちに、この世の中が何を与えてくれるのか（そして世界も常に変化している）、君の中の何をこの世に与えることができるのか、やがて少しずつわかってくる。あるハイスクールの教師は僕に言った。「生徒も父兄も、あまりにも先のことを考えすぎるから厄介なことになるんです」。君は今、すべての答えを知っている必要はない。知っていると思いこんでしまうことが、問題の一因でもあるのだ。僕がいままでもらった助言のうちで一番役に立ったもの、僕が二十二歳のとき、危うく弁護士になろうとするところを救ってもらったのは、こんな言葉だった——この先一生何をしたいかまで解き明かそうとしなくていい。君は二年後、三年後には、まったく別の人間になっているかもしれない。その人物にはその人物なりの考えがあるはずだ。君がほんとうに解き明かすことができるのは、君が今、何をしたいかなのである。

君の手で人生を創ることとは、アーティストになることでも活動家や企業家その他の特別な職に就くことでもない。ただ、それがなんであろうと、君にとってしっくりくる職業を見つけようということだ。ある学生たちにとっては、ブルックリンが、投資銀行と同じくらい、競って遡上する川となることだってある。科学や工学も、芸術や人文科学が苦しんできたのと同じように、就職準備を偏重する姿勢によって被害を被っている。才能ある若者たちが物理学者になる代わりに金融街の変人となり、地球化学者になるべき者が皮膚科医になる。他の連中にとっては退屈極まりなく見える仕事でも、君にとって意味のあることならば、職業選択のゴールとして完璧に有効なのだ。君の親が望むことをするのもいいだろう。それを君自身が選ぶのであれば、だが。

人生をその手で創るというのは、なりたければ何にでもなれると信じることではない。これもまた最近の子供たちが信じ込まされている神話のひとつだ。一生懸命やれば、なれないものはなにもない。いや、あるだろう。仮に人生の一時期、そうなりたいと切望したことがあったとしても、僕は外野手にはなれないし、ロックスターにもなれないし、コンサート・ピアニストにもなれない。世の中には才能というものがある。運動神経やら、カリスマ性やら、ルックスやら、人並み外れた頭脳やら、生まれつき備えていなければならないさまざまなことと並んで。アリストテレスは、幸福とはその個人の特殊な能力を行使することによって得られると言った。それは、人にはそれぞれいくつかの特殊な能力があり、その能力は人によって違うという意味だろう。自分が何者かを知ると言うのは、自分にどんな才能が備わっているのかを知ることでもある。

人生をその手で創るというのは、自分勝手にルールを決めるということではない。それをやって見逃してもらえる可能性は少ない。君が若ければなおさらだ。仕事というのは、控え目に言っても、けっして完璧なものではない。(ルイス&クラーク・カレッジで教えている友人は言っていた「〝働く〟っていうのは、いつも例外なく〝働く〟って感じがするものだよね」)。どんな仕事にも、退屈で飽き飽きする面や、徒労に思える面がある。どんな仕事にも、しぶしぶながら折り合いをつけなければならないことがある。君の仕事は自由ではあるが、孤独なものかもしれない――物書きのように。あるいは、うまく機能していない制度の中で働くことを余儀なくされるかもしれない――教師や医師のように。あるいは、手ごたえを得るまで、何年も地道にがんばり続けなければならないかもしれない――企業家のように。不安や無力感にさいなまれることは必ずあるし、屈辱にまみれることもあるかもしれない。時には、こんな仕事に就かなきゃよかったと思う日もあるだろう。君が素晴らしい仕事を成し遂げる保証はどこにもないし、完璧な仕事を見つける保証も、当然与えられてしかるべきと思えるようなすべての機会を与えられる保証もない。エリオットが描いた「複雑に絡み合う状況」は、例外なく、すべての人に影響を与える。僕らは皆、この世界の現実の中で、自分の道を切り開いていかなければならない。君が多少魅力的だからって、他人がそれを容易にしてくれるわけじゃない。けれど、君が大好きなことをやろうというときには、話は多少違ってくる——なぜなら、嫌な部分も、真っ当な理由があればこそ耐えられるようになるからだ。それでももちろん、妥協しなければならないことはある。しかしそれは妥協であって、降伏ではない。妥協することによって、得られることがあればそれでいい。

最後に、人生をその手で創るということは、怠けてもいいということではない。少なくともある程度軌道に乗るまでは、君はこれまでと同じように、全力でがんばる必要がある。けれど君は確固たる目的があってそれをするのだから、想像した以上の充実感を味わうことができるだろう。

簡単じゃないってことは、もう言ったかな？　そう、簡単じゃない。簡単であったためしがない。人生は悲劇だ。理由はいろいろあるが、そのうちの一つは、人はすべてを手にすることができないということだ。しばらくのあいだ苦しい日々が続くこともある。君は迷い、つまずき、意気消沈する。同級生や親の友人たちや、場合によっては見知らぬ他人からも、憐れみや嘲りを向けられて、それに耐えなければならない。人は、あの子はハイスクールではあんなに優秀だったのに、どうしてしまったんだろうと首を傾げるかもしれない。君はおそらく鬱々とした時期を何度か経験することになるだろう——僕自身もそうだったように。君は当然、苦しみ、悩むことになるだろう。なんとも悲惨な展望ではあるが、大学やその後の生活で君を支えてくれるような集団を見つけることができたら、あるいは、二、三人でもいい、ほんとうに君をわかってくれる友人がいたら、その悲惨さは大いに軽減されることだろう。けれど君は切り抜けられる。きっと乗り越えられる。君自身の手で人生を創る道を見つけることができるに違いない。

第七章　リーダーシップ

誰もが少なくとも認識しているふりだけはするとおり、大学教育の目的は、個人的なものだけにとどまらない。「社会に貢献せよ」学生たちは鼓舞される。「改革せよ」「この世をよりよい場所にせよ」と。しかしわが国の名門大学の最高峰に、社会的責任という概念を伝えるすべてに優る理念があるとすれば、それは一言「リーダーシップ」である。「リーダーを育てるハーバード」マサチューセッツ州ケンブリッジで、まことしやかに唱えられてきたスローガンだ。ある学生から聞いたところでは、スタンフォードの入試担当官が彼女のハイスクールを訪れたとき、彼らの大学は、「リーダーの素養のある」出願者を募っていると説明したそうだ。エリート大学全般で、これと同じ傾向が見られる。今日、エリートコースに乗った学生は、仲間のなかで自分がリーダーであるとの自覚を持ち、いずれは社会のリーダーとなるよう、常に檄《げき》を飛ばされる。「わが大学では若者たちがリーダーとなり、この世界をよりよい場所へと変えていけるよう、備えさせています」。最近の学位授与式で、プリンストン大の総長が言った言葉だ。あたかも「リーダーとなる」ことと「世界をよりよい場所へ変えること」、この二つがイコールであることが自明のように。しかしながら、こうした大学がリーダーシップという言葉で表しているものは、実は社会貢献とは何の関係もない、それとはおよそほど遠いものなのである。

彼らが意味しているのは、単にトップに立つことだけだ。大きな法律事務所の共同経営者《パートナー》になる、有名病院の一部門を仕切る、あるいは上院議員になったり、最高経営責任者（ＣＥＯ）になったり、大学の学長になったりということなのだ。別の言葉で言えば、主導権を手にするということ。君がここに所属しようと決めた場所で、おべっかで塗り固めた位階《ヒエラルキー》の梯子《はしご》を昇っていくことを意味する。君が卒業後に立派な肩書きを得れば、大学もウェブサイトでそれを自慢できるというわけだ。僕はコロンビア大で毎年名誉学位を授与される人々の中にきまって含まれている高額寄付者の資産家たちを思い出した。主には企業のＣＥＯで、彼らを推薦する理由は特にないように見受けられるのだが、例外なく「ビジネス・リーダー」と記述されている。しかしここでの〝リーダーシップ〟は、本質的に中身を欠いている。

学生たちももちろんそれは理解している。大学入学の際にリーダーとしての素養を示す必要があるという情報には、なぜかスクランブルがかけられて、何かのトップに立つことだと解釈されている。チームでも、クラブでも、生徒会でもなんでもいい。なんなら何かを自分で立ち上げて、そのトップに君臨すればなおいい。君が何をするか、それが何の役に立つかは、この際どうでもいい。大事なのは肩書きを得ることだ。リーダーになりたいんだろう？　ハーバードでの面接にまつわる、こんな話を聞いたことがある。面接官が訊いた。「リーダーを育てるハーバードということなんだが、君は何のリーダーになりたいかね？」すると答えが返ってきた。「さあ……何かの？」。この風潮を実によくあらわしている逸話だ。

『ミドルマーチ』がモラルの勇気を理解するのを助けてくれたように、リーダーシップをトップに立つことと定義してしまう問題――と言うより、そうした〝悪〟――を考えるのに役に立ってくれそうな本がある――ジョゼフ・コンラッドの『闇の奥』だ。この古典的小説は、映画『地獄の黙示録』の原作にもなった。映画のウィラード大尉（マーティン・シーン）は小説ではマーロウ、カーツ大佐（マーロン・ブランド）はクルツ氏である。この小説は二十世紀初頭に出版されたもので、ベトナムが舞台ではない。ベトナム戦争からさかのぼること三世代、当時ベルギー国王の所有地だったコンゴが描かれている。主人公のマーロウ――映画のような陸軍将校ではなく、民間の貿易船の船長――は、ベルギー王室の特許状を受けてこの国を治めている会社に派遣され、コンゴ川を遡る。彼はやがて、正気を失いならず者と化した監督者クルツ氏――映画のカーツ大佐と同じだ――を連れ戻すべく奥地へ向うのである。

この小説は帝国主義と植民地主義、異なる人種間の関係や人の心の奥に潜む闇について描いている――そこまではすぐに理解できる――が、もう一つのテーマは、「官僚主義（= bureaucracy）」である。マーロウが雇われた貿易会社ザ・カンパニー（The Company　コンラッドは固有名詞のように大文字のCを使って表している）は、まさにその象徴とも言える存在だ。規則や手順や上下関係、力のある人々と、なんとかうまい具合に力を得ようとする人々――官民かかわらず、どこにでも見られる官僚主義、すなわち〝お役所仕事〟で塗り固められた会社なのだ。銀行も、美術館も、学校も、大学も、グーグルも、国務省も、シンクタンク「ブルッキングス研究所」も、どこも皆そうである。社会的環境そのものがそうなのだ。言い換えれば、今日のエリート志向の若者たちが卒業後に入る場所というのは、たいていがそうなのである。

マーロウは、段階を踏んで、川を上っていく。最初彼は、外部出張所に着く。クルツは奥地の出張所にいる。その二つの出張所のあいだに、中央出張所がある。そこでわれわれは、真髄をいかんなく発揮する官僚主義のこの上なく完璧な描写を目の当たりにすることができる。マーロウの視点からの中央出張所の所長の描写は、こんな具合だ。

彼は肌の色も、顔立ちも、物腰も、そして声も、平凡だった。背丈も中くらいで、ごく普通の体型だった。瞳もありふれた青色だが、ひょっとしたら目つきだけは際立って冷たいと言えるかもしれない……（中略）……それ以外には、何かは読みとれない微《かす》かな唇の表情があるだけだった。どこか人目を忍ぶようなその表情――笑みだろうか――いや、笑みじゃない――覚えてはいるのだが、言葉で説明することができない……（中略）……彼は若いころからずっとこのあたりの土地で働いてきた月並みな商社員にすぎない。人は彼の命令に従うが、慕ったり恐れたりすることはなく、尊敬を抱くことすらなかった。彼は居心地の悪さを感じさせる。そう、それだ！　居心地の悪さ。明らかに信頼できないというわけではない――ただ落ち着かない気分にさせられる――それだけだ。こうした……なんと言うべきか……こうした技能がどれほどこの効果を発揮するか、誰にも想像がつかないだろう。彼には人をまとめる才能もなければ、率いる才能も、秩序を保つ才能すらなかった。……（中略）……彼には学問もなく、知性もなかった。それでもこの地位に就くことができた。なぜだろう？……（中略）……彼は何も新たに生み出さなかった。すでに決まった手順で回していくことはできた——それだけだ。しかし彼は大したものだった。ああいう男が何に従って動いているか、周りは想像すらできないという点だけでも偉大だった。その秘密は誰にも見抜けなかった。ひょっとしたら彼には何の中身もないのかもしれない。そうした疑問を、立ち止まって考えずにはいられなかった。

「平凡」「ごく普通の」「ありふれた」「月並みな」——こうした形容詞に注目してほしい。この人物に関して、目立つ部分はなにひとつない。僕はこのパラグラフを十五回くらい読んだとき、これは官僚主義的な環境の中で成功するタイプの完璧な描写だと気づいた。なぜなら、そこで初めてひらめいたのだが、この描写は僕が以前その下で働いていた上司にぴったり当てはまるのだ。彼女も笑みを浮かべていた——彼女の場合は鮫《さめ》みたいな笑みだった——そして彼女も、相手を落ち着かない気分にさせる才能があった。こっちはまるで何か悪い事でもしたかのような気にさせられてしまうのだが、彼女はそれが何だか教えてはくれない。そしてこの所長のように——君が官僚主義的な組織の中でなんとかやっていこうとするときに出会う多くの人々と同じように——彼女には人をまとめる才能もなければ、率いる才能も、秩序を保つ才能すらなかった。彼女には取り立てて言うほどの学問もなく、知性もなかった。目立つ個性のようなものは何一つなかった。ただ、すでに決まった手順で回していく能力があっただけだ。マーロウと同じ疑問が浮かぶ——それでも彼女はこの地位に就くことができた。なぜだろう？

これは官僚主義にまつわる大きな疑問だ。なぜ有能な人々が真ん中あたりで泥沼にはまっていて、ぱっとしない人物がリーダーになるのだろう？　なぜなら、梯子を昇ることを可能にしてくれるのは優秀さではなく、人を操る才能だからだ。上の人間にはこびへつらい、下の人間は蹴り落とす。カクテルパーティーでは調子よく立ち回り、オフィス内では巧みに根回しをする。力のある指導者に目をつけてその威光に頼りつつ、時期を見計らって背後から刺す。上手に調子を合わせて流れに乗る。己の主義に反することがあっても、立ち上がって目立ったりはしない——そもそも主義なんてものはない。体制を信じてもいないが、それに疑問を投げかけようとも思わない。他の人々に望まれるように振る舞い、その結果やがては、コンラッドの描いた所長のように、中身が何もなくなってしまう。

もちろん、わが国の名門大学は、リーダーを訓練する術《すべ》に長《た》けているだろう。彼らがその頂点に君臨するシステムが、それに必要な美徳を培うよう設計されているのと同じくらいに。マーク・エドマンドソンは、この言葉がキャンパスでむやみに使われていることに言及している。「今日、人々がリーダーという言葉によって表しているのは、とても陽気な感じでエネルギッシュで、権力を手にしている人々と価値観を共有している者のことだ。リーダーとは往々にして、小さな成人、小さな大人で、この場を取り仕切っている大きな大人たちに逆らわない者たちのことである…（中略）…今日、人々が「リーダー」と言うとき、その意味するところは、熱心な追従者なのである」。僕の知り合いのイェールの院生講師は、彼女がそこで出会う学生たちのことを「折り紙つきの凡人」と表現していた。僕がその言葉を拝借して話をしたとき、学生の一人が言った。「リーダーを育てるような場所は（彼がこの言葉をいとも自然に使っているところにも注目していただきたい）、折り紙つきの凡人も入れて経費を払わなければ、やっていけないんじゃないですか？」もちろん問題は、折り紙つきの凡人がすなわちリーダーということだ。それはけっして、小さな部分集合やレガシーで入った金持ちの子息などではないのである。このやりとりを記事にしたものがネットで配布されるようになると、別の学生はこう言った。「この表現は私たちが認識している私たち自身の姿を、そのものずばり言い当てています」

かつてアメリカのエリートたちの間で、リーダーシップという言葉は意味を持っていた。ニューイングランド地方の伝統あるプレップスクールや、「金ぴか時代」のアイビーリーグでさえも――それはやがて大統領となるルーズベルトらが学生だった時代でもある――漠然と「人格」と言われるものの形成に力を注いでいた。リーダーシップは、責任感や名誉、勇気、粘り強さ、気品、献身的態度を意味していた。これらは貴族階級の価値観で、われわれが今、当然のように見下している非難されるべき多くの貴族的態度とともに受け継がれたものだが、それでもなお、この価値観が立派なものであるという事実に変わりはない。リーダーシップは、彼ら、恵まれた上流階級の子息たちにとっては、内容のあるものだった。その概念はしかるべき姿勢を求めるものだった。それは自分自身ではなく、他者のために献身すること。理念への忠誠を求め、組織を取り仕切る義務を負わせ、公益に尽くすことを定めるもので、学位授与式に取ってつけたように口にするような簡単なものではなかった。この国の世話は彼らの手に委ねられ、彼らは受け取ったときよりも良い形にして次の者に引き継ぐ義務を負っていた。義務を遂行できない者も多かったのか？　もちろん。それでも他が失敗する中で、模範はしっかりと根を下ろした。

今日のエリート大学を率いている人々は、リーダーシップという概念には、もっと高尚な意味があ
る（あるいは、どんなものであれ、なにかしらの意味がある）ということに気づいていないのではな
いかと思う。もし気づいているとしても、それに対してどうしたらいいかわからないのだろう。「人格」と呼ばれるものも同様だ。この言葉はカンニングやらデートレイプやらの問題が発生したときだけ引っ張り出されるようになってしまった。まるで、その意味するところが、単に「悪い行いはしない」ということであるかのように。そうしたエリート大学が、「システム」の要《かなめ》となり、軽率にも本書の最初の部分で述べたような学生の性格を形作ることに関与している——つまり、概してあまりよくない方向へ変えている——という点については、誰も気づいていないか、気づいていたとしても、問題にしようとはしないのである。

リーダーを育てる代わりに、一般市民を育てたらどうだろう？　思索家を育てては？——なんだかんだ言っても、ここは大学なのだから。権力者になるために競う者ではなく、権力者に疑義を唱えることのできる個人を。いや、いっそのことここで、最高のリーダーとは思索家であると認めようじゃないか。学問の話ではない。自分が属する組織や社会を、批判的に考えることのできる人々のことだ。もっといいのは、批評を行動に移すことのできる豪胆さを備えている人物だ。抵抗の精神《レジスタント・マインド》とでも呼ぶべきものを持っている人々だ。それはすなわち、ただ質問に答えるだけでなく、自ら問いかけることのできる人、物事をやり遂げる方法を考え出せるだけでなく、そもそもそれをする価値はあるのかと事前に問うことのできる人、自ら群れの先頭に立ちながら群れの流れのままに崖っぷちへ連れて行っ

てしまうのではなく、事業のため、産業のため、国家のために、新たな方向性——物事を行う新たな方法、物事を見る新たな見方——を考案することができる人のことである。君の人生をその手で創るというテーマで話してきたことは、そのままリーダーシップにも当てはまる。重要なのは勇気と構想力だ。決定的に必要なのは自己を確立すること——世界が君に向かって押し寄せてきても、押し返すことのできる確固たる自己を築くことだ。

しかしながら、こうしたことには人気を失うことも厭《いと》わない覚悟が必要だ。自立した考えを貫くとしかり、リーダーシップを発揮することしかり。ところが今日の若者たちは、常に他者から肯定される雰囲気の中で育ってきているだけでなく、向社会的行動を執拗《しつよう》なまでに叩《たた》きこまれる環境に置かれている。われわれ大人たちは彼らに、チームワークを大切にするよう促す。われわれは彼らに、明るく、柔軟で、友好的であれ、常に皆の意見をひとつにまとめあげ、歩み寄ることを大事にせよと教えてきた。あまりにも敏感に痛みを伴う感情を避け——自分自身の中でも、仲間内でも——あまりにも献身的にグループ内の調和をとり、あまりにも用心深く攻撃や排斥や対立その他、人間ならばあってあたりまえの局面を警戒し、その結果、われわれはこの国の若者たちの鋭さを、紙やすりで削ったように丸くしてしまったのだ。

これは君自身の内なる闘いだ。一般に是認された考えを拒むだけではじゅうぶんではない。そうした考えを運んでくる人々を拒まなければならない。それは、ほぼ全員——君の両親、教師、同級生、友人。そしてそれが君にとってなんであれ、君が属する集団——似た者同士の集まりや政党、教会など。君が環境保護論者なら、他の環境保護論者。君が自由論者なら、他の自由論者だ。ある集団と行動を共にするということは、必ずしもその集団と考えを同じくするということではない。どんな状況でも、問わないことが前提の疑問というものがある。リーダーの仕事、思索家の仕事は、それを明らかにし、問うことだ。それには勇気が必要になってくる。人は、暗黙の了解に異議を唱えられることを良くは思わない。そこにすっかり浸透して、誰もがその存在すら気づいていないような疑問だった場合はなおさらだ。君がそれを問うことによって、彼らも問わざるを得ない状況に追い込まれる。彼らがずっとなんとか抑え込んでいた疑いを、君は引っ張り出してしまうことになるのだ。

「反体制の衝動とは、すなわちノーと言う衝動のことだ」、そしてそれはアメリカ文化の中で伝統的にとても力のあるものだったとアンドリュー・デルバンコは書いている。しかし今日その痕跡を見ることはほとんどない――若者の間でさえ見られず、名門校のキャンパスにいる若者たちの間に見る機会は無きに等しい。昨今の学生たちは、社会に対して、かつては当然のこととして見られたような根源的な要求――すなわち、世界を変えることを求める要求――をすることがなくなったように見える。ちなみに、この「昨今」がいつを示しているかというと、およそ四十年ほど前、僕自身が大学へ行った時期の少し前くらいからだ。よく言われるのは、一九六〇年代の理想主義は、戦後の好景気の産物であり、一九七〇年代の景気後退によって息絶えたという見解である。だとすると、なぜそれ以来、何も変わらないのだろう？　真の繁栄がもたらされたクリントン政権下でさえ、理想主義が蘇らなかったのはなぜだろうか？　僕はコロンビア大で一九八五年に起きた反アパルトヘイトの抗議行動に参加した。当時はレーガン政権下の経済回復期のただ中だった。バリケードの外に皆で座っているとき、僕らのカリスマ的なリーダーは僕らに（そして彼自身に）「俺たちみんなBになるぞ！」と確認したものだった。逆に言えば、だいじょうぶだ、期末試験に間に合うように勉強を始めれば、たとえ完璧な成績じゃなくても、じゅうぶん及第点はとれるということだったのだろう（もし今の世なら、リーダーは「俺たちみんなAマイナスになるぞ！」と言うんだろうか）。これは、十月革命などと呼べるほどのものではなかった。

アラン・ブルームの指摘によれば、一九八七年には、学生は「現状に不満を抱く」ことがなくなっただけでなく、反体制的なものを意識することすらなくなったという。「かつて中産階級《ブルジョア》の社会を、あるいは社会全般を、若者たちにとって厭《いと》わしいものにしていた渇望は——ロマン主義的なものも、そうでないものも含めて——もはや存在しない」。右派であったブルームは、六〇年代に郷愁を抱いているわけではない。しかしながら彼は、若者の行動様式としての反抗が六〇年代に始まったのではなく、現代社会の誕生とともに、ロマン主義の時代やアメリカ革命、フランス革命とともに生まれたことを知っていた。すべてに疑問を呈し、世界を思索の中で溶かし尽くし、そこから新しいものを創りなおす行為は、ここ二世紀の大部分において、若者のあいだに——その義務であり特権として——見ることができた。それによって大いなる変革がいくつももたらされた。権利を求める革命は、その最終章にすぎなかったのである。こうして見ると、六〇年代が例外なのではない。今のわれわれが例外なのだ。

僕は、例のポモナ・カレッジの学生のことを思い出した。幸せに振る舞うことにプレッシャーを感じると言っていたあの学生だ。不幸や不満を無理やり踏み消すような支配体制——さながら暗黒郷《ディストピア》のようだ。不幸は、正常な人生の一部——そして若さには当然付き物——というだけではなく、いかなる変遷にも不可欠なものだ。自己も、組織も、社会も、不幸なくして変化することはない。変化とは、「今の状態」と「こうあるべき状態」とのあいだの差によって生じる張力――君自身の魂がぴんと張りつめることによってもたらされる。もっとも、名門大学の学生たちが現行の「システム」と自己とのあいだにさほどの差異は感じていないとしても、驚くには値しない。なんだかんだ言っても、彼らにとっては都合がいいシステムなのだ。デイヴィット・ブルックスは、有名な評論「組織の子供［原題 The Organization Kid］」のなかで、「確立された秩序を静かに受け入れる姿勢が、今日のエリート学生のあいだにはびこっている」と述べている。この評論が発表されたのは二〇〇一年だ。それ以後の月日に、その静けさが乱されたことはあったかもしれないが、僕が見る限り、秩序を受け入れることに関して、若者たちはなんの抵抗も示してはいない。

僕がキャンパスで学生たちと話をするとき、こうした批判をすると、それに対する彼らの反応はこうだ。「ティーチ・フォー・アメリカは？」「フェイスブックはどうなんです？」「『ウォール街を占拠せよ』の運動はもちろんのこと、『アラブの春』だってあるじゃないですか」「主に非営利団体や、社会的責任を伴った営利団体で展開される〝違いを生み出す〟活動は、今や若者世代全体に広がって、ますます顕著になっていますけど、こうした企業家の働きはどうなんですか？」まずは最後の質問から答えていこう。確かにそのとおりだ。この点に関しては、一九八〇年代や九〇年代よりも、ずっと良くなっているように見える。九・一一のせいなのか、気候変動のせいなのか、経済危機のせいなのか、インターネットのせいなのか、あるいはこれらに他の諸々《もろもろ》を加えたすべてのせいなのか、ミレニアル世代［一九八〇年代から二〇〇〇年代前半に生まれ、新たな千年紀《ミレニアム》が到来した前後、またはそれ以降に社会進出した世代の米国における一般的な呼称］は、ベビーブーム世代全盛期以降の数々の世代の中で、もっとも社会に積極的にかかわろうとし、この世界に実際に良い影響をおよぼしているように見える。立派なものだし、さらにがんばってほしいと思う。

しかし話はそこで終わりではない。「フェイスブックはどうなんです？」は、つまりこういう意味だ。「フェイスブックの創造は今日の若者たち、特に、エリート大学へ通う成績優秀な若者たちが、世の中をいいほうに変えているという証拠じゃないんですか？」この問いかけは、まさに彼らが社会改革というものの性質を混同していることをよく表わしている。フェイスブックは単なる道具にすぎない。それが全体から見て、世の中の役に立つのか、あるいは悪影響をおよぼすのかは、いまだにわからないし、今後もわからないままだろう。新たな技術は、『アラブの春』においても一定の役割を果たした（もっともその功績の大きさは、西欧諸国のメディアによって誇張された向きがある）。しかしそうした技術はまた、最近より顕著になってきているとおり、政府や企業がわれわれ市民を監視しコントロールすることを可能にするという役割も果たしている。道具というのは〝価値中立的〟で、それ自体は善でも悪でもない。われわれの道具――フェイスブックや、アップルやグーグルその他によってもたらされた道具、今の若者たちの多くがガジェットやアプリを駆使しつつそれを創りたいと夢見ているような道具――における革新は、必ずしも社会の構造を変えるものではないし、必ずしも良い方向へ変えるものでないことは確かだ。

しかしながら、今日の若い世代の中で、どれほどの者たちが社会の構造を変えることを考えているだろう？　あるいは変えることを考えたとしても、どれほどの者たちが変えることを願っているだろう？　「システムの範囲内で動く」というのが昨今の風潮だ。理想やイデオロギーや遠大な理念などは、二十世紀の流行《はや》り病だったかのように忘れ去られている。何か問題を見つけては、その解決策を探す。こうした考え方はいかにも技術主義的で、今日の学生たちがいかに技術主義的な教育を受けているかを示すものだ。全体論的な考え方もなければ、根源的な目的についての思索もない。まるでこの世はテストか何かのような、ずらりと並んだ個別の問題から成っていて、われわれはそれを一つ一つ解決していきさえすればいいと言わんばかりだ。より優れたクリーン・テクノロジーを開発し、安全な水を供給するシステムを改善し、より効果的な学校教育を推進する（クラスで一番を獲って、社会奉仕のプロジェクトに参加して、一つ二つクラブを立ち上げる）。受験用の履歴書を構築してきたときと同じように、ひとつひとつ、終わった項目にチェックを入れていくような感覚だ。

　こうした問題に取り組むことは、価値があるし賞賛すべきことだ。だがそれだけでじゅうぶんだろうか？　君がその範囲内で動きたいと思っているシステム――もしそれ自体が問題だとしたらどうするんだ？　不平等の問題に触れずに、わが国の大学教育の問題を解決することができるだろうか？　世界規模の貿易の仕組みを改めずに、発展途上国を貧困から救うことができるだろうか？　消費行動を変えるだけで地球温暖化に対処できるのか、それとも地球環境の危機的状況は消費自体によってもたらされたものではないのだろうか？　そしてこうした疑問の奥底にあるもの――僕らがそもそも目指そうとしている世界の展望《ヴィジョン》とはどんなものなのだろうか？　それは単に、今あるこの世界を、ほんの少し良くしたバージョンなのか？　解決策を、僕らの価値観を映したものにしようにも、そもそも僕らはいったいどんな価値観で動いているのだろう？　イデオロギーや政治理念を語るのを放棄することはできても、それ自体を消し去ることはできない。唯一の疑問は、君は君自身の意識を持っているかということだ。もしそうでないのなら、君はおそらく、今現在たまたま流行っているものにただ調子を合わせ、それが君自身の考えや行動をどんなふうに形作っているかも気づいていないに違いない。

手作り感覚で社会に関わろうという精神には、政治離れも付随している。政治とは本来的に対立や大きな組織が付き物だ（これもまた、ミレニアル世代が我慢ならないもののひとつなのである）。スタンフォード大のある教授がこんな話をしてくれた。先ごろ、彼の教える学生たちが参加可能な実習《インターンシップ》の計画が、二件同時に持ち上がったときのことだ。一つは、イースト・ベイにある環境に関する小さな非営利団体で、これには数百人の応募があった。もう一つは、カリフォルニア州下院議長事務所――この地球上で十二番目に大きな経済規模を誇る団体で二番目に力のある人物の事務所――の職だったが、こちらの応募は三名だったそうだ。三百ではなく、たったの三人。もちろん何かを改革するときには、まずはいちばん端っこのほうで動きはじめて、少しずつ中枢へ近づいていくものだ。それでもその中心で政治家がふんぞり返っている限り、端っこで起こすことは、あくまでも端っこだけに留まらざるを得ない。僕らがどれほど多くの有機栽培農場を作ろうと、議会が「ピザソースは野菜だ」と宣言したら、それに対してはどうすることもできないのだ［二〇一一年、米国農務省が学校給食のピザソースを野菜として数えないようにする改正案を提出した際、冷凍食品業界のロビー活動などに影響された上下両院の合同審議会がこれを否決し、栄養管理制度の抜け穴を確保しようとした問題］。地域的な小規模の改革も、それはそれで素晴らしい。しかし組み合わされた莫大な富の力――ロビイスト、特別政治活動委員会（スーパーＰＡＣ）、大富豪――の前に、立ち上げたばかりのビジネスモデルなど、吹けば飛ぶような存在だ。君は政治には関心がないのかもしれない。しかし政治のほうは君に対して無関心ではいてくれない。政治離れしたところで、政治が無くなるわけではないのだ。

社会貢献を目指すクリエイティブな企業家精神の文化は、ミレニアル世代が最初に創り出したわけではなく、少なくとも二十年くらい前から見られるようになっていた。それでは、ここ二十年で何が変わったかについて考えてみよう。まずは技術や食といった、この文化が最も深くかかわりたがる分野では、何が変わったのだろうか？　スマートフォン、iPad、生産者農家の直売市場《ファーマーズ・マーケット》、持続可能な農業――どれもみんな素晴らしいじゃないか（少なくとも、そうしたものに費やせるだけの金を持つ人々にとっては）。次に、政治や経済の面、この文化が自ら手を汚すのを拒んでいる分野では何が変わったのか考えてみよう。イラク戦争、シチズンズ・ユナイテッド［アメリカの保守派政治団体。二〇一〇年、同団体が最高裁に起こした訴訟により、企業に無制限の政治献金が許される結果となり、法律学者などのあいだから「民主主義が金で買えるようになった」と危惧する声が上がっている］、経済危機、広がる一方の貧富の差。僕には、これはどうも割に合わないように思える。「クリエイティブ組」が忙しくおもちゃで遊んでいるあいだに、この世界は排水溝へ向かって渦を巻いているのだ。

ここである疑いが首をもたげる。「技術に裏打ちされた小規模な起業モデル」が体現しているものは、社会哲学などではなく（もとより、ミレニアル世代は哲学なんてものを好まない）、ある種のライフスタイルを求める欲求なのかもしれない。自立を求めない者がいるだろうか？　あるいは、クールな場所に住みたいと思わない人が、一発当てるチャンスが欲しくない人がいるだろうか？　けれど真の変革を求める活動に身を費やすことになると、こうしたいくつかの事柄をあきらめなければならなくなるかもしれない。政治とは増強を求める醜い闘いだ。それにかかわる人々の多くは、塹壕《ざんごう》のなかでもがいている。エリート大学の卒業生のなかにもワシントンへ行き、政策立案に関与する仕事に就く者は多いが、選挙によって選ばれるようなポストに立候補する者はとても少ない。その理由を公選職に就いた少数派（彼は今、中西部の小さな市の市長をしている）から聞いたところでは、選挙に出ようと思ったら、地元――おそらくはクールからはかけ離れた場所――に戻り、底辺から少しずつ上がっていかなければならないからだという。

奉仕というものに関しても、これと似たようなことが起きているようだ。なぜ若者たちは、ミルウォーキーやアーカンソーではなく、わざわざたとえばグアテマラのようなところまで出掛けていって、救助活動や文書整理をしなければならないと感じるのだろう？　外国の貧しい人々を訪ねるのは楽しいが、国内では楽しくないということだろうか？　そして、学生たちは国内に留まるとなると、大半がニューオリンズを目指すのはなぜだろう？　まあ、驚くほどのことではないのかもしれない。彼らは奉仕というものは最終的には自分のために――つまり、自分の履歴書のために――やるのだという考えを教え込まれている。合い言葉は、「よいことをして成功しよう」だ。ただ「よいことをする」だけでもいいじゃないか。なぜそれだけでは目的として不足なんだ？　〝奉仕〟というものは〝リーダーシップ〟とよく似ている。実際、その二つは引き離せないほどに密接に結びついている。ブラウン大の教授から聞いた話だが、若者たちは世界を救いたいと思うが、彼らの中で世界を救うということは、何かの団体のトップに立つことを必然的に含んでいるのだそうだ。

〝奉仕（＝service）〟にまつわる問題は、その概念自体に――少なくともその概念が今の形に変化したものに端を発している。serviceという言葉は、聖書にその起源がある。イスラエルの子供たちは、王《ファラオ》ではなく神に仕えよ（＝serve God）と命じられる。キリストは言う、「カエサルではなく神に仕えよ」と。神こそが、本来〝奉仕（＝service）〟をすべき相手なのである。それは謙虚さをともなうもので、相手を見下すものではない。しかし今、われわれはその概念を、まったく違ったものとしてとらえている。「社会への還元」「他者に分け与える」――こうした言葉は、慈善の言葉であり、他者の力に頼る存在や社会的弱者、社会階層、経済のやりとりを介した社会的関係という認識を表明するものである。それは、「われわれ対彼ら」であり、「富裕層対貧困層」であり、「白人対黒人およびヒスパニック系」であり、「奉仕する者対奉仕される者」である。もはや高い身分に伴う義務《ノブレス・オブリージュ》ですらない。なぜならそこに義務《オブリージュ》という概念、社会的責務という概念はないからだ。〝奉仕〟とは、中産階級の救世主《メシア》の群れが、たまに思い出したように降り立って、溢《あふ》れんばかりの自己満足を感じつつ、哀れな人々や無力な人々に善行を施すという意味になっている。ちょうど〝リーダーシップ〟が自己強化のひとつの形になってしまったように。

では、これに代わる道はなんだろう？　慈善ではなく正義だ。懸念ではなく憤激だ。五％を与えるのではなく、一〇〇％を変えることだ。作家であり活動家のタミー・キムが言ったような「上っ面の素振りだけのボランティア精神」ではなく、社会的暴力の一時しのぎの緩和でもなく、結束し、共通の帰属意識を持って、われわれ全員を包み込むよりよい世界へ向けて、ともに歩んでいくことなのだ。

学生たちがミルウォーキーよりグアテマラを好むのも無理はない。自分自身が属する社会で不公平を目の当たりにするのは、大きなストレスになる。君自身がその不公平に共謀しているということを思い知らされればなおのことだ。

さて、先ほどの質問に戻ろう。「ティーチ・フォー・アメリカや『アラブの春』、『ウォール街を占拠せよ』は？」いや、それがなんだと言うんだ？ 君はそれに関わったのか？ なにもここで、社会や、ミレニアル世代や、アイビーリーグの、モラルの貸借対照表《バランスシート》を作ろうとしているわけじゃない。ティーチ・フォー・アメリカが一九九一年にプリンストン大の卒業生によって設立されたからって、君や、あるいはプリンストン大が責任から逃れられるわけじゃない（ティーチ・フォー・アメリカが就職対策としても支配階級の救世主気取りとしても代表格であるという事実はさておいて）。「アラブの春」は地球の反対側で起こったことだ（しかも、テクノロジーに精通した自由主義的な若者たちが、組織をまとめ上げる術《すべ》を知っている者たち――大局を見据える者たち――の計略に乗せられ、先細りになっていった）。「ウォール街を占拠せよ」について言えば（これもまた、今振り返ってみると、さほど素晴らしいことにも思えないが）、名門大の学生たちは自分たちが社会の不公平の〝陽の当たる側〟にいるのを自覚しているうえに、すでにご承知のとおり、システムの範囲内で動くことを信条としているため、この運動は、名門大のキャンパスでは、あまり盛んにならなかった。大学時代に多少の奉仕活動をしたところで、あるいは、年に一度キング牧師の誕生日《マーティン・ルーサー・キングズ・デー》に奉仕活動をしたからといって、君がモラルの責任から放免されるわけではない。ましてや、他の誰かがした社会貢献について語るだけでは、責務を果たしたと言えるわけもないのだ。

僕は何も、学生たちに抗議のデモを行えと言っているわけでも、六〇年代を再現しろと言っているわけでもない。より良い世界を作るよう働きかけるということにおいては、誰もが自分自身の道を見つける必要があるのと同じように、どの世代にもそれぞれのやり方がある。僕が言いたいのは、何よりも先に、君が成すべきこと——大学が君たちに教えるべきこと——は、考えることだということだ。評論家ライオネル・トリリングは、彼の同僚の論文のタイトル「知的であることのモラルの責務」について書いている。大事なのは高いＩＱを有することではなく、それを使うことだ。知性とは、素質ではなく、営みである——しかも、倫理上の営みである。われわれ教師は学生たちを過激派にする必要はない。ただ彼らを懐疑的にすればいいのだ。〝懐疑的（＝skeptical）〟という単語は、「見る」ことを意味する言葉に由来している。〝懐疑的（＝skeptical）〟な人とは、億劫《おっくう》がらずに見る人である。君がトップに立つことになったとして、君がついにそこまでたどり着いたとしても、前任者と代わり映えしない〝リーダー〟だったら——歴代の〝リーダー〟と同じ日和見《ひよりみ》主義で温和だけが取り柄の体制順応的な平凡極まりない人物だったら——何の意味があるだろう。

さきほどジョージ・エリオットの反抗について書いたとき僕は、彼女は、愛は法律上の契約などよりも重要だと信じていたと言った。それはおそらく、平凡な考えに聞こえたことだろう。今の世の中では、そう信じていない人を探すほうが難しい。けれど今僕らがそう考えているのには理由がある。その理由は、ジョージ・エリオットなのだ。もちろん彼女独りだけではなく、彼女と、彼女のような一握りの人々——最初のうちはごく少数だったはずだ。技術の進歩というものがあり、そこでのヒーローがエジソンやジョブズであるように、社会の進歩というものもある。『ミドルマーチ』の最後は、こんな一文で締めくくられている。「こうした物事はあなたや私にとって、もっと不都合であったかもしれない。にもかかわらず、実際それほどでもないのは、半分は、人知れぬ人生を誠実に生き、今は誰も訪れぬ墓に眠っている幾人かの人々のおかげなのである」。僕らが今、（少なくともある意味においては）より自由で、より幸福なのは、僕らの前に生きた人々が、ジョージ・エリオットのように危険を冒してくれたからだ。そうした構想力と勇気に富む行為が、社会のモラルを前進させる。公民権運動――この運動は、世の中は変えられるという発想（すなわち構想力）と、変えてみせるのだという意志（すなわち勇気）の、壮大な発露だった――のように、公的な集団によるものであろうと、社会の血流の中に浸み込みゆっくりとその化学組成を変えるような私的なものであろうと、それは同じである。

エマソンは、われわれひとりひとりが個人の革命を起こし、既存の精神構造という暴政から自らを解き放って、独立を勝ち得なければいけないと主張した。独立、革命、暴政、自由――こうした概念は、アメリカという国家の歴史にとっても欠かせないものである。エマソンは国家の行為を個人の人生の手本とした。アメリカ革命もまた、知的なものだった。それもまた、既存の思考の様式、世界はこうあるべきだという既存の理念を覆したのだ。ベンジャミン・フランクリン、ジョン・アダムズ、トマス・ペイン、トーマス・ジェファーソン、ジェームズ・マディスン。アメリカは、こうした知識人によって、思索家によって、読書家によって築かれた――自らの人生も、富も、そして何より大切な名誉も賭して、権力を前に真実を語り、よりよい社会を創ろうとした人々によって築かれたのである。自立、不作法、不調和、不同意——こうしたものに対する価値観が、わが国の遺伝子に受け継がれている。

僕らはいつも、この国は進歩の途上にあると考えていた。常により完璧な合衆国を築こうと努力してきた。つまり、大学というものの意味は、個人を越えたところにある。もしも君がリーダーになるのなら、教育は君にその準備を施せるものでなければならない。そして君はその教育そのものの在り様にも疑問を投げかけなければならない。履歴書を充実させることに血道を上げるのではなく、君自身の知性を充実させることを考え始めるべきなのだ。

第三部

大学

第八章　偉大な本

自己を確立し、人生をその手で創り上げ、自立した精神を養う——どれも皆、気が遠くなりそうな難題に聞こえるだろうか。大学はそれをどんなふうに助けることができるのだろう？　その鍵は、教育において最も有効な技術を導入すること、すなわち人文科学を中心に据え、熱意ある教師が少人数のクラスで教えるリベラルアーツ教育を展開することだ。この方法はけっして安価でも革新的でもない。しかし今現在も、そして想像できる限りの未来においても、依然として欠くことのできないものなのである。

リベラルアーツとはそもそも何か？　それは、知識の追求を、それ自体を目的として行えるようにするための訓練である。リベラルアーツは、政治的な意味合いのリベラリズムとは何の関係もない。〝アーツ〟という言葉もまた誤解を招きがちだ。人文科学という言葉で表わされることが多いのはそのためだろう。正しい定義におけるリベラルアーツは、科学も社会科学も含んでいる。それらは応用科学や、職業関連分野である看護学、教育学、経営学はもちろん、法律学や医学とも際立った対照を成している（これらの基礎となる知識は含んでいる）。なぜなら、ルイス・メナンドが言ったように、これは「いかなる職業上の功利性とも、いかなる経済的報酬あるいはイデオロギー上の目的とも一切かかわりなく」行われるからだ。リベラルアーツでは、君は疑問を解き明かそうと、どこまでもそれを追い掛けていく。実用や報酬ではなく、真実のみが唯一の基準なのだ。

それゆえ、リベラルアーツを学ぶとき、人は特定のひと塊の題材だけを勉強することにならない――そうではなくて、知識がどのように創られるかを学ぶのである。人はそこで、知識を得るのではない、知識を論じるのだ。これが真実だとどうしてわかる？ ここから生まれてくるさらなる疑問とはなんだろう？ この疑問が含まれる学問分野（生物化学でも、政治科学でも、アメリカ研究でも）の基礎となる前提は何であり、その研究を進めていくのにはどのような手法があるのだろう？ 言い換えれば君は、厳密に言って「情報」などというものはどこにもなく、あるのは「主張」だけだということを学ぶ。君は丹念に、ゆっくりと、徹底的に訓練を重ね――四年間はまともなスタートを切るにも足りないほど短いが――他者の主張を分析し、君自身の主張を形作ることを学ぶのだ。すなわち論拠を整理し、権威となる既存の主張について評価し、反論に対処する準備をし、君が見つけたものを統合して論理的に筋道の立った構成にまとめあげることを学んでいく。

歴史学者サイモン・シャーマは、講義の後に一人の学生が近づいてきて、文句を言われたときのことについて書いている。その学生は、父は僕が余計に混乱するためにハーバードに入れたんじゃないと言ったそうだ。シャーマは答えた。いや、お父さんはそのために君をハーバードに入れたはずだし、少なくとも、お父さんはそう考えるべきだと。大学とは、僕らが信じていることの大半は（歴史はその最もよい例だろう）、僕らがふつう思っているより、ずっと暫定的で複雑だということを学ぶ場所なのである。こんなものは思考の自慰行為だと思うかもしれない――複雑さや微妙な差異をむやみに増やし、理論や、仮説や、代案で飽くことなく遊び、人々が「学問」という言葉によって意味するものをことごとく侮辱するようなものだと。しかし実際にはそれは、現実と真摯《しんし》に向き合う行為だ。酵素の構造、シェークスピアの戯曲の言葉、近代経済の仕組み――この世界は測り知れぬほど難解な事柄で溢《あふ》れている。僕らはシンプルで明確な答えを求めようとするが、真理を手にするのは、ことのほか難しい。知識のうちのいくつかは、論争も解決して、事実だと認められるようになっている――熱力学の法則やフランス革命の日時など――そうした事柄のうちの幾ばくかについて知るのも教育の一部だ。しかし発見の最先端は常にぼんやりとかすみ、常に手探りだ。僕らは疑問や、試行錯誤や、当てになりそうなものに飛びつきたくなる衝動を抑えることによって、少しずつ前進していく。

リベラルアーツ教育を受けるということは、かような努力の大切さを認識することだ。しかしそれだけではない。こうした教育が合衆国で行われてきた意向のなかに暗黙のうちに含まれているのは、幅広さという概念である。君はひとつの分野に集中しつつも、他の分野の領域にも触れることになる。君は単に考えることを学ぶのではなく、考えるためにはいくつもの異なった方法があることを学ぶ。人間の行いについて心理学を通じて研究すると同時に、文学でも研究する。実生活の中で哲学がどんな意味を持つのかがわかり、数学や物理がどんな意味を持つのかもわかってくる。君の頭脳はより鋭敏になり、より多くの思考材料を備えるようになると同時に、より懐疑的になり、より厳密な答えを求めるようになる。そして何より大切なこととして、君は自分自身を教育する術《すべ》を学ぶのだ。

こうしたことを考えると、なぜリベラルアーツを学んだ卒業生が職場の戦力として高く評価されているのか、そしてなぜ何を専攻したかはほとんど重要でないのか、その理由がよくわかる。そうなのだ。世間一般の予想に反し、ほとんどの場合、主専攻にかかわりなく高く評価されている。「企業にとって専攻《メジャー》はマイナーな問題」。これは先ごろ『ウォール・ストリート・ジャーナル』紙に載った記事の見出しである。三一八の企業を調査したところ、九三％が、「批判的思考力、コミュニケーション力、問題解決能力といった技能は、応募者の学部での専攻よりも重要だ」としており、その理由の一つが、彼らが就くポジションは、以前に比べ、「より広い責任」や「より複雑な挑戦」を伴うものになってきているからということだった。全米大学協会の会長であるキャロル・ギアリ・シュナイダーは、こうコメントしている。「雇用する側が現場の教育者に対して言うことと、一般社会や政界のリーダーたちが大学に関して考えていることとのあいだには、大きな隔たりがあるのです」

『ウォール・ストリート・ジャーナル』の記事にはさらに、ある科目を専攻した卒業生が他の学科の卒業生より平均してより高い給料を得ることがあるとすれば、それはこうした学生が、特定の業種を進路として選ぶ傾向にあるのが主な要因だと書かれている。つまり、お金の匂いのする科目（たとえば経済学）に行くような人々がそうでない人々よりもより多くの給料を得ることになったとしても、驚くには値しないということだ。とは言え、それは選択の問題であって、必ずしもそうならなければいけないということではない。言ってしまえば、稼ぎたいという欲求の差であって、稼ぐ能力の差ではない。ひたすら金を稼ごうとするよりももっと充実した時間の使い方がある――これもまた、実際に興味のあることを専攻することによって君が学べることのひとつだ。それだけではない。初任給というのは、あまりあてにならない代物なのだ。最近発表された長期的調査の結果によれば、職業に直結する科目を専攻した卒業生は入社直後には高額な給料を享受するが、十年もするとその差は無いも同然になるそうだ。それに対して、正しい教育は、卒業後の最初の職だけでなく、職業人としてのキャリア全体に渡って、君を支えてくれる。

また別の最近の調査によれば、三〇%の企業がリベラルアーツ専攻の卒業生を採用している。この数値は工学とコンピュータ科学を合わせた三四%に次いで二位で、財政学および会計学の一八%を大きく引き離している。この調査を行った会社のトップは、次のように語っている。「今、企業は技術的能力《ハードスキル》よりも対人的能力《ソフトスキル》を求めているのです。理由としては、ハードスキルは学ぶことができますが、ソフトスキルは時間をかけて培わなければならないからです」。しかも後者は不足傾向にあるようだ。『ウォール・ストリート・ジャーナル』の記事に引用された調査結果によれば、新卒者がその組織の中で昇進をしていくのに必要な技能を備えていると考えている雇用者は、全体の四四%にすぎない。また別の調査によれば、「大学新卒者のうち、実務をこなすのに必要な書くことと考えることの技能が身についている者は全体のわずか四分の一」という結果が出ている。新卒者は「コミュニケーション、チームで働くこと」を苦手とし、「複雑な問題を多角的に検討するのに苦労することが多い」そうだ。こうした視点は、まさに、リベラルアーツ教育によって育てることができるものである。元財務長官で、ハーバードの学長も務めたローレンス・サマーズはこう言っている。「君が学んだことは、十年もしないうちにどんどん時代遅れになっていく。しかし最も重要な学びとは、学び方を身につけることだ」

『ハーバード・ビジネス・レビュー』に掲載された記事――題して「革新的思考が欲しい？　なら

ば人文学科卒を採用せよ」――のなかで、オーストラリアのコンサルティング会社の創設者トニー・ゴルズビー＝スミスは「シェークスピアの詩やセザンヌの絵画を研究した人々は、たとえば、大きなコンセプトを扱ったり、ありきたりな方法では検討することができない困難な問題に出会ったとき、新しいやり方で考えたりすることをすでに学んできている」と述べている。人文科学を専攻した学生は、複雑なことやあいまいなことを扱う術を知っており、創造的な思考ができ、相手を動かすコミュニケーションができ、顧客や従業員が何を求めているかが理解できるそうだ。彼は最後にこう締めくくっている。「人文学科卒を採用する理由が、これでもまだ足りないのなら、こんなふうに考えてみるといい。マッキンゼーやベインといった会社は、私が今説明したような理由で、彼らを雇いたがっている。あなた自身でリベラルアーツを学んだ学生を雇うこともできるし、さもなくば法外な料金を払って、こうした大手コンサルティング会社が採用した彼らに、あなたの会社のことを考えてもらうこともできるということだ」

プロフェッショナルスクール［大学院で医学や法学、経営など、職業に直結した専門分野を学ぶ機関の総称］もまた、リベラルアーツ教育の真価に気づきつつある。医科大学院《メディカルスクール》では、医師は病気だけでなく、人を相手にする職業であると考えるようになっており、学部で人文科学その他、自然科学以外を専攻した学生を入学させることに関心が高まっている。タフツ大フレッチャー法律外交大学院の上級学部長バスカー・チャクラヴォルティは、経営学修士（MBA）プログラムは訓練によって「超スペシャリスト」を産み出すことから、幅広く統合的に考えることのできる人を育てることへ移行する必要があると書いている。工学関係のプログラムでも、学生たちにリベラルアーツの基礎教育を施すことの重要性を認めはじめている。その理由はまさに、技術情報の賞味期限が短いのに反し、考えたり伝達したりする技能は一生続くからである。人文科学専攻の学生は、メディカルスクールの共通入学試験であるMCATで、生物専攻の学生よりも良い成績を残す結果になっている。また、ロースクールの入学試験LSATでは社会科学専攻の学生を、ビジネススクールの入学試験GMATでは経営学専攻の学生を、それぞれしのぐ成績を残している。大学院入学のための共通試験GREの英語および論文でも、人文科学専攻の学生は、全ての専攻の学生たちのなかで、抜きんでて高い平均点を誇っている。

目まぐるしく展開する世界経済は、ますます創造性や革新性に頼る傾向が強まっており、リベラルアーツは、かつてないほどその重要性を増している。ジャーナリスト、トーマス・フリードマンの言うとおり、未来が、既存の場所に入ろうとするのではなく新たな職業や産業を創出することができる人々のものであるならば、それは幅広いリベラルアーツ教育を受けた人々のものと言えるだろう。経済が流動的かつ不安定で、昔ながらの出世の階段も崩壊しつつあり、仕事を構成する伝統的な概念すら混乱しているような現代社会において、必要とされる素養とは「幅広い文化的知識と感性、柔軟性」に加えて、「継続的に学び、成長し、何かを作りなおすことができる能力」であると、『小企業家《マイクロプレナー》の時代〔原題 The Micropreneurial Age〕』の著者リチャード・A・グリーンウォルドは書いている。『世界的学力格差〔原題 The Global Achievement Gap〕』を著したトニー・ワグナーは、ハイテク企業ですら、「内容知識の価値には、比較上ほとんど重きを置いていない」と書いている。世界最大の未公開株投資会社カーライル・グループの共同創業者兼共同最高経営責任者であり億万長者のデイヴィッド・M・ルーベンシュタインは今年、スイスのダボスで開催された世界経済フォーラムで、この件に関してこんなふうに述べている。「H＝MC、つまり、人文科学《ヒューマニティーズ》イコールより多くの現金《モア・キャッシュ》です」。今日、情報はどこでも自由に手に入る。問題は、君がその正しい扱い方を知っているかどうかなのだ。

幼稚園からハイスクールまで、さらに大学でも、わが国はリベラルアーツを重んじる伝統から手を引いてしまった――幼稚園以上の全教育課程について語るとき、大統領以下全国民の口から、「数学と科学」というスローガンが絶え間なく唱えられる――しかしわれわれの競合国では、これに逆行する動きがある。中国やインド、シンガポールなどの国々では、アメリカの創造的活力と肩を並べる鍵は、彼らが常に重きを置いてきた――そしてわれわれが今や猛烈なスピードで浸透させようとしている――丸暗記の技術教育を越えたところにあると気づきはじめている。シンガポール国立大学は、イェール大と提携し、リベラルアーツ・カレッジの設立に乗り出した。インドが誇る名門インド工科大学（IIT）では、人文科学や社会科学のコースの比率を増やす方向に進んでいる。また、中国の教育者たちは、高校生が国際テストで好成績を収め、優秀な科学者や技術者を輩出することに成功しているにもかかわらず、かの国の教育システムが批評力のある自立した思考を育てていないのではないかという懸念を抱いている。合衆国内では、アジア諸国の継続的な経済成長を背景にしたわが国の経済の下降を、スプートニクの時代の再来と囁《ささや》く向きもある。しかしながら、スプートニク計画の後でさえ、わが国はソ連に追従しようとしたわけではない。この国はもう、あのころの自信さえなくしてしまったようだ。

これらすべては、「アリストテレスなんて仕事に役に立つのか」といった月並みな皮肉が、見当違いもはなはだしいということを示している。半年間の大学生活ののちに中退したある若い女性は言っている——この言葉は高等教育など丸ごと必要ないと若者たちに勧める趣旨の本のなかで引用されている——「ひとたび大学を出たら、ヒュームとかカントについてどんなにうまく論じることができても、誰も感心してくれませんよね」。確かにそうかもしれない。けれど君がどんなにうまく何かを論じることができるか、君がどんなにうまく何かを考えることができるかについては、みんな感心するんじゃないだろうか。最も難解な芸術作品や文学や哲学を研究することは——人文科学を学んで先ごろ卒業したある若者は、これを「人類史上最も難しいことを考えざるを得ない状況に日々追い込まれていた」と表現していた——いかに論じるか、いかに考えるかを身につける最強のトレーニングなのである。

しかしながらリベラルアーツ教育の究極の目的は、実用ではない。最大の目的は、君が勉強や仕事における必要性を越えたところで、最も広く深い意識を持って熟考することができるよう、助けることだ。市民としての役割を果たすため、他者とよりよい世界で生きていくため、創造性豊かで自由な強い自己を築きあげていくために。それこそが、真の大学教育が人文科学を中心とすべき理由なのである。自分のおへそをじっと見つめてみたところで、何もないところから自己を魔法のように築くことはできない。築きあげるひとつの方法として挙げられるのは、他の人々が彼ら自身の自己を築きあげた方法に出会うことだ。つまり、過去の経験に助けてもらいながら築くのである。人文科学——歴史、哲学、宗教の研究、そして何より、文学やその他の芸術——には、人々がこれまでに、自らが人間であることと向き合った道筋が記録されている。これらの科目は僕らにふさわしい質問を投げかけてくれる。あれこれの専門家、あれこれのプロフェッショナルとしてではなく、一個人としての僕らが自問するような事柄——仕事の手を休めてふと顔を上げ、人生を考えるときに思い浮かべるような質問だ。愛について、死について、家族について、限りある人生について、時間について、真理について、神について、その他、人類の経験という星降る広大な宇宙のなかにあるすべてのことについて。

　人文科学は、われわれの世俗的な社会で、宗教に代わる存在だ。宗教と共存することもできるが、とても重要な意味で、それに取って代わるものとなってきた。十八世紀から十九世紀にかけて——現代科学によって、啓蒙《けいもう》思想という懐疑的な批判によって——伝統的な信仰が突き崩され、芸術は、教養ある人々が意味や価値や目的に関わる疑問についてじっくり考えたいときに訪れる場としての役割を持ちはじめた。もはや真理は宗教の教義に基づく確固たるものではなく、人それぞれに異なる複数のものになった。君は聖書に答えを求める代わりに、ドストエフスキーを読んだり、ベートーベンを聴いたり、イプセンの芝居を観に行ったりする。図書館や美術館や劇場が、新たな教会となり、そこで君は浄化《カタルシス》や超越《トランセンデンス》、贖罪《しょくざい》や歓《よろこ》びといった、古くから生き続けている感情を求める。こうした役割は、芸術の信仰、唯美主義として知られるようになった。ホイットマンは言った、「司祭は去り、神々しき文学者来《きた》る」。ジョイスの『若き芸術家の肖像』には、まさにこの変遷が表現されている。カソリック教会の聖職者になれば、聖変化「カソリック教会のミサでパンと葡萄酒がキリストの体に変化すること」を実演するほどの力を得られたものを、スティーヴンはその代わりに、文学の奇跡を起こすことに人生を捧げる道を選ぶ。「経験という日々のパンを、永遠の命を宿す輝かしい体へと変える」——つまりそれは、不滅の芸術作品へと変えるということだ。

唯美主義がひとつの理念として明確化したのと時を同じくして英文学が大学での研究の対象となったのは、けっして偶然ではない。大学の教育課程の中心はゆっくりとギリシャ語やラテン語といった古典――固定した知識体系として機械的に教えられていた――から英語やその他の人文科学へと移っていった。（ちょうどそのころ、宗教自体は比較宗教学あるいは宗教学として、新しいシステムに組み込まれていった。そして今、われわれは聖書を聖典としてではなく文化として教えている）。この変化は実際には継続のひとつの形だった。大学のほとんどは、教会に密接に関連した教育機関として設立されていた。彼らはそのころ、神聖な使命を俗世の摂理のもとで継続していく道を模索していた。科学その他、十九世紀の終わりに導入された分野の専門的な研究プログラム（言い換えれば専攻科目）に加え、リベラルアーツの人文科学系の構成要素がその姿を現した。この中には「グレート・ブックス」その他の「一般教養」科目が含まれており、これらは学生たちに「大きな疑問」について考察する機会を与えるという目的で立案された。大学の礼拝堂で教義について説教をする牧師は姿を消し、教室で討論を導く教授たちにとって代わられた。

それにしてもなぜ芸術なのだろう？　芸術が、真理となんの関わりがあるのだろう？　実際、後者は手に入れることがとても難しいのに、芸術家はなぜそれができるのだろう？　それは、時間をかけて真剣に何かを見つめること、そして何を見たのかを僕らに伝えられるよう、時間をかけて真剣に作品を作り上げることによってである。静物や風景を描こうとした経験のある者なら、この意味が理解できるに違いない。対象をカンバスに描くのはもちろんのこと、君の目の前にあるものを視覚でとらえようとするだけで、とてつもない集中力を要する。たとえば、水の入ったコップ。喉の渇きを潤そうとするときには、ほとんど目もくれないものだろうが、これを単なる道具としてではなく、その物質としての存在の特殊性を、完全に捕えようとする——ガラスの透明な色合い、真ん中に付いた指紋、表面張力を起こした水の縁が放つ光、グラス全体が投げる透けた影の形。

絵画を描くときのこうした作業は、芸術全般にあてはまる。文学では、観察の対象の中心となるのは物質世界ではなく、心理的な、あるいは社会的なものも含まれる。詩人は——たとえば彼女自身の肉体について、あるいは彼女の妹の肉体について——彼女がこう感じるべきと思うことではなく、真に感じることを見つめる。小説家は、実際の言葉や行動だけではなく、僕ら人間が互いをどんなふうに扱うか——みみっちさも、無神経さも、あるいは、胸に秘めた不条理な思慕も含めて——その真実を伝える。君が自らを解き放たなければならない型にはまった様式の考えや感情——パーティーで自然に口から出る社交辞令、僕らを取り巻くいかにも幸せそうなおしゃべり——に対して、それを打ち破り、解き放つ役目を果たしてくれるのが芸術なのだ。僕らがお世辞や精神的遮断《ブロック》を駆使して真実を避けるのには理由がある——真実は、たいていの場合耐えがたいほど厳しいからだ。カフカは言った、

「書物はわれわれの内にある凍てついた海を砕く斧でなければならない」

十九世紀の最も偉大な美術評論家であると同時に、社会評論家としても有数の存在であったジョン・ラスキンは、プルーストやガンジーをはじめ、多くの人々に多大な影響を与えた人物だ。彼はこの件に関して、こんな風に書いている。

考えれば考えるほど、この結論は私の心に深く刻みつけられる――人間の魂がこの世界で行う最も偉大な行為とは、何かを見て、見たものを明白な表現で伝えることである。考えられる者が一人いれば、何百もの人々が話すことができるが、見ることができる者が一人いれば、何千もの人々が考えることができる。はっきり見ることは、詩であり、預言であり、信仰であり――そのすべてがひとつに合わさったものである。

僕らの頭の中は自分の成績や、性生活や、収入についての悩みでいっぱいで、眼差しは、この世界のうわべだけを撫でている。思考もまた、この世界のうわべをなぞるだけだ。詩人シェリーの言葉をわかりやすく言い換えるなら、芸術は魂をその眠りから揺り起こすものなのだ。

人文科学が真理への道になり得るという考えは、それ自体が、われわれがずっと信じきってきた概念を覆すものだろう。われわれが生きるこの世界は、科学的なだけではなく、科学万能主義的だ。この世界は、自然科学――経験的かつ客観的かつ数量化できる科学――こそが唯一の知識の形であり、それ以外の様式の問いかけは、科学的手法に近づけた場合にのみ有効であると考えている。しかし人文科学と自然科学は、まったく反対の方向を向いているのだ。この二つは違った働きをするだけでなく、違ったものに働きかける。間違いなく芸術の価値を理解している科学者スティーヴン・ジェイ・グールドの言葉を借りるなら、自然科学と人文科学は「重複することなき教導権」を有している。つまり、それぞれの領域にふさわしい形の異なる教えということだ。

自然科学の知識は、外的な現実、つまりわれわれの思考の外にあり、客観的な観察が可能なものに関連している。人文科学の知識は、われわれ自身のこの世界の経験、われわれが感じる現実に関連している。画家は視覚から得た主観的経験を表現する——これには、特に現代美術の場合、夢や恐れといったわれわれが見るものに投影する要素も含まれる。小説家は読む者に、ある特定の瞬間にそこで生きるのはどんな感覚かを伝えようとする。僕はあるとき、医者をしている兄に、「文芸批評家として、時間と空間について研究してみようと思うんだ」と話した。兄は、僕があたかも「文芸批評家として、脳外科手術をしてみようと思うんだ」とでも言ったかのような目で見ていた。僕が言った「時間と空間」は物理学上のものではない。小説家の手によって表現された時間と空間の経験のことだ。

　ヴァージニア・ウルフの時間や、チャールズ・ディケンズの空間のことを考えてみよう。『ダロウェイ夫人』や『灯台へ』といった小説では、時間は時計に支配されるのではなく、意識の流れによって展開する。現在の感覚——たとえば朝のすがすがしい香り——が、登場人物を過去へ引き戻す。記憶や夢想や思慕のなか、三十年前の場面を辿《たど》る——テラスで一緒に過ごし、今は友人でありながら、恋に落ちかけている二人、その先には世界のすべてが待っている——その後、不意に現在に引き戻されるか、あるいはまた、未来の展望に想いを馳《は》せる。ウルフが時を彷徨《さまよ》う思考を描き出そうとしたとすれば、ディケンズは読者に、近代都市を移動する経験を与えてくれる。広々とした大通り、密に張り巡らされた曲がりくねった街路、迷路のような裏通り、謎めいた霧と影。僕らは身を屈《かが》めて屋根裏部屋に入ったり、豪華なアパートメントでのびのび四肢を広げたり、黄昏《たそがれ》時、押し寄せる人波に揉まれたりする。恐怖、華々しさ、怒り、羨望——僕らが折り重なった都会の空間を旅していくとき、大都市を巡る感情が互いにせめぎ合う。そこでは見知らぬ者たちが友人になり、アイデンティティを失ってはまた見つけ、さまざまな偶然があたりまえのように起きる。僕らがウルフから学べるものを時計で計ることはできないし、ディケンズから学べるものを物差しで測ることもできない。ここで求められているのは数式ではなく、物語なのだ。

科学者は客観性を求め、数値という感情を交えない言語に訴えかける。芸術家は個人の経験から語り、僕ら自身の個々の経験に訴えかける。人文科学の知識は、立証することも、数量化することも、再現することもできない。方程式や一般法則という形で表現することはできない。それは文化によって、人によって異なるものだ。計算によってではなく、解釈によって導きだすものだ。僕らが人文科学の問題に取り組むとき——僕らが詩や彫刻や音楽について考えるとき——僕らは、どれくらい大きいかとか、どれくらい熱いかとか、どういう成分でできているかなどということは考えず、それが何を意味しているかを考える。自然科学的な命題については「これは真理だろうか?」と問うが、人文科学的な命題に対しては「これは私にとって真理だろうか?」と問うのだ。

これは私にとって真理だろうか? 意味を明らかにしてくれるものだろうか? 私が解釈するのではなく、私を解釈することを可能にしてくれるだろうか? 芸術の、特に文学の最も大事な機能とは、僕ら自身に対する知識を与えてくれることであり、これこそが、大学教育が学生に与えるべきものなのだ。マーク・エドマンドソンは言っている。古典文学を読むことの究極の理由は、「君自身よりも彼らのほうが君のことをよく知っているかもしれない。それを確かめることだ」。僕は文学を治療の手段として利用している(「言葉や感情や性格や人間関係の機微について、人がこれ以上によく知ることができるものがありますか？」）精神科医から、こんな話を聞いた。

先ごろ、私はある男性患者の六年に渡る治療を終えました。彼はそもそも薬物依存症があり、私のところへ送られてきたのです。ひどい鬱状態で、病的に内気な上、怒りと不満を抱えていました。私は彼にD・H・ロレンスを読むよう勧めました。そしてこのとき、彼は珍しく、私の勧め――というよりはむしろ挑戦――に応じたのです。治療のあいだ、ロレンスは絶えず私たちの手元にありました。私が幼いころは、人はよく「小説の中に自分をみつける」という経験をしたものです。私は十四歳の時、サリンジャーの『ライ麦畑でつかまえて』を読んだときに初めてそう感じました。今はもうありません。それでも、この男性患者は治療にやってくると、ロレンスの小説の一節を読みあげては「これは俺だよ！」と言ったのです。

「これは俺だよ！」それこそが、芸術の本質的な経験なのだ。われわれは他者の中に自分の姿を見、自分の中に他者の姿を見る。フロイトは「不気味なもの」という言葉を使っている。ドイツ語ではUnheimliche。この言葉はわが家のようではないという意味で、奇妙かつ不慣れなものを示している。芸術が明らかにするものには、そうした性質がある。芸術はわれわれを見知らぬ外国に連れていくことによって生まれ故郷へと帰らせるのだ。僕らは『ハムレット』や『ジェーン・エア』を読み、時空を越えて、罪悪感や至福を味わい、自分の本性が鏡の中の像のようにこちらを見つめ返しているのを目にする。しかしそれは同時に、まったく新しいものを見るようでもある。「自分を見つける」というのはまさに的確な表現だ。君は中世デンマークの、廷臣や王子の世界について読んでいながら、それと同時に、まるで夢のように、自分もそのなかにいることに気づくのだ。

芸術は経験に名前を与える。ソポクレースのギリシャ悲劇に登場するアンティゴネーや、チョーサーの『カンタベリー物語』のバースの女房、そしてフローベールが描いたボヴァリー夫人について読めば、そのなかに永久不変の人間のタイプ――運命に翻弄される理想主義者、恥じることを知らない好色家、不満を抱く夢想家――を見ることができ、同時にわれわれ自身の中にも永久不変が潜在していることに気づく。『白鯨』のエイハブ船長、マーク・トウェインの小説に登場するハックルベリー・フィン、『華麗なるギャッツビー』のギャッツビー、『ライ麦畑でつかまえて』のホールデン・コールフィールド、『ビラヴド』のセサ――小説の登場人物が、アメリカの意識を言葉にすることにおいて果たした役割を考えてみてほしい。しかし芸術はまた、特に若いころには、経験のひな型を与えてくれるものでもある。君は『高慢と偏見』のエリザベス・ベネットや『若き芸術家の肖像』のスティーヴン・ディーダラスに、自分がなりたい人物のイメージを見つけるかもしれない。冷遇されてもそれを笑いに変え、膝を折って敬意を表すべき男と堂々と対峙《たいじ》し、当世の聡明で自信に満ちた若い女性たちの先頭に立って闊歩《かっぽ》しているようなエリザベス。自分の才能に自信を持つがゆえに家族や友人を進んで捨て去り、孤独な運命を受け入れるスティーヴン。書物は、君に起こるかもしれない未来を描いた地図だ。君の人生をその手で作り上げるために必要とされる、まさにその構想力を得る助けとなってくれるものなのだ。勇気もしかり。彼らにできるなら、自分だってできるに違いない。エドマンドソンは、読書は「人生が与える広大な第二のチャンスだ」と言っている。芸術は君をより良い人間にしてくれるわけではないが、より自由な人間にしてくれる。

　しかし大衆文化や広告もまた、経験のひな型を与えてくれるという点では同じだ。官能小説『フィフティ・シェイズ・オブ・グレイ』でも、ナイキのコマーシャルでも、全世界のポップスのうちの半分だって、君のイド［精神分析で、人間の精神構造の三つの領域のひとつ。本能的衝動の源泉で、快感原則に従う］に直接回路をつないできて、君を妄想や快感で満たす。誰もが夢見るような世界だ。違いは、芸術はひな型と同時に、それを問う手段も与えてくれるという点である。芸術は君に、肉体にまかせっぱなしにするのではなく、頭を使い、意識を研ぎ澄まして読むことを求める。エリザベスのように生きたとき、突きあたる壁は何だろう？　スティーヴンは、彼自身のどんなことを見落としているだろう？　ホールデンは間違っているのだろうか？　エイハブ船長はこのやり方でいいのか？　リベラルアーツが、確信をもう一度問い直させるものだとすれば、人文科学にも同じ働きがあり、それは特に倫理的、実存的な確信を問い直させる。つまり、われわれがどう行動すべきか、どんな人間であるべきかの信念に揺さぶりをかけるのだ。作家で詩人のアンドレイ・コドレスクは、物語は内省のための動力源だと言っている。『ミドルマーチ』『若き芸術家の肖像』『闇の奥』『オデュッセイア』――本書のなかでも理解の助けとなってくれたように、こうした文学は、読む者が自らの人生を振り返るきっかけになってくれる。

　ここで言う内省は、価値観に関するものだけではない。僕らは人生に見出すすべてのことを、芸術の中に見出すことができる。『マクベス』やテレビドラマ『ザ・ソプラノズ　哀愁のマフィア』に描かれた野望、チェーホフの戯曲やフェリーニの映画に見られる憂愁《アンニュイ》、ラルフ・エリスンやアルンダティ・ロイが描く辺境、数え上げればきりがない。僕はダンテの詩で、愛と憎しみは正反対ではなく補完的な関係にあることに気づいた（君にも家族というものがいるのなら、これは知っておいたほうがいい）。E・M・フォースターの小説からは、自由主義的な態度は、しばしば虚栄や無知を隠すためであることを悟った。メアリー・ゲイツキルの小説からは、魂が肉体に顕《あらわ》れる形について、いくつかのことを学んだ。こうして知覚したものが、僕の選択に影響をあたえたかどうかははっきりはわからない。けれどこれらが僕の、僕自身についての、そしてこの世界についての理解を形作ることに根本から関わったことは間違いない。エドマンドソンも、「取りこみ、強烈な感情や考えによって新陳代謝させた君自身の経験を、本で得たものと結合させる絶え間ない努力」について述べている。僕らは芸術と人生のあいだを、行ったり来たりする。この二つはそれぞれが互いを照らし出し、ともに君の自己を形作っていくのだ。

僕は先ほど、何かの絵を描くときには、対象物の物質としての存在の特殊性を、完全に視覚でとらえなければならないと言った。ヴィクトリア朝時代の文人マシュー・アーノルドの言葉を借りれば、「その真の姿をあるがままに」見なければならないのだ。君の欲望の手段として、君との関連においてではなく、本来の姿を、あるがままにとらえる。しかしそれは、物にかぎった話ではない。僕ら人間は、お互いを自分の延長のように扱いがちだ。芸術は君に、これとは反対の態度をとるように強いる。最も親密で直接的な方法で、他の誰かになる――ギリシャ神話のアキレウスでも、トルストイの『アンナ・カレーニナ』でも、詩人エミリー・ディキンソンでも――のはどんな感じか体験させることによって、君に根本的な心《モラル》の教えを染み込ませてくれる。その教えとは、君はこの宇宙の中心ではないということ。他の人々は君の利益のために創造されたわけじゃない。彼らも君と同じように本物で、同じように尊厳や理解を求めているのだということを。小説家で哲学者のレベッカ・ゴールドスタインは言っている。「私は創作《フィクション》を信じています。この世界の感じ方がわれわれ個人によってかくも違うのだということを、鮮明に示してくれるその力を」。芸術は、感情移入することを教え、情動知性を育ててくれる。芸術はやはり、君をより良い人間にしてくれるのかもしれない。

「リベラルアーツ教育を受ければ、ほんとうにより良い人生を生きられるようになりますか？」以前、ある学生から尋ねられたことがある。そのとおりだ。しかも、君の周りの人々も、より良い人生を送れるかもしれない。今日の理想主義的な若者たちの間で、社会科学は大流行しているように見える（デイヴィッド・ブルックスは彼らを「経験主義の子供たち」と呼んだ）。計算高く、勉強熱心、ビッグデータがなけりゃ意味がない――ここでもまた技術主義の片鱗《へんりん》がうかがえる。しかし君が測れるのは、君がすでに知ってるものがそこにあるかどうかだけだ。場合によってはまったく測れないこともある。カントが言ったような「ねじ曲がった人間性の材木」でよりよい未来を築こうとするまえに、君は自分が何を相手にしているのかを知る必要がある。

君は人間とは何であるか――彼らが何を考え、何を求め、どう行動するのか――を知る必要があると同時に、君自身が介入したことで生じるモラルの落とし穴についても知っておく必要がある（ナラティヴ・アートでは、「思いがけない展開の法則」というのが最も主要な原則になっている）。人文科学は、社会科学が――簡約化の必要性に駆られて――除外したものすべてを拾い集めている。たとえば、今日、最も権威ある社会科学である経済学では、人は合理的行為者であり、物質的な自己の利益を最大化することを永久的に求め続けていると唱えている。『カラマーゾフの兄弟』はもちろんのこと、『リア王』の作者にとっても、これはまったくの初耳だろう。外交戦略家のチャールズ・ヒルの言葉を借りれば、世の中の本当の仕組みを表わすことができるのは「過度に方法論に縛られることのない」文学だけだということだ。小説など時代遅れだと言う人もいる。『戦争と平和』のような書物は、情報が極端に非効率的な形でしか得られなかった時代の産物だと。しかし『戦争と平和』が君に伝えるものは、ブログの記事やウィキペディアの解説から――それらを仮に千四百ページ合わせたとしても――学べるものとは違う。この小説は壮大かつ複雑である必要があった。なぜなら伝えるべきものが壮大かつ複雑だから。それは君に、情報を与えるわけではない。人生を見せてくれるのだ。

人文科学はまた、自然科学や社会科学とは異なり、歴史的な分野でもある。英文学は英文学の歴史であり、宗教研究は宗教の歴史であり、その他も皆同様だ。過去を理解しなければ、君はこの世界を理解することも、君自身を理解することすらできない。君の思考や感情の大半は過去から来ている――僕らが集団で生きるのに欠かせないほとんどすべての法律や行動様式や組織ももちろんそうだ。過去を学ぶのは、ああ、だから僕はあんなふうに考えていたのかというような〝気づき〟の経験を、継続的に得るためだ。僕があんなことを言ったのは、こういう歴史があって、それが僕にそう言わせていたのだと気づくのである。文芸評論家ノースロップ・フライは、リベラルアーツ教育は、たとえばそれが芝居だとしたら、クライマックスでこうした〝気づき〟の場面へ導くものでなければならないと述べている。彼はまた、リベラルアーツの研究において、僕らが〝気づく〟のは他ならぬ僕ら自身なのだとも言っている。

アラン・ブルームはこう述べた。「最も成功する専制政治はそれ以外の可能性があるという意識を取り去ってしまうものである」。過去は現在の源だが、現在とは異なるものでもある。それは、物事は必ずしも今あるような形になるとはかぎらないということを示している。それは僕らに、眺望のきく視点を与えてくれる。僕らはそこから自分たちの古来の知恵《コンベンショナル・ウィズダム》が、単なる社会通念であって必ずしも知恵《ウィズダム》ではないということを知る――僕らがこれは自然だと考えていることは単なる文化的なものであり、永久と考えているものは一時的なものであり、普遍的だと考えているものは特別なものであるということを知るのである。それは僕らに、現在から脱出する出口を与えてくれる。それは僕らに、物事は変わるのだと教えてくれる――物事は必ずしも今の形である必要がないだけでなく、この先ずっと今の形であり続けることはないのだと。言い換えれば、過去は、僕らが未来を創ることを可能にしてくれる。君がリーダーになりたいのなら、新たな方向を見つけたいのなら、まず目を向けるべきはそこなのだ。

芸術や人文科学の擁護者たちは、議論する前からあきらめてしまう傾向にある。芸術は慰め、あるいは気晴らし、あるいは飾りだと言う人がいる――明らかに、裕福な階級のための心地いい寛《くつろ》ぎのひとつの形、インテリ向きの娯楽以上のものではないと。芸術は経済に貢献すると言う人もいる――人間であることには肉体とその欲望以外の部分があり、社会には商品取引以外の側面もあるはずなのだが、それは完全に無視しようと決めているかのように。特に大学という問題になると、議論はいわゆる「文化資本」という概念を中心に展開される。文化資本とは、君が出世するため、社会的レベルを上げていくために装備する社会的情報の類のことだ。この件に関しては、他でもないスティーヴン・グリーンブラットその人が――ハーバード大教授で、ルネサンス研究者として高く評価され、著作で賞まで得ている彼が――人文科学を学ぶ価値を擁護するのに、その理由のひとつとして、「文化知識は結局のところ出世の役に立つ」と言い出す始末だ。

僕だって文化資本の実用面での大切さも、それを与えることにおける大学の役割も理解している。しかしそれが、今話しているような点において、人文科学と何らかのかかわりがあるかと言えば、とてもそうは思えない。「グレート・ブックス・プログラム」の発達は、一九二〇年代に始まり、三〇年代には、それまではWASPしか享受できなかった種類の文化に、移民の子供たち――主には南欧や東欧から移民してきたユダヤ系やカトリック教徒の子供たち――を順応させることを、その目的の一つとしていた。しかしながら、その方向でのいかなる議論も――新たな移民に関するものも、下層階級からの学生たちに関するものも――一九六〇年代と七〇年代の上位文化《ハイカルチャー》の権威の失墜により、継続されることはなかった。仮に以前はそうだったとしても、今ではヴェルギリウスやルソーがカクテルパーティーの話題になることはまずない。レオナルドやモーツアルトさえ、すでに同じ準拠枠を構成する要素ではなくなった（レオナルド・ディカプリオなら話は別だが）。今日日、共通の文化的話題と言えば、HBO［タイム・ワーナー傘下のケーブルテレビ局］かNPR［ナショナル・パブリック・ラジオ］か**R.E.M**だ。ディナーパーティーの席でも誰ひとりとして、君がモンテーニュについてどれほど知っているか、気づくことはない。もし気づいたとしても、それは彼らにとってどうでもいいことだ。文化資本は、今やその大半は、仲間から仲間へ伝播《でんぱ》するものになった。エクセターやダルトンといった名門校出身の学生たちの立ち居振る舞いを、他の学生たちが真似《まね》、それらしい声の調子や服装の趣味を盗み取り、外国旅行や進歩的意見、エクストラヴァージン・オリーブオイルの消費パターンまで吸収しようとする。

また別の主張もある。そりゃあ人文科学は素晴らしいものだろう、食いぶちを稼ぐことを心配しなくていいような、特権階級の子供たちには。しかし他の学生たちは、たとえそこが名門大学であっても、実用的な分野——すなわち、工学やコンピュータ科学、経済など、言葉を扱うのではなく数値で表せる分野——に留まるべきだ。この考えは、一世紀前にウッドロウ・ウィルソン大統領が言ったことの名残《なごり》のようにも聞こえる。「わが国としては、リベラル教育を受ける人々のクラスをまずはひとつ設けたい。さらに、それよりははるかに大きなクラスをもう一つ……（中略）……リベラル教育という特権を捨て、困難な特定の手作業を行うに適した人材が育つためのクラスだ」。この「手作業」を「技術職」に変えても、論旨は同じだろう。こうした意見を唱えるのは、エリート主義のリベラルアーツ教育提唱者というわけではない。しかし啓蒙《けいもう》の入り口としてであれ、単なる文化資本としてであれ、幸運な少数の者にとどめておくべきだと考える者たちなのだ。しかし、リベラルアーツ教育は、幸運な少数の者にとどめておくべきだと考える者たちなのだ。しかし、人文科学に何らかの価値があると考えるなら、それは万民にとって価値あるもので、万民が手にすべきものだ。もしもそれが貧しい者にとってもよいものならば（アール・ショリスが彼の有名な論文「リベラル教育の活用について」で主張し、現在幅広く模倣されている彼の「クレメンテ人文科学コース」で実演したように）、それは間違いなく、ダートマス大で学ぶ労働者階級の子供にも、デューク大のアジア系の若者にも――そして実際、この国の高等教育システムのなかにいる全員にとって――役に立つはずだ。

移民の家庭の子供たちに英文学や西洋の古典を学ぶべきだと提唱することは、相手を見下しているように（最近流行りの言い方では〝帝国主義的〟に）聞こえるだろうか？　おそらくは。しかしそこには、とてつもなく大きな力が潜んでいて、しかもそれは、個人的なレベルにはとどまらない。第一次大戦から第二次大戦までのあいだに、ユダヤ系の子供たちは西洋文化に馴染《なじ》んだだけでなく、それを見事に手中に収めた。ソール・ベロー、ノーマン・メイラー、J・D・サリンジャー、音楽家レナード・バーンスタインをはじめとした、数え切れないほど多くの芸術家たち。少し後になってからは、フィリップ・ロスやスーザン・ソンタグ、作詞・作曲家のスティーヴン・ソンドハイム、映画監督のウディ・アレンも現れた。彼らは、アメリカ芸術の中心へ進み出て、彼らのイメージによってそれを変容させた。わが国の文化において、今考えられる最高の展開は、アジア系やラテンアメリカ系の若者たちが同じように台頭してくれることだ。彼らに、医学や経済学だけをやっていればいいとする姿勢は、彼らのコミュニティの地位向上をいつまでも妨げ続ける原因のひとつに他ならない。

とは言え、「グレート・ブックス・プログラム」を擁護するのが、僕の目的ではない。聖書を含め、西洋の古典に親しむことは、アメリカ国民としての教育に今も欠かせないものであるということは、僕も信じている。それは依然としてわれわれの精神の歴史の大部分を占めている。学生たちに、それらを学ばなくていいと言うのは、標準英語を学ぶことを免除するのと同じくらい大きな損害をもたらす。彼らが市民としてこの国にフルに参加することを妨げてしまうからだ。しかしその一方で、この国の展望がグローバル化され、人口比率にもそれが反映されている今、「新しい種類の歴史」が、かつてないほど重要になってきている。われわれは、他の文化的背景を持つ人々の過去についても知るべきなのだ。そうした人々は今、ますますわれわれの仲間に加わるようになっているのだから。

しかしこうした市民としての目的は二義的なものだ。大事なのは、「グレート・ブックス」ではなく、単に普通の偉大な本《グレート・ブックス》を学ぶこと。君にとっての「カフカの斧」を二、三見つけ出すことだ。じゅうぶんな鋭さと重みのあるものなら役に立つだろう。なんらかの損傷を与えてくれるものなら、それが必要な傷を作ってくれるものなら、誰がいつ書いたものかは関係ない。既成の作品目録など、この点においては無意味なのだ。真の読書家は自身の目録を作る。その目録には、自己を築き上げるのに役立った本がきちんと記録されているはずだ。

僕はまた、英文学を専攻しなければいけないと言っているわけでもない（まあ、悪い考えではない。エドマンドソンは、学生が英文学を専攻とするとき、彼は「一個の人間になること」を専攻するのだと述べている）。僕は人文科学を専攻しろと言っているのですらない。僕はただ、大学では、それがどんなものであれ君が追求しようと決めた専門化された研究プログラムから逸《そ》れて寄り道する機会を可能な限り利用して、人文科学が与えてくれるような体験をしたほうがいいと言っているのだ。もちろん君は専門的知識を学ぶべきだ。知識がますます複雑になっている今、その必要性はかつてないほど大きくなっている。君は政治学を専攻してから法科大学院へ進み、国務省の司法官となり、やがては世界貿易を専門とする国務省の司法官となる。あるいは君は学部では生化学を専攻し、医科大学院へ行って、外科の研修医《レジデント》になり、最後には腎移植の専門医になる。あるいは、芸術を専攻し、フランドル絵画を専門に研究して博士号を取得し、最終的にはヤン・ファン・エイク研究の第一人者となる。いずれの場合も膨大な時間が必要だ。一般教養を学ぶ余裕などあるだろうか？

いいや、二つの目的が正反対だと思うことがそもそもの間違いなのだ。確かに、そうした考え方は、われわれの文化に深く根付いている。われわれは行動（= action）と熟考（= contemplation）を対比させて論じる。ルネサンス期には、この対比は「腕（= arms）」と「芸術（= arts）」だった。ローマ時代には、otiumn《オティウム》（暇の意。暗に熟考を示唆している）とnegotium《ネゴティウム》（交渉= negotiate にその名残がうかがえるように仕事のこと）を対比させて考えていた。しかし、リベラルアーツ教育の究極の理念は、そうした区別を無意味にするところにある。ここからここまでが人生で、ここからここまでが仕事ということはない。一般教養が最初で、次に専攻科目ということでもない。君が一般教養を学ぶことで得られるバランスのとれた視点――ずばり言ってしまえば「知恵」――は、君の専門分野の学習と相互に浸透し合うことを目的としたものなのだ。

しばらくのあいだは、君はせいぜい少数の一連のことに関して、訓練が必要になるだろう。けれどそれだけを考えなければならないというわけではない。熟考する習慣が君に可能にしてくれるもの――すなわち芸術や哲学にずっと触れ続けていること（さらに言えば、君が人文科学を専攻したとして、自然科学や社会科学に触れ続けていること）によってできるようになること――とは、人間の経験の領域全体を君の経験の領域にし、君の学業や仕事に生かすことができるようになることだ。君が医者になるのなら、そうした経験は君を単に薬を処方する人ではなく、癒し手にしてくれるだろう。

病気を治療するのではなく、人を治療する医者にしてくれるはずだ。君が教授になるのなら、それは授業を教える学者になるか、学生を教える師となるかの差を意味している。

事実、われわれは今日、まさにそうした技術信奉者の中核を成す人々、まさにそうした専門家のエリートたちに悩まされている。今日のリーダーたちの問題点は、単なる官僚主義的な臆病さだけではない。自分の分野の境界を越えた外のことを考える能力の不足もあるのだ。アラン・グリーンスパンが、合理的な私利の追求によって銀行はじゅうぶんに災難から守られると推測したことは誤りだったと認めた一件は、その最も華々しい例と言えるだろう。ジャーナリスト、クリス・ヘッジズが指摘したように、グリーンスパンは、彼の理論上の推測を越えたところを見ず、その種の人間の愚かさを要因として考慮することができなかったが、それは一瞬立ち止まって考えれば気づくはずのものだった。元下院議員で、長年ローズ奨学生の選考にかかわっているヘザー・ウィルソンは、最近の応募者の質に関する悩みを打ち明けている。

アメリカの最も偉大なリベラルアーツ・カレッジの学生でも、その成績証明書を見ると、彼らの学部の専門化は、一世代前ならば考えられなかったほど細かいものになっていることがわかる。その結果、成績優秀な学生でも、分野を越えて考えることを要求される問題に取り組んだり、何が重要でその理由はなぜなのかといった難しい疑問について熟考したりすることが不得意になっているように見受けられる……（中略）……わが国の偉大な大学は……（中略）……凝縮した研究の領域を立派に把握している反面、その外のことはほとんど考えることのないトップクラスの学生たちを輩出しているのである。

それはわが国のリーダーたちだけの問題でもない。僕は、医師はもちろんのこと、教師やソーシャルワーカーや精神科医にも話を聞いたが、必死に効率化を目指し、方法論や「メトリクス」――検査体制、実施要綱、精神薬理学、スプレッドシート、その他あらゆる形に具現化された管理欲求――に過度に依存するあまり、人が自らの仕事や研究から引き離されてしまっていると、一様に感じているようだ。人文科学は、誰にとっても、それを元に戻すための手始めになるに違いない。

それにしても、中には専門化された能力以外何も介入する余地のない職業だってあるはずだ。もし君が移植専門の外科医だとしたら、視野を広げたところで、何に役立てることができると言うのだろう？　お答えしよう。君はたった独りで移植手術をするわけじゃない。チームや病院、医療業界、社会――君はシステムの一部なのだ。ただうつむいて仕事をするだけでなく、より良い仕組みが実現するよう周囲のようすを見回すこともできるはずだ。熟考したり、異論を唱えたりすることができるはずだ。言い換えれば、君は一市民になれるということだ。必ずしもリーダーである必要はないが、追従者である必要もない。

結局はこの考え――大学は、人類の歴史の中で極めて珍しいこの集団的自己支配に参加できるよう、若者の準備を整えるべきだという考え――が、わが国の教育システムの基本なのだ。アメリカの児童が自ら質問をし、自分の考えを発言し、創造力を培い、探究したり調査したりすることで学ぶよう教えられるのは、そういう理由に因るものなのだ。この国では、インドでしているように、丸暗記させるようなことはない。ドイツでしているように、十歳のころから学問や職業の系統別に分けることもない。英国でしているように、学部でたった一つの学科だけを学ぶようにさせることもない。この国では常に、単なる専門家以上の人間を育てようとしてきた。

だからなんなんだ？ 誰も彼も、ひっきりなしに異議を唱え、公共の分野だけでなく職場でもそのシステムに常に疑問を呈するような、そんな国になれと言うのか？ そのとおり。それこそが、この国があるべき姿だろう。アメリカは共和国だ。皆でこの国を率いていくべきなのだから。

ジェフリー・ユージェニデスは小説『マリッジ・プロット』のなかで、一九八〇年代の初めにブラウン大を卒業した三人の同級生を描いている。記号論真っ盛りの時期だ。人々はフランスの理論家の名前を挙げては「あなたの見解は？」と問い、ムージルの小説を本棚に並べることで点数を稼ぎ、小説を〝言葉のあや〟の塊以上のものと見ているクラスメートを軽蔑していた。そんな中、登場人物の一人は、彼の最後の学期に宗教学のコースをとり、それまでに学んだどんな授業よりも強烈な影響を受ける。そのコースの最後に、宿題形式の最終試験があった。ユージェニデスはこう表現している。「自由に書物を参照していい。そもそもカンニングなどできようもない。こんな質問に対する答えは、どこにも見つからない。誰もまだその公式を導き出していないのだ」。以下に、このミッチェルという登場人物が試験問題に解答しているときに体験することを抜粋しよう（「実用」という言葉の使い方に注目されたし）。

彼は書いている最中に初めて、もう学校で学んでいるのではないように感じていた。もはや試験でいい成績を取るために質問に答えているのではなかった。彼自身が置かれた苦境を分析しようとしていたのだ。しかもそれは単に彼の苦境だけではなく、彼の知るすべての人々の苦境だった。不思議な感覚だった。ハイデッガーやティリッヒの名前を書きつづけながらも、彼自身について考え、友達全員について考えていた…（中略）…ミッチェルは試験の質問に対して回答しながら、実用に生かす方向に答えをねじ曲げようとしていた。自分がなぜここにいるのか、どう生きたらいいのか知りたかった。それは、大学という経験の最後を飾るには完璧だった。教育はついにミッチェルを人生へと送り出したのだ。

第九章　魂のガイド

良い教育を受けたければ、良い教師が必要だ。口に出すのも馬鹿《ば》馬鹿《か》しく思えるほど至極当然のことではあるが、今日、学究的な議論でも、それを取り巻く一般の人々の会話でも、あらためてこれを言わなければならないほどの事態に陥っているのは明らかだ。もうだいぶ前から始まっている非常勤講師その他の一時雇用の教職員を使う傾向や、最近慌ただしく導入が検討されているオンライン授業などを鑑みるに、この国ではもう、大学に教師は――少なくとも、なんらかの意味のある形では――必要ないと決めたかのように見える。しかし本来大学で行われる学びにおいては、教師の存在はどう考えても不可欠なのである。

〝教えること〟は機械工学の話ではない。ある一定量の情報を、ひとつの脳から別の脳へと移行させれば済むという問題ではない。educate（＝教育する）という単語は、もともとは lead forth（＝引き出す）という意味のラテン語からきている。教師の仕事とは、生徒の中に眠っている力を引き出すことなのだ。教師は目覚めさせ、閃《ひらめ》きを与える。誰にでもこうした経験は覚えがあるだろう。僕らは皆、誰かしらにこういう役割を果たしてもらったことがあるはずだ。教師は産婆だとソクラテスは言った。人の「魂が孕《はら》んだ」とき、その教師の存在がこの世に解き放たれようとしている考えを産みだせる——プラトンの『饗宴《きょうえん》』に記されたというソクラテスの言葉だ。しかしこの表現は議論を呼びそうだ。君は独りですでに孕んでいたのだろうか？　それとも教師の存在のおかげでそうなったのか？　答えはその両方だろう。教師は、君自身がそれまで気づかなかったものが君の中にあることを発見する手伝いをしてくれる。

しかし僕らはここで魂までひっぱりだすこともない。狭い意味での「頭脳」に集中して話そう。大学教育が向けられる対象がここであるということに関しては、誰も異存はないだろう。コンピュータ用語に置き換えると、こんな感じになる。君は好きなだけデータをダウンロードできるが、それを使うためのソフトウェアが君に組み込まれていなければなんの役にも立たない。このソフトウェア、すなわち情報を扱う能力——それを理解し、統合して新しい組み合わせにしたり、それをもとに新たな発見や創作をしたりする能力——こそ、大学が君に〝インストール〟すべきものだ。だが類比的に話すことができるのもここまで。実際のソフトウェアとは違って、そのインストールは簡単でも素早くもなく、けっして受け身の姿勢では叶《かな》わないものなのだ。

考えることはひとつの技能だ——いや、むしろ、膨大で複雑な技能の集合体と言ったほうがいい。それを学ぶに際して何が必要かという点においては、手で行う技能——たとえば、ボールを打ったり、ろくろで陶器を作ったりすること——と何ら変わりはない。君はそうしたことを、本やビデオやウェブサイトで学ぼうとはしないはずだ。直接他の誰かから学ぶ。経験を積んだ従事者に近くで見守ってもらいながら、絶え間なく繰り返し、徐々にバリエーションを増やしたり、高度なことに挑戦したりして身に付けていくはずだ。君は、ひとりひとりに目が届く小さなクラスで学びつつ、君の独自の姿勢や必要性に応じてアレンジした一対一の指導を受けて補うはずだ。君がギターを習っているのだとしたら、教師は君の手をしかるべきポジションに導くだろう（そして君がちゃんとできるようになるまで、何度でもそれを繰り返すだろう）。頭脳にも〝手〟がある。そしてその手で、尽きることのないバリエーションを行うことができるのだ。

前の章で話したことを思い出してほしい。大学で培うべき知的能力の中心となるのは、他者の主張を分析し、君自身の主張を形作ることだ。どんなものでも、ひとつの技能を身につけるのに一万時間の練習が必要だという説がある。これが本当だとしたら、大学の四年間はスタートにすぎず、大学院や職場で勉強を続けなければならないのは当然と言えるだろう（学部の期間だけに詰め込もうとしたら、君は週五〇時間、年五〇週練習しなければならない）。しかもそれは、君が適切な指導を受けたらの話だ。君は君の主張を文章にまとめる。君の教師はそれをひとつひとつ細かく見て、論理の誤りや、構成の欠点、論証の扱い方における問題、見過ごされている機会や、反論が予想される箇所について、指摘していく。彼はまた、さらなる論点を挙げたり、別の角度から議論を進める方法を提案したり、うまく書けている部分を褒めたりする。そして君はまた書く。授業のたびに、何度でも、何度でも、それを繰り返して、少しずつ力をつけていく。君は一年の作文の授業の第一週目で、まず三ページのエッセイを書き（そこでとれるのはせいぜいCプラスだ）、三年のときには一五ページに渡るセミナーのレポートをいくつも書き、卒業する数週間前には五〇ページの論文を提出する。あるいは君が科学専攻だったら、実験レポートやコンピュータ・プログラムや数学の証明で、これと同じようなことをするだろう。授業では、君はノートを取るのに時間を費やしたりはしない。遠隔授業の提案者は、講義とは通常、質の悪い指導の形だと考えているようだが、その点において彼らは正しい。だからこそ、少なくとも授業の大部分は、セミナーのように少人数で行われるべきなのだ。セミナーの目的は、君たちに染み込ませようとしている思考の技術を、教授自身が実演してみせることだ。教授は題材についての議論を指揮し、君たちに勝手にしゃべらせるようなことはしない。会話の焦点がずれないように気を配る。誰かの主張に疑問を呈したり、関連質問をしてみせたりする。一言だけしか答えない学生にはもっと詳しく説明させ、曖昧な答えには明確さを求める。教授はまた、内気な学生や控え目な学生からも、自信に満ちた一面を（優しく）引き出す。意見を歓迎し、励ますと同時に、導いたり促したりする。教授は——少なくとも授業の大半においては——「質問に答えるため」にそこにいるのではない。質問するためにいるのだ。

その質問のいくつかは、教授自身も答えを知らないものでなければならない。セミナーでの討論は、共同で作り上げる、自由なものであるべきだ。思いがけない出会いや新たな発見をもたらすエネルギーに満ちた、活気のあるもの——共に考えることのモデルになるようなものであるべきなのだ。ポモナ・カレッジのある学生は、彼の教授を、「本についてまるで仲間のひとりとして討論しているかのような幻想を与えてくれて、それが授業の役に立った」と賞賛していた。けれどそれは必ずしも幻想とはかぎらない。教授であることで得られる報酬のひとつは、学生を教えると同時に、彼らの新鮮な若い思考から学べることだ。『マリッジ・プロット』のなかで、ミッチェルの人生を変える授業は、現代文化におけるキリスト教信仰の運命、信仰はひとつの選択肢として生き残れるか、というテーマだった。「リクターは学生たちに質問をし、まるでそれが今日、ここで起こるかのように彼らの答えに耳を傾けていた――このリチャードソン・ホールの一一二番教室で、大学が製作した『バス停留所』の芝居では映画でマリリン・モンローがやった役を演じたディー・マイケルズが、今まさに地割れの虚空に渡す縄梯子《なわばしご》を投げるのを期待するかのように」。僕自身も、授業を制御しようという努力を放棄することを覚えて――「自分の言いたいことが伝わっているか」についてやたらと心配するのをやめ、時として起こる混乱状態、知性の自然な発露は、学生たちにとっても、僕自身にとっても、授業の中でももっとも面白い部分だというのがわかるようになったおかげで――ようやく一人前の教師になることができた。それは、そこにいるみんながいっしょになって、新しい場所に向かう瞬間だった。

大学で教えることは、他のすべての場合と同様、難しくて骨の折れるゆっくりとした行程だ（それはまた、適切な支援のもと、きちんと行われれば、とても大きな喜びで満たしてくれるものでもある）。それ自体が複雑な技巧であり、数値で計ることも自動化することもできない。教師は、個々の学生を良く知らなければならない――ひとりひとりの頭脳を理解しなければならないという意味だ――そして僕のかつての同級生が僕らの恩師カール・クローバー教授について書いたように、教師はそれぞれの学生が絶対的に唯一無二の存在であるということを完璧に信じなければならない（真の教師は授業を教えるのではなく生徒を教えると言ったのは他ならぬこのカールだ）。ユージェニデスの描写に戻ろう。「ミッチェルはリクターの徹底ぶりを観察していた。彼が同情を込めて誤りを指摘するようす、セミナーのテーブルを囲んでいる二十あまりの頭脳を仕切ってなんとか整理しようとする揺らぐことない熱意を」

僕自身が教室で過ごした歳月と、若者たちと交わした大学の授業についての会話を総合すると、学生たちが教授に求めているものは主に二つある。一般に信じられているように楽しい授業をしてくれたり、Aを大量放出してくれたりすることではない。それは彼らが、これ以上いいものは与えてくれそうにないとわかったとき、しかたなしに落ち着く気休めのようなものだ。学生たちがほんとうに求めているのは、教師が彼らに手ごたえのある挑戦をさせてくれることと、彼らを気にかけてくれること。学生が求めているのは楽しいだけのお遊びではなく、本物なのである。

言い換えれば、学生たちが求めているのは、師の導きだ。僕自身、大学のころどれほどそれに飢えていたか、はっきりと憶えている。僕の教え子たちも、どれほど飢えているかがよくわかった。認めてもらうこと、繋《つな》がること――そして（ここは恥ずかしがらず思い切って言ってしまおう）実の親以外の、親代わりの人物に。そうした欲求を抱くことには何の問題もないし、成長に不可欠な一過程でもある。ユダヤやインド、東アジアなどの文化においては、師を崇敬する習慣があり、その重要性が認識されている。韓国では、親が「言うことを聞かないと先生に言いつけるよ」と子供たちを脅すそうだ。しかしアメリカではどうだろう？　この国では子供に対する所有欲が強く、他人がわが子に影響をおよぼすことに嫉妬する。だが、ウィリアム・デイモンは『目的への道』のなかで、若い世代が進むべき道を探すにあたって、家庭外の大人が力になることは極めて重要だと言っている。また、マーク・エドマンドソンも、置き去りにされる親が寂しさを感じるのは当然であり、理解できるものの、「子供が家を出て…（中略）…高まる期待に応《こた》えてくれる親以外の導き手の影響のもとに身を置こうと努力するのは、ほとんど自然の摂理と言ってもいいだろう」と述べている。

以前、僕の同僚が、学生が教授室を訪ねることのできるオフィスアワーの面談を一人につき七分以下に抑える方法についてプレゼンした。面談は特定の内容に関するものに限る——学生はあらかじめ何のために教授室を訪れるのか自覚していなければならない。ここまでは、まあ妥当だろう。教師だってきちんと時間を管理する必要がある。しかし問題はこの次だ。彼女は言った。「私は学生たちに、学業以外のことは話しません。私が彼らに心理的なアドバイスをしないのは、心理療法士に彼らのレポートを採点させないのと同じことです」

なかなかうまい理屈ではある。しかしこの言葉は、師が学生に与えるべき指導についてのありがちな誤解を如実に示している。教授が学生に話すのではない。教授は彼らの話を聴くのだ。教授が学生たちにどうすべきか告げるのではない。教授は学生たちが、彼ら自身の言葉に耳を傾けられるよう、手助けをするのだ。教授はラーラ・ガリンスキーが何か決断をする際に大切だと言っていたようなこと——人が、自分にとって大切なものにたどり着くことができるようにする「なぜ」から始まる一連の質問——を、学生たちに尋ねる。ブラウン大のある学生は、僕にこう言った。大多数の指導教官は、ただどのコースを履修すればいいかを教えてくれるだけだが、最高の指導教官は「その選択について違う角度から考えるのを助けてくれる」。ハリー・R・ルイスは、師たるもの、指導学生の質問の裏に潜んでいる別の質問を探すべきではないかと提案している。彼はこう書いている。「指導教官の最も重要な職務は、学生が彼ら自身を理解するのを助けること、彼らの決断に正面から向き合いその責任を負うこと、そして学生が他者の期待に応えようとして不本意な選択をしそうならそこから解放してやることである」。学生は、親が与えてくれなかったもの、あるいは与えられなかったもの、すなわち彼ら自身の道を進む許しやその道でいいのだという励ましを与えてくれる存在として、師を待ち望んでいる――「高まる期待に応えてくれる」人物を。

ルイスは、教授の指導教官としての役割について話しているが、本来訪ねるべき教授が誰であろうと、学生は心の結びつきのある教師のもとへ引き寄せられていく。学ぶというのは感情を伴う経験であり、師弟関係は知的交流という親密さに根ざしている。師弟の間では、とても重要なもの、神聖とも言うべきものが交わされるのだ。ソクラテスは、師と弟子の絆《きずな》は、たとえ二人が離れ離れになっても一生涯続くと述べている。実際それは正しいのだろう。学生は次々にやってくる。教授たちは、今どれほど親密であろうと、たちまち彼らがアドレス帳に記した名前だけの存在になり、最後には遠い記憶になってしまうことを知っている。それでも、僕らが心を通わせた恩師や教え子に対して抱く感情は、懐かしい友人に対するものにも似て、けっして消え去ることはない。彼らは僕らの一部であり、ちょっとしたきっかけで、その思い出が鮮明に蘇る。そして僕らは知るのだ。いつか、どこかの天国で、また会うことができると。

教えることにはさまざまな技能が必要だが、つまるところ、教師が使える道具はただひとつ――その教室へ入る瞬間まで生きてきた自分の人生そのものだ。文芸批評家のレスリー・フィードラーは言っている。「教師、このアマチュアであることのプロが教える内容は、なによりも彼自身である」。フィードラーはさらに続ける。彼はひとりの人間の型を提供するが、それは「ページに印刷され死んだように見えたものが、その人物の中で命を得、生きるための手段となっているのを見せるための型である」。僕は大学院時代に、ひとつの経験則を得た。もしも教授が一度も個人的な話題――子供の話とか、同僚の逸話とか――に触れなかったら、かなりの高確率で、僕はその人物から学ぶことは何もない。べつに教師に何かを告白してほしいわけではない――ただきちんと向き合ってほしいのだ。ソール・ベローはシカゴ大の有名教授についてこんな風に書いている。「モーティマー・アドラーは、アリストテレスの倫理学について多くを語ってくれたが、僕は彼の顔を一目見て、人生を切り開いていくために役に立ちそうなものは何一つ与えてくれそうにないとわかった」

学生たちは教師に、とりわけ自分自身に関して正直であってほしいと願っている。教師がその人本来の姿でいてくれることを願っている。教師は、たとえそれが大学組織と学ぶ精神のあいだの不協和音に気づくためだけだったとしても、役割から一歩離れ、それを多少の皮肉とともに見つめることが必要なのだ。教室の中で特定のことについて言ってはいけないように感じてしまうことは多い――学生たちに伝えたい最も深刻なこと、最も純粋に感じていることが言えないのだ。人生は悲劇だということ、僕らは地割れの虚空の上に辛うじてぶら下がっている状態だということ、本を読むとき危機にさらされるのは他でもない人生そのものだということ――こうしたことを言いたくても、大学組織という環境の中では、自分が引用符のあいだで宙ぶらりんになっているように感じてしまう。発した言葉が地面に落ち、カチンと音を立てるような気がして怖くなる。そんなときには状況から少し距離を置くことが役に立つ。僕はよく学生たちに言ったものだ、授業でこれを言うからって、僕がこれを信じていないわけじゃないんだよ、と。

学生たちが好きな教授についてきまって言う言葉は二つある。最初のひとつは「先生はどんなことでも教えてくれるんです」。もちろんこれは文字どおりの意味ではない。だとしたら何を意味しているのか？　アンドリュー・ハッカーとクローディア・ドレイファスが著書のなかで書いているように、偉大な教師というのは、自分たちが発言を許されているかどうかという規律上の考えに縛られないものだ。彼らは広がりと自由さを感じさせるやり方で、扱う題材を、それと関係するかもしれないすべてのものと結びつけていく。教師はそれを、経験に結び付け、これにより経験に光があてられる――彼ら自身の経験に。偉大な芸術は「人生」を――一時《いっとき》に、そのすべてを――物語っているような感覚を与えるものだが、偉大な授業もまたそれと同じなのだ。境界が取り払われ、君はなぜか、君自身とこの世界すべてのことを同時に考える。そして考えるのと同時に感じる。物事を個々のパーツではなく、全体としてとらえる。主題がなんであろうが、そんなことは関係ない。ある学生は海洋学のプログラムを教える教授についてこんな風に話してくれた。「先生は海洋生態学に普遍的真理を反映させるんです」

偉大な授業は、出会った瞬間にそれとわかるものだ。そう、これだと感じる――私はこのために来たのだ、と。それは君の奥底まで届く。君自身、それまで抱いていると気づいていなかったような欲求を満たしてくれる。その授業のおかげで、世界は新たな広がりと意味深さを持っているように感じられる――これもまた、芸術と同じだ。学生が大好きな教師について言うもう一つの言葉は、「先生のおかげで、僕の人生は変わりました」

学生たちが大学でよい授業を探し求めるにあたって、ひとつだけ問題がある。彼らがそれを見つけるのは、かなり難しいだろうということだ。なぜなら最高学府たる大学は、通常、そんなことを気にも留めていないから。もちろん彼らは宣伝媒体ではそれとは逆のことを言うだろうが、鵜呑《うの》みにはしないほうがいい。教授たちが職務に励む要因は、その構造全体が、教えることと相反する方向に偏っている。しかも大学の名声が高ければ高いほど、その偏りが大きい可能性が高いのだ。

この問題の発端は、カレッジとユニバーシティ、それぞれの使命における葛藤の歴史までさかのぼる。十九世紀の終わりに、研究大学の形がアメリカに根差して以来、教授にとっても、大学にとっても、研究こそが高い地位への道筋になり、教えることの価値は下がる一方になった。アンドリュー・デルバンコの報告によれば、二十世紀の初めには、すでに「野心的な学者たちは、学部生を教えることが気晴らしであり負担であると考えるようになっていた」。もちろん、変化はゆっくりしたものだった。一九二三年、ブラウン大大学院の学長は、依然として指導に熱心すぎる教授会に関して警告を発している。だがその彼も、今の現状を見れば、気を揉《も》むことはまずないだろう。大戦後、そしてそれ以上にスプートニク後、資金供与が爆発的に増加し、研究大学の形が大学システム全体に広がりはじめた。「研究教授が一般的な教授のタイプになった」とルイス・メナンドは書いている。一九六〇年から一九九〇年のあいだに、国からの研究資金援助は四倍に膨れ上がる一方、平均的な講義時間は半分になった。論文を出すか《パブリッシュ》さもなくば死か《パリッシュ》。教授たちの忠誠心は今や大学にではなく、学問のほうに向けられるようになった。彼らの評価も、昇進も、研究によるものであり、指導によるものではない。彼らの関心は、同僚や、院生、学会、学術誌、職能団体――つまり、学部生を除くすべてに奪われた。一九七〇年代にはじまった博士の供給過剰のおかげで、大学側は教授に対する期待を一段と上げるようになった。いきおい教授たちは内容の良し悪しにはおかまいなく、次から次へと論文を発表しなければならない。学術誌や大学の出版局は、出版物を量産しはじめた。さらに近年、研究資金の主だった財源として技術移転——つまり、科学的研究成果を民間企業が利用できるよう許可する——という道が現れ、大学側の関心のバランスが、研究を重んじる方向へいっそう大きく傾く決め手になった（同時にそれは人文科学を軽んじる方向へも傾いた）。外部から財源を得ることができる花形教授の人気はますます高まった。彼らをおびき寄せる一般的な戦略としては、教育面での職務は名目だけでけっこうですというものだ（ハーバードに行ったことのある人なら、この辺の事情はよくわかるだろう）。

しかしながら、誰もが花形になりたいと思うのと同じように、どの大学も、全国規模でプレーしたいと思っている。二番目のレベルの公立大学（通常は名前に州立《ステート》と付いているほう、たとえば、ミシガン州立大学《ステート・ユニバーシティ》は、今やそれぞれの旗艦大学（この場合ミシガン大学《ユニバーシティ・オヴ・ミシガン》）と肩を並べたいという野望を抱いている。『USニューズ』誌もまた、これに関して害悪をおよぼす役割を果たしている。今やわが国になくてはならない同誌のリストにおいて、大学のスコアの一五％は、他大学の役員によって評価される「学術的評価」から成っている。他大学の教室で何が行われているかなど、誰も実際に知るわけがないので（もっと言ってしまえば、自分の大学の教室のこともわからない）、この評価には常に、授業内容ではなく、研究内容についての見方が反映される。ジェニファー・ウォッシュバーンは、著書『大学株式会社［原題University Inc.］』のなかで、「管理者たちは単純に、学部生の指導の質のことは考えなくてもいいのだと決め込んでおり、その傾向は不安をかき立てられるほどに広まっている」と述べている。

こうした研究のうちの何割に実際の価値があるかについては疑問が残るところだが、それに専念することが、教室で起きていることにおよぼす影響の深刻さについては議論の余地がない。カリフォルニアの公立高等教育システムを立案したクラーク・カーは「優秀な教授団が、学部生の指導において劣悪な問題が生じる原因となっている」と書いている。教えるという行為は、多くの時間を要するものだ。学生たちを刺激するには時間がかかる——じゅうぶんな準備をしなければならないし、言葉も慎重に選ばなければならない。学生たちの世話をするのも時間がかかる——たとえそれが学業以外のことでも、いつでも彼らと対話する心づもりでいなければならないし、それは往々にして七分の何倍も要する。授業の仕切り方を覚えるだけでも時間がかかる——討論の導き方、的確な質問のし方、学生たちが注目するに足る講義を行うこと。例の「一万時間説」はここにも当てはまる。

けれど教えることに費やす時間の一分一秒は、研究に捧げていない一分一秒だ。よい教師であることの価値は、ひたすら軽んじられている——名門大学では特にそれが顕著だ。それはむしろ積極的に、やめろと働きかけられるほどである。なぜなら、良い教師であることは、その人物の学者としての姿勢に疑問を抱かせるものだから。「カーネギー教育振興財団」の副理事長アーネスト・ボイヤーは、「学内の教員表彰を受けることは、終身在職権を得るにあたっては死の接吻だ」と言ったが、これはけっして冗談ではなく、まさに命取りなのだ。国内有数の大学の教授から聞いた話だが、彼が若手教員だったころ、こうした栄誉を受けることがあったそうだ。授賞式では学務担当副総長が身を乗り出してきて「心配するな。これは本当はいいことなんだよ」と耳打ちしたという。その教授はその時を振り返ってこう言っていた。「ひどい教師でいるおかげで在職期間が短くなることもあるだろうが、ほんとうにいい教師になると、かえって疑いを招く」。結局、最も効率がいいのは、平凡でいることだと気づいたそうだ（いっそのことこれを宣伝文句にして、インターネットのサイトに載せたらどうだろう？「わが大学の教師は、平凡な者揃いです！」）。エリート大の学部生には、無垢《むく》を喪失する瞬間がある。それは人気のある教師が終身在職権を得られず、大学というのは自分たち学部生のためにあるのではないということを知るときだ。

大学側が無言のうちに前提としていること——少なくとも、無言のうちに正当化している理屈——は、最高の学者は最高の指導者だというものだ。しかしそれを信じるに足る理由はほとんどないのに対し、その反対を信じる理由なら山ほどある。ここでは時間の問題を引き合いに出すまでもない。学術的な修練を積むことは、よき教師となるために必要な資質を奪うのだ。良い教師は明確で平易なわかりやすい言葉で話す。なぜなら教師は、事実上一般人と変わらない学生を相手に話をするのだから。しかし学者たちが身に付けた専門用語は、素人《しろうと》を遠ざけ、寄せ付けないためのものである。良い教師は幅広い分野をカバーし、主題同士を結びつけたり、学問と実生活を結びつけたりする。だが学者は専門化された——そして最近ではますます超専門化された——分野に押し込められ、右や左を見る余裕もなく、自分が専門とする畑の狭い一画だけをひたすら耕している。（僕は以前同僚に、『ニューヨーカー』誌に載ったある作品を読んだかと尋ねた。彼は「いや、僕は大衆誌は読まないんだ」と答えた）。良い教師は、前にも言ったとおり、私的になることをいとわない。しかし学者はコミュニケーションにおいて、自らを抽象化する術《すべ》を身に付けている。学問を追求するには客観性が求められるからだ。学術的な文章は、〝著者不在〟と表現されるようになった。同じように〝教師不在〟と言ってもいいような教室が出現しているのである。

そして今、大学が〝教授不在〟になっているのは間違いない。一九七〇年代以降、終身在職権路線《テニュアトラック》の教授団から、臨時の学術労働者――非常勤教授、博士研究員、院生講師、その他フルタイムの終身在職権路線《ノンテニュアトラック》でない講師たち――へと移行していることについては、今さら長々と書く必要もないが、ひとつ言い添えるとすれば、状況は年ごとに悪化し続けている。二〇一一年を例にとると、終身在職権路線《テニュアトラック》の教授――正規の大学の役職者――がアメリカの大学の教員のなかで占める割合は、二五％以下だった。指導の質に与える影響を考えなければ、臨時の労働者はずっと安上がりだ。非常勤講師は多くの場合、とても勤勉で熱心である。彼らに与えられる報酬が呆れるほど少ない（平均して一コースにつき三千ドル程度）ことを考えると、なおさらそう思える。しかし彼らはえてして過重労働に陥り、仕事に追われている。また比較的経験が浅いうえに、言うまでもなく入れ替わりが激しい。臨時採用の教師はまた、教授陣がやりたがらない入門コースに集中する傾向にある。本来ならば学生たちが大学という未知の世界に足を踏み入れたとき、そこでの市民権を得たと感じさせるために最も大切な授業だ。また、教授が実際に教室の前にいることがあるとすれば、そこは大教室で、実際に学生と接する役目は院生の授業助手《ティーチングアシスタント》が担っている可能性が高いが、実際のところ、多くの教室には、教授たちは存在すらしていないのだ。

学生たちは、自分たちが詐欺に遭ったことに気づいている。教え子の一人は、この人に教えられて「知性の背丈が伸びたように」感じるような教授は数えるほどしかいなかったと言っていた。別の学生は、教師と一対一で接する機会はほとんどなく、真に知的な対話をするのはほとんど不可能だったと語っている。学生と教員の人数比が六対一と、全国的に最も小さい部類のイェール大ですらこうなのだ。しかもイェールは、少なくとも指導という点では、エリート大学の中でトップクラスに入るのではないかと思う。ハーバードで教えたことのある同僚は、僕らが授業について話す機会があること自体に驚いていた。ノースウェスタン大のある学生は、教師の注意を引くために、学生たちが競わなければならないと話していた。二〇〇五年の調査によれば、大学の新入生のうち、大学での指導には、三分の一以上が、「授業が退屈だと感じることが頻繁にある」と答えている。「とても満足している」と答えたのは全体の六分の一に満たないそうだ。四年生を対象にした調査では、三分の一以上が、「授業が退屈だと感じることが頻繁にある」と答えている。

そして今、新たに大規模公開オンライン講座（ＭＯＯＣ）が登場した。なぜこんなものが答えになると考える人がいるのか、僕にとっては謎でしかない。無論、安くすむのは確かだ。しかし現状の悪い部分をさらに悪化させるものでもある。学生たちは教授が遠い存在だと不満を言う。だから、大学は教授をもっと遠くへ離そうとするのか（事実、文字どおり遠くなる）？　学生たちは教師とほとんど接する機会がないと感じている。だからその機会をゼロにするのか？　学生たちはやりがいのある課題を与えられ、個別の詳しいフィードバックをもらうことが重要だ。だから選択問題を与えて機械で採点するのか？　オンライン授業は、単にインターネット上で行われるというだけではない。それはインターネットによって――グーグルやウィキペディアによって――形作られてきた知識の概念、すなわち「情報」と「理解」の混同を具現化したものなのだ。MOOCのコースひとつはせいぜい一冊の教科書程度の内容だろうに、それ以上のものだとする考えは到底理解できない。しかもこの教科書は、一定範囲の演習をさせつつ、高等教育において本来問題とされるべき姿勢——受け身の学び、注意力の欠如、読むことを視覚的情報で補うこと、ショー的な指導、スター教授の礼賛——を助長するものなのだ。従来型の授業をMOOCに置き換えるのは、子供を怠慢な親の手から奪い去り、針金でできた母猿の人形に預けるようなものだ。

MOOCは、教育を民主化するようなものではない。それは単に表向きだけだ。MOOCはむしろ現存する階層制度を強め——高等教育市場がもだえ苦しむ中で——大学の名声を金に換えようとするものだ。ハーバード大の学生は、彼らの教授たちと話すことができる。サンノゼ州立大の学生たちは、ハーバードの学生たちが彼らの教授たちと話すのを眺めることができる。サンノゼは以前にも増して悪く見え、ハーバードは良く見える。コーセラその他のオンライン教育提供会社がプリンストン大やカリフォルニア大バークレー校と提携しているのはそのためだ。これらの大学の教授は、教えることに優れているために仕事を得ているわけではないので、必ずしも最高水準の教師陣とは言い難い。MOOCが扱う通貨——そして少なくとも大学側から見たとき、その価値を最大限にしたいと願っているもの——は、授業の質ではなく、名声なのだ。

こうした大学が、オンライン講座を通じて、履修証明を与えるようになれば、そのときは彼らがそれをひとつの教育の形として真剣に考えていると言えるようになるだろう。だが、あまり期待しないほうがいい。彼らは雑物を混ぜてそのブランド名を褪《あ》せさせるようなことはしない。ダートマス大やコロンビア大の学生たちは依然として贅沢《ぜいたく》な寮を含めた大学生活の経験――すなわち有名な教授たちとの交流（少なくとも名目上は）や最先端の設備、尽きることのない課外活動の機会、そして何より、自分と同じくらいの特権を有するか、もしくはまもなく特権を有することになるはずの仲間と出会い、交際し、結婚する機会――を得、彼らの親たちは依然としてそれに対して金を払うことになるだろう。純粋に指導という観点から考えても、MOOCが伝統的な大学での授業に多少なりとも近いものであると考えている人はいない。質の高いオンライン授業は、新旧の様式を合わせた〝混合〟コースを含め、対面型の授業と比べて経費が安く済むわけではないことは、かなり前にすでに証明されている。それは従来型の授業と同等に、労働集約的なものだからだ。

MOOCの提供者――あるいはメディアで彼らの片棒を担いでいるその大半は教師経験などない愚か者たち――が、彼らの企業の公的な美徳を礼賛するとき、僕らに想像させようとするのは、アフリカの奥地のどこかにいる架空の若者がどういうわけか高速インターネットに接続できて、世界中の他の若者たちとともに教育の平等を謳歌《おうか》している図だ。実際には、彼らが視聴者として目論《もくろ》んでいる相手は、まったく別のところにいる。コーセラその他の営利企業と、彼らが提携している大学（そしてこれには非営利教育プロジェクトの筆頭であるエデックスも含まれる）は、莫大な投資に対する見返りを期待しているのだ。目的は、特に食物連鎖の下のほうの大学からコースの使用料を得て収益を生むこと。カリフォルニア州議会は――カリフォルニア州は、MOOCの主要な営利団体の本拠地であり、ハイテク企業が政治的に大きな影響力を持っている――カリフォルニア州立大学の運営を行うCSUシステムにMOOCを履修単位として認めさせることを求める法案を、強引に可決するに至っている。言い換えれば、今僕らが目の当たりにしているのは、公立の高等教育を金銭に置き換え、私物化する行為なのだ。

世間では最近、大学は泡《バブル》のように中身のないものとの声も聞こえるが、MOOCこそが真のバブルと言えるだろう。（実際、ユーダシティの共同設立者であるセバスチアン・スランは、早々と旗を下ろし、早期の実験的試みは失敗に終わり、今後は法人顧客を対象にしていくつもりだと宣言している）。このところますます注目が高まっているものの、MOOCは、主宰者側の発表から見ても、今のところこれといった利点を示していない。コースを学び始めた生徒のうち、最後まで履修したのはわずかに四％ほど。しかもそのほとんどがすでに学位を取得済みの大人の生徒で、知識を拡充したり新たな技能を求めて学ぶ人々――すなわち、すでに自分自身に教育を施す術を知っている人々なのである。そして、この「自分で学ぶ方法」こそが、若者が大学へ行ったとき、まず教わるべきことなのだ。企業が伝統的な大学の学位ではなく、オンラインの「修了証書」を取得した若者たちを雇いはじめたとき――そして彼らを複雑な技能や実務における向上が求められる仕事に就かせたとき――僕らはMOOCには実用的価値はほとんどないと知らされることになるだろう。

そのときにはまだ手遅れでないことを祈るのみだ。この国には高等教育を解体し、ばら売りしようと目論《もくろ》んでいる連中がいる。ひとたびそれが行われてしまったら、元に戻すことはできない。ケーブルテレビでも、人々は〝ばら売り〟を検討しているようだが、大学はケーブルテレビとは違う。ホールマーク・チャンネルと契約しなくても、コメディ・セントラルの番組を好きなだけ観ることができる。あるいはコメディ・セントラルの中から『ザ・デイリー・ショー』だけ視聴して、『ザ・コルベア・レポー』を買うかどうかは別に決めればいい。しかし大学は全体でこそ意味を成す、一続きの、没入型の経験なのだ。大学には、他の何人も真似《まね》することができず、機械化することもできない商品がある。それはリベラルアーツ教育に他ならないということを、大学は心に留めておくべきだ。

教室の危機を乗り越える唯一の根本的解決策は、大学が教えることをその使命の中心に据え直すことだ。それはつまり、意志の力と——そしてもちろん、金——をかき集め、今の惨状をもたらした長きに渡る風潮を、すなわち、一時雇用への移行や研究のみを重んじる姿勢を変え、方向転換することである。大学は、授業を学術畑の季節労働者に任せるのではなく、ふたたび本物の教授を配するようにする必要がある。次世代——の働き手、思索家、公民、そしてリーダー——を教育するという、高度な技能を要する大変な職務を誰かに負わせるのなら、じゅうぶんな報酬を支払い、尊敬をもって扱うべきだ。教授の給料が少ないという訳ではない。教授の数が少ないのだ。現在の数を二倍にしても、多すぎはしないだろう。記憶にある限り昔からずっと墓場のような状態が続いている学術関係の雇用市場を少しでも変えることができれば、最も聡明な学生たちのなかにも、教師という職業は進路として見こみがあると考える者が、また増えてくるかもしれない。

同時に、われわれはこの職業の内容自体を定義しなおす必要がある。一言で言って、指導はより多く、研究はより少なく。すでに何人かが提案しているように、特に大学院における教育学の指導を改善することもできるだろう。これもまた、すでに指摘されているように、素晴らしい授業をしている教師にボーナスを出すこともできるだろう。しかし基本となる動機を変えない限り、何をしようと根本的な変化は望めない。それはすなわち、次の二点のうちのどちらか、または両方だ――雇用や任期の継続、昇進や終身在職権を検討する際には、指導を研究と同等に重要なものと位置づけること、あるいは、従来のものに並行して指導のための教員団を準備し、雇用を安定させ、学内でその身分が尊重されるようにすることである。もしも授業と研究――あるいは両者の組み合わせ――のいずれによっても昇進していくことが可能なら、無意味な研究は大幅に減り、質のいい授業はずっと増えるだろう。

教授団の多くは、この体制を歓迎するに違いない。自分の研究論文が世界を変えると信じるうぬぼれ屋ひとりにつき、論文執筆の苦労や独創性があるふりを喜んで放棄しようという教授が数人はいるはずだ――彼らはもうずっと長いこと「特に言うべきこともない」（この言葉は実際、頻繁に耳にする）と感じ、ほんの一握りの同じ分野の研究者たちのために難しい専門用語を吐き続けることにうんざりしており、時に虚しくなるような図書館や研究室の作業を離れて学生たちと実のある交流をすることを喜ぶだろう。

学生たちは教えてくれる教師には聡明であってほしいと思うだろうし、講義の内容に精通していてほしいと願うだろうが、そのいずれを満たすにも、トップレベルの学者である必要はない（冴《さ》えない学者である必要はなおさらないだろうが）。僕がイェールで出会った人々のなかで、最高の教員は――そして話をして特に面白い人物は――英文学の入門コースを長年教えている講師たちの中にいた。実のところ、わが国の大学にはすでに立派な指導専門の教員団がいるのだ――一時雇用の労働者のなかに。われわれは彼らを、学術界の奴隷ではなく、本物の教員団として扱えばいいだけなのである。

この国では、初等教育や中等教育について、国民的議論が繰り広げられている。そして今、高等教育についても、同じように大規模な公の議論が巻き起こっている。僕が今一つ理解できないのは、なぜこの二つが同じ議論にならないのかということだ。僕らは皆、小学校《エレメンタリースクール》やハイスクールでは、熱意のある教師によって、生徒の一人一人に目が行き届く少人数のクラスで授業を行うのが、学習環境として最適だと知っている。大学でもそれは同じだ。子供たちは十八歳になったとたんに、完全に違う人間——完璧に自立し、独りで学ぶことができて、ただコンピュータの接続を与えてやればいいだけの人間——になるわけではない。教えることは、単に情報を移し替えることでもなければ、エンターテイメントでもない。それは、小規模なセミナーでしか起こり得ない相互のやり取りであり、刺激なのだ——今や「セミナー」という言葉は、幼稚園からハイスクールまで、すべての授業を呼ぶちょっとしゃれた言い方として使われている。教えることは、手間のかかる労働集的作業だ。対面できる環境で、段階を踏んで一歩ずつ行うべきものだ。安く上げようとすればそれも可能だが、得られるものは結局「お値段なり」なのである。

第十章　君のためのランキングガイド

先日、あるハイスクール生から質問された。その生徒は、ハーバード、スタンフォード、イェールのうち、どの大学へ行こうかと迷っていて、何かいいアドバイスはありませんかと訊《き》かれたのである。僕は彼に尋ねた。「さあ、どうかな。君はえんじ《クリムゾン》と深紅《カーディナル》と紺青《ロイヤルブルー》のうち、どれがいちばん似合うと思う？」この三大学で僕がわかる違いといえばスクールカラーぐらい。学生、教師、精神構造、狂気——これら三大学も、他の米国最高峰の大学同様、基本的にはどこも同じなのだ。残る違いはと言えば、マーケティングと自負心《エゴ》、心理学者が「微々たる違いによる自己愛《ナルシシズム》」を語るときに思い浮かべるような類のこと、つまりは人が自分とまったく同じような人間を相手に優越感を覚えたいときに引き合いに出す無意味な差異ということだ。真に問うべき問題は、君がこうした大学が頂点を成す「システム」に今後も参加し続けたいかどうか。もし君がそれを望まないのなら——僕がここまで話してきたような真の教育を受けたいのなら——以下にいくつかの代案を示そう。

僕は、大学はどこに行こうとかまわないなどという幻想を抱いてはいない。そんな世間知らずや夢物語は、この際はっきり捨て置くべきだろう。カリフォルニア州立大フレズノ校とスタンフォード大で教えた経験のある歴史家ヴィクター・デイヴィス・ハンソンは、両校で同じくらい良い教育を受けることができると公言しているし、ハッカーとドレイファスは彼らの共著で、オレゴン州のリンフィールド・カレッジでもスワースモア・カレッジと同じくらい良い教育が受けられると主張しているが、僕にはこれらの考えが、片意地な反エリート主義を反映したもののように思えてならない。ハンソンは、唯一の違いは学生だと言っている。仮にそれが本当だったとしても(僕にはそうは思えないが)、それだけでもかなり大きな違いだ。教室での討論や指導全般のレベルを決めるのは学生たちだ。授業を除くほとんどすべての時間は、彼らが君にとって唯一の交流相手になる。良きにつけ悪しきにつけ、彼らが君の価値観や期待を形作る(「魂を成長させようとしても難しいんですよ。周りがこぞってそれを売ろうとしているような環境ではね」)。実際、僕がアイビーリーグやそれと同列の大学は避けたほうがいいかもしれないと若者たちに助言するのは、そこに集う学生たちが理由の一つでもあるのだ。

カリフォルニア州立大フレズノ校を運営するカリフォルニア州立大学システムは、常に資金不足に陥っている。また、リンフィールド・カレッジは、フレズノ校と同様に、学生の大部分が職業に直結した科目を専攻している。けれど、フレズノ校やリンフィールド・カレッジと、スタンフォード大やスワースモア・カレッジのあいだには、他にいくつもの選択肢がある。多くの学生や親たちは、大学での授業料を節約し、教育費を大学院に回すことを選び始めている。経費を過酷なまでに削減されてはいるものの、とても良い公立大学は、全米のどの地域にもいくつか存在する。そこでの教育は、特に最初の二年間は没個性的なものである傾向が強いが、集合体としての学生は、通常、アイビーリーグのそれより、はるかに変化に富んでいて——実際、社会経済的背景という意味ではとても多様だ

——君はそれによって非常に貴重な経験的学びを得ることができる。今カリフォルニア大ロサンジェルス校（ＵＣＬＡ）で院生講師をしている僕の教え子は、こんな体験談を寄せてくれた。

私は必ずしも〝多様性〟というもの自体を褒めそやすような人間ではないのですが、ここの授業での多様性の現れ方は、公立大学の存在価値というものを物語っています。私が教えているセミナーのひとつでは、パキスタン人の女の子が一人、ベンガル人が一人、アフリカ系で車椅子を使っている学生が一人、イスラエル人が一人いて、授業で東洋文化について討論するとき、この事実は大きな影響を与えます。そうした状況下では、都合よく抽象的な概念に逃げたりよその話として通りいっぺんの分析ですませたりすることができないのです。

公立大学へ行くことに関して、アッパーミドルクラスの価値観にとらわれていると見落としがちな利点は他にもある。モンタナ州立大学の卒業生で、ローズ奨学生としてオックスフォード大大学院に留学後、現在はスタンフォード大の博士課程で学んでいるブライアン・ジョンスラッドは、次のような意見を寄せてくれた。

二週間前、私は母校の「キャリアウィーク」の集まりで、基調演説をする名誉に浴しました。私の演説にタイトルをつけるとしたら、「州立大で教育を受けることの強み」といったところでしょう。私はモンタナ州立大（ＭＳＵ）が私に与えてくれた、エリート大学では得られないであろうスキルの数々について話しました。それには、実施義務《アカウンタビリティ》を果たすことや、常に誰かが褒めてくれるわけではないため自分自身でベストを尽くさなければならない状況に置かれること、キャンパス外で生活をしたりアルバイトをしたりしながら徐々に大人としての振る舞いを身に付ける実生活のスキルと学業とを統合すること、などが含まれます。

州立大では、才能のある学生が目立つチャンスが大きく、それによって教授たちと接点を持ちやすいという面もある。ブライアンはこれに加え、さらなる利点を綴っている。

すでにお話ししたとおり、ＭＳＵでローズ奨学金やマーシャル奨学金に出願する学生たちは、その推薦状に素晴らしい逸話が盛り込まれており、これには私自身も大変驚きました。その内容は、学部生と教授たちとのあいだの、驚くほど人間味あふれる、緊密かつ学問的厳密性を持った関係を示すもので、オックスフォード大やスタンフォード大の推薦状とは大いに異なるものでした。

何より重要なのは、多くの公立大では、聡明で意欲的な学生を対象に、優良カレッジ《オナーズ》や優良プログラムが設けられており、州立大学の学費でリベラルアーツ教育を受けることができるということだ。しかしながらハーバードやその同類の大学へ行くことの代案として考えられるのは、公立大学だけではない。もし君がリベラルアーツ教育を受けたいのであれば、注目すべき最高の場所はリベラルアーツ・カレッジだろう。ただしこうした大学には、多少の欠点がある可能性も否定できない。まず、どこも小さい。この点は万人向きではない。そして、かなり辺鄙《へんぴ》な場所にある。これも万人向きではない。場合によっては少し世間離れした雰囲気や、独善的な傾向になりがちかもしれない。それでも、人文科学を教えることに対してその内容に見合うだけの重きを置いている場所があるとすれば——大学《カレッジ》がいまだ大学《カレッジ》である場所があるとすれば——それはリベラルアーツ・カレッジなのである。

リベラルアーツ・カレッジの教授陣は、その時間の大半を教えることに充てており、少なくとも部分的には指導力により雇用されたり昇進が決まったりという立場に置かれている可能性が高く、学生たちの相談に乗り、大学生活の中で積極的な役割を果たすことを期待されている。彼らは社会的には他大学の教授陣と同じような職業上のシステムの一部ではあるものの、大学への帰属意識は概して高い。リベラルアーツ・カレッジでの授業は、ほぼすべてがセミナー形式を基本としており、実際に教授がテーブルについてくれると期待していい。リベラルアーツ・カレッジでは非常勤講師はほとんどいないし、君と教授の間に割って入る大学院生の層もない。誰もが自分の居場所を見失ってしまうような大きな研究大学《ユニバーシティ》とは違う。教育環境は親密かつ真剣だ。（花形である研究施設がないということは、人文科学が自然科学の添え物の扱いをされずにすむということでもある）。学生たちの話を聞くと、授業中「どこにも隠れ場所がない」ことや、授業以外の時間に教授たちとじっくり議論をしているようすなどがうかがえる。彼らはまた、重大な意味を持つ事柄、たとえば、入試や新しい寮の設計や教授の採用についてまでも、逐一情報を得ることができる。これは研究大学ではまず考えられないことだ。リベラルアーツ・カレッジは、今もなお、学生たちを顧客やお得意さまではなく、大学というコミュニティの一員として扱う傾向にあるようだ。

しかし最も重要な違いは、いかなる場合もそうであるように、学生自身である。ある学生が僕に書き送ってくれたところでは、彼女は以前から、ユニバーシティは就職準備のための場所であるのに対し、リベラルアーツ・カレッジは真剣に知識を得たいと思っている人々の場所だと考えていたが、その考えは正しかったと納得できたそうだ。とは言え、あまりはっきりと区別するのは早計というものだろう。ポモナ・カレッジで何人かの学生から聞いた話を総合すると、就職競争が始まるのは四年になってからだそうだ――この点はアイビーリーグに通う彼らの友人たちが三年、あるいは二年から競争に巻き込まれるのとは異なる。『USニューズ』誌が、ますます幅を利かせ、入試のプロセスが全米の成績優秀な若者たちの経験を均一化させている今日、最も名声のあるリベラルアーツ・カレッジは――少なくともそこに通う学生たちは――次第にアイビーリーグの学生たちと似てきてしまっているのだろう。すでに話したとおり、リベラルアーツ・カレッジの上位二〇校のうち、少なく見ても六、最大では一四もの大学で、経済学が最も人気の専攻科目になっており、上位九校では七校までにこの傾向が見られる(この情報は『USニューズ』誌の後ろのほうに掲載されている)。こうした大学は避けることを考えたほうが賢明だろう。

総じて考えると、最善の選択肢は、リベラルアーツ・カレッジのなかで二つ目の層を成す――けっして二流ということではない――大学群だ。具体的には、リード・カレッジ、ケニオン・カレッジ、ウェスレヤン・カレッジ、セワニー・ザ・ユニバーシティ・オブ・ザ・サウス、マウント・ホリヨーク・カレッジをはじめとして、かなりの数にのぼる。こうした大学は、ハーバードやイェールと競おうとすることなく、真の教育の価値を保つ義務を担い続けてきた。『人生を変える大学〔原題 Colleges That Change Lives〕』『隠れたアイビー〔原題 Hidden Ivies〕』などの書籍や、ワシントンDCに拠点を置く非営利雑誌が編集し、大学を社会貢献度によって評価している『ワシントンマンスリー大学ガイド・ランキング〔原題 Washington Monthly College Guide and Rankings〕』で、また違ったリストを確認するのがいいだろう。湾岸地域で新たなMBAプログラムを始めることなんかよりも、君という学生を大事にしてくれる大学を探すべきだ。知的厳密性より、カリキュラムの柔軟性を謳《うた》っているようなところ、あるいは、芸術や人文科学を骨抜きにして、実用的なプログラムに力を入れているようなところは警戒すべきだろう。博士の供給過剰がずっと続いているため、今日日、優れた教授はどの大学にもいるということを忘れてはならない。

これも前の章で話したが、ハイスクールのころから、すべての科目でAを獲るよりも、自分の好奇心に従うことを重視する生徒はいるものだ。そこでもう一つ、僕の経験から得た目安を教えよう。『USニューズ』誌には各大学の新入生のうち、ハイスクールで成績が上位一〇%以内だった者の割合が載っている。ランキングのトップ20以内のユニバーシティでは、その数値は通常、九〇%を越えている。ランキング上位のいくつかのカレッジでも、このレベルには達している。僕が君の立場なら、こうした大学は敬遠するだろう（もっとも、州立大学の場合には少し事情が違う。州立大にはそれぞれの州のあまり条件の良くないハイスクールからも進学してくるからだ）。成績が上位一〇%に入っているからといって、必ずしもその生徒が優秀な羊とは限らない。しかしそのうちかなりの数がそうだとすれば、君はそうした連中に囲まれてしまうまえに、じっくり考えたほうがいいだろう。あまり名声の高くない大学の学生のほうが、より面白味があり、好奇心旺盛で、率直で、自分が得ているものに対する感謝の念が強く、競争心や権利意識は格段に少ない傾向にある。彼らはライバルではなく、仲間のような関係になることが多い。

先ごろリベラルアーツ・カレッジを卒業したある学生は、彼女の大学生活について、こう綴っていた。

私はハイスクールでは特にいい成績ではない科目が二、三ありましたが、それについて別段、気にも留めていませんでした。結局私はアイビーリーグではない小さなリベラルアーツ・カレッジへ進学し、そこで自分と同じような境遇の、衒《てら》いがなく、知識一般について追求することが大好きな人たちとともに学びました。特定の方向へ進むべきといったプレッシャーを感じることは一度もありませんでした。その代わり、教授たちは私に遠大な疑問について問うことや、理論立ててよく考えること、それぞれの課題について、他の分野で学んだ知識をかき集め、既成の学説に挑んで新たな持論を展開し、自由にアプローチすることを求めたのです。印象的だったのは、卒業論文を書いているとき、その内容が、私の専攻していた政治学の範囲にはおさまらないようになってきてしまったのですが、指導教師の先生方は、学部のガイドラインは気にせず、リジェクトされることも恐れず書き進めるべきだと励ましてくれました。大事なのは裁定結果がどうなるかではなく、成長や学びの過程であって、これは何かを経験するなかでそれを自分の血肉とすることを追求する機会なのだということでした。私は何を行うにも、そのときのアドバイスを大切にしています。

彼女は今、博士課程リーディングプログラムで学部で専攻していたのとは違う分野の研究をしている。別の女子学生は、こんな風に書いている。

ジョージア州南東部にあるベリー・カレッジは、私に全額支給奨学金を与えてくれました。とても美しいキャンパスと、ライティング・プログラムがあったので、そこを選ぶことにしました。結果的にはとてもいい選択でした。ベリーは小さく、風変わりで、非常に優秀な学生もところどころに見受けられ、私にはぴったりの場所でした。有名な教授は少ないですが――ほんとうに有名な先生は一人だけかも――人文科学のコースには、聡明でなおかつ人間味溢《あふ》れる教授陣が大勢いらっしゃいました。皆、少人数のクラスを教える機会に惹《ひ》かれてこの大学へやって来た、知識というものを真に重んじている方たちばかりで、中でも最も優秀な数名は、なかなか魅力的な感じに浮世離れしていました。学生たちも、私がそれまで出会ったことのないタイプでした。皆ほんとうに知識や本が大好きで、彼らといっしょにいると、本当の私自身を――少なくとも知的な部分を――出しすぎないようにしなきゃとか、隠さなきゃとか、そんなふうに常に身構える必要性を感じないのです。私はベリー・カレッジで、それ以前もそれ以後も出会うことのなかったものを見つけました。それは、とても親しい〝魂の友〟の一団。彼らとは、文学や芸術から、自分自身であることの意味に至るまで、常に激烈な議論を交わしていました。特に四年のときには、〝実社会〟が私たちの世界を浸食してくるにつれ、頻繁に行われるこの存在を賭けた合同発作は、私たち全員にとって、とてもいい息抜きになりました。

教授の指導と人文科学――これらはリベラルアーツを体験するときの〝中身〟、すなわち真ん中を成すものとなる。しかし君はまた端っこのほう、つまり最初や最後にも気を配ってくれるカレッジを探すべきだ。君がドアを入ったとたんコースカタログを手渡し、がんばれよと背中を叩《たた》いてあとは本人に任せるような大学は避けたほうがいい。一度や二度、個別相談をしてもらったところで、じゅうぶんではない。理想を言うなら、君が求めるべきは、それ専用の新入生向けセミナー――単なる「論文の書き方講座」以上のもの――すなわち、君に大学教育の目的を紹介するための授業だ。

こうしたセミナーは、さまざまな形を取ることが考えられるが、僕はウィスコンシン州のリベラルアーツ・カレッジ、ローレンス・カレッジを訪れたとき、その手本となるような講座について知ることができた。二学期に渡る新入生講座は、一九四五年から、「リベラル・ラーニング入門」として提供されている。この講座の目的は、知性の共有とともに知的冒険の意識を養うことを目的としている。深遠な問題、たとえば、よい人生とは何かというような問いが、率直に議題として提示される。シラバスの主体は人文科学に置かれているものの、内容はカリキュラムのすべての支脈から引き込んでくる。アインシュタインとスティーヴン・ジェイ・グールドがプラトンやウルフやストラヴィンスキーと同席しているような感じだ。ある担当教師の話では（ちなみに、十五のセクションから成るこの講座を教えるほとんど全員が教授である）、この講座では学生たちを彼ら自身の専門分野だと考えているものを越えた領域まで思考範囲がおよぶよう追い立てるそうだ。学生たちはこれによって、自分は歴史が好きだったんだ、あるいは物理学や芸術に興味があったんだと、新たに発見することができる。学生はまた、この講座を履修することで大学での市民権を与えられたと感じる。僕は四年の学生の一団と話をする機会があったのだが、彼らはこの講座のおかげで、大学はなんのためのものかを理解することができたと言っていた。彼らはまた、自発的に自らを教育するよう励まされるとともに、そのための手段も与えられているようだ。入学時の成績は必ずしも僕がイェールで教えていた学生たちほど高くはないが、この大学の学生のほうがはるかに自己認識に優れ、自らの決断に納得しているのがはっきりと見てとれた。四年生の一人は、これから彼らと共に卒業する三五〇名のうち、法科大学院へ進むのはわずかだと得意げに話していた。

大学生活の終え方も、始め方と同じくらい大切である。この終え方というのは、けっして卒業式のことではない。君の専攻がなんであれ、卒業後の人生へ踏み出すことを考えるとき、それを積極的に助けてくれるような大学を探してほしい。それはつまり、君にできる限り広い範囲の選択肢を紹介してくれるということだ。その行程は四年次まで待つわけにはいかないし、付け足しでも困る。最近とみに増えている付け焼刃の実践的スキルをリベラルアーツ教育の授業に組み込んだおざなりのアプローチなどではないもの（″リーダーシップ″についての中身のない講釈はなおのこと願い下げだが）が必要だ。

僕はアクティブ・ラーニングやサービス・ラーニング［地域サービス活動と学業を結びつけた社会貢献型体験学習］をはじめとした、知識を実践に生かし、学問を大学構外の体験と融合させるプログラムを嫌うつもりは毛頭ない。前にも言ったが、内省するには自らのへそを眺めていたのではだめだ。行動で補うことによって、はじめて意味を成す。一例を挙げると、バーモント州のベニントン・カレッジは、この路線に沿ってカリキュラムを新たに組み直した。学生たちには四年間に渡る「計画過程《プラン・プロセス》」を経ることが義務付けられている。これには個別相談や内省的なエッセイを書くこと、個人別の教科課程を考案することなどが含まれている。彼らは毎年、学期の間に七週間の「フィールドワーク期間」を経験し、それにより卒業後の世界に、高い意識で計画的に臨むことが容易になる。公的行動促進センターは、分野を越えたさまざまなコースを提供し、学生たちに、貧困や公衆衛生、環境など、特定の問題を中心に履修計画を立てる機会を与えている。目標は、社会を変える力にすべく学問を強化していくこと。こうした目標が、リーダーシップやシチズンシップを単なる響きのいい言葉だけで終わらせないことを可能にするのである。

大学へまったく行かないという選択肢はどうだろう? それもまた昨今の流行ではある——少なくとも、それについて話すのは流行《はや》っているようだ。ビル・ゲイツ、マーク・ザッカーバーグ——いつも同じ例がきまって引き合いに出される（もっとも、ゲイツもザッカーバーグもハーバードに数期通ったことがあり、二人ともそこで将来を決定づけるような出会いを経験している）。投資家のピーター・ティール——スタンフォードで学士号と法学士号を取得、前者は哲学専攻——は、大学中退したり大学進学を見送ったりした二十歳以下の若者たちの起業に対してフェローシップを提供している。確かに君がコンピュータ業界の天才児だったら（あるいはテニス界のスターだったら——シュテフィ・グラフもまた、この手の話題で挙げられることが多いが、その点だけ見ても、この議論がどの程度の考えに基づいたものかがうかがえる)、これもまたいいアドバイスかもしれない。それ以外では、かなり浅薄と言わざるを得ない。純粋に経済的な問題――割増賃金、失業率、生涯年収――に照らして見ても、大学はいまだになかなかいい投資対象であるだけでなく、最近の研究によれば、人が行い得る最高の投資だという見方もある。大学卒業資格は多くの職業やほとんどすべての専門職の訓練において必要とされている。

僕がこれまで話してきたようなより高度な目的から考えても、同じように必要不可欠だ。世の中には、この世界と図書館さえあれば学ぶことのできる聡明な独学者もいるかもしれない(作家フラン・レボウィッツは、ハイスクールから追い出されたとき、これでもっと読書する時間ができると喜んだそうだ)。しかし彼らは、ゲイツやザッカーバーグと同じくらい希少な存在だ。一般社会の規範に従わない人間の典型と言えるヘンリー・デイヴィッド・ソローですら、大学へは行っているし、もし行っていなかったらあのような人物にはならなかったはずだ。確かに大学は、最善の状況下でさえも完璧ではない。魂を培うことは、けっして時間割や学期に沿う形では進まないだろう。構想力や勇気は、規範や資格にしっくり収まることはないだろう。とは言え、不十分な教育を受けることが悪いからと言って、教育そのものを受けないことにするのはなお悪い。君は独り立ちする前に、基礎を固めておくことが必要なのだ。

しかしながら、どの大学へ行くかよりもはるかに大事なことは、なぜ行くかと、どうやって行くか。大学候補のリストを作り、下見して回っているとき、君は何を考えているだろう? 贅沢《ぜいたく》な寮やジムの設備などどうでもいい。大学はカントリークラブではないのだ。学生たちの雰囲気はどうだろう？　教師たちは？　考えることがかっこいいとされるような、そういう風潮のある大学を探してほしい。入学希望の生徒たちがまずやらないことではあるが、実際に授業を聴講してみてほしい。『USニューズ』誌には、「最高の学部指導ランキング」のリストもある。それらは評判を調査した噂《うわさ》話のようなもの（つまり、各大学の経営陣の他大学についての見解）にすぎないが、少なくとも一読する価値はある。その中に、メインである「最高の大学ランキング」のリストには名前が出ていない大学もいくつか含まれているからだ。学生対教授の比率や、二十名以下の授業の割合といった、〝統計もどき〟は誤解を招きやすいので注意が必要だ。それを見たからと言って、どの授業なら教授に教えてもらえるかとか、あるいは少人数クラスを教えているのはどの教授かといった情報は与えてくれない。それは君自身が足を運んで調査すべきだ。

なにはともあれ、いちばん大事なのはランキングなどは忘れてしまうことだろう。大学にも、生徒にも、あまりにも多くの誤った決断をさせてきたリストなのだ。ランキングは一つ一つ異なっているはずの大学をひとまとめにし、本質的には同じものたちを相手に無意味な格付けをし、教育の質ではなく市場における地位で計ろうとする。これまで多くの若者たちが、当然のように、自分が入れるなかでいちばん有名な大学を選んできた。君は、君にとってしっくりくると感じられるような大学へ行くべきだ。

そして実際に大学に入ったら、目をしっかり見開いてボールを見ること。教育というのは、受け身の姿勢で身につくものではない。どの道を進むと決めたにしても、自ら積極的にそこへ向かっていくことだ。学生を教えることに献身的な教師を探し出し、教室の外でも、恥ずかしがらずに話しかけてみるといい。どんな分野であれ、君を専門家にしてくれるコースではなく、一人前の人間にしてくれるコースを選ぼう。直感に従って、好奇心のおもむくままに、学問の道を辿《たど》っていくのだ。専攻はわくわくするようなものを選んでほしい——今この瞬間、学ぶこと自体に歓びを感じるものを。大学は、人が金を払っていながら、それで買える最低限のものを求める唯一の場所だと言われている。けれどこれは君のための時間、君のための機会だ。君が成りたかった人ではなく、君が成ろうと思った人でもなく、君がこうなるだろうとは夢にも思わなかったような人になるチャンスなのだ。君が大学へ行くとき、何よりも重要な要素は大学ではない。それは他でもない、君自身なのである。

第四部

社会

第十一章　エリートクラブへようこそ

僕はここまで、わが国のエリート教育のシステムが、それを経験する若者たちにどんな影響を与えるかについて話してきた。ここではそれが国全体におよぼす影響についても考えてみたい。システムがこの国にもたらすものとは、一言で言って、一世紀前、ビッグスリーが全盛だった古き悪しき時代の階級制度の再来だ。それは不平等を悪化させ、社会的移動性を妨げ、特権を永続化し、かつてのWASPの貴族たちがそうであったように、リーダーとして率いるべき社会から孤立してしまった――そして自らがエリート階級であることは当然だとばかりに乙に澄ました――エリート集団を創り出している。

数字にはそれがはっきりと表れている。一九八五年、二五〇の最も精選された大学の学生のうち、四六％が、所得分配の上位四分の一の家庭の出身だった。二〇〇〇年までには、この数値は五五％に達し、二〇〇六年には（標本数は多少少なめではあるが）六七％におよんでいる。その年、所得分配の下位二分の一の家庭の子供はわずかに一五％、これより少し前の年度の調査では、下位四分の一の家庭の出身者は、全体の三％だった。大学の名声が高ければ高いほど、学生の構成はより偏りがちである。ジェローム・カラベルの著書によれば、ハーバード、イェール、プリンストンは、「依然として、この国の主要な研究大学の中で、最も経済的多様性が少ない部類に入っている」。しかしこの点では公立大学も、私立大学とさほど変わらない。二〇〇四年、最も精選された州立大学の学生のうち、四〇%が年収十万ドル以上の家庭の出身で、つい五年前の三二%という数字と比べてかなり増えている。同じ年の別の調査報告の言葉を借りれば、「今日、アメリカの高等教育は、過去三十年のどの時期と比較しても、社会経済的な階層化が進んでいる」。そこからの十年ではさらに状況が悪化していると言っても差支えないだろう。

　この風潮の理由は明らかだ。増加する授業料も一因ではあるが、主たる元凶は、大学入試競争を勝ち抜くためにその規格に合った子供たちを製造するコストが増えつづけていることなのだ。ハードルが増えれば増えるほど、子供たちを弾き飛ばして越えさせるための費用がかさむ。家庭教師、予備校、その他の受験システムに備える方法は、その行程の仕上げにすぎない。裕福な親たちは、家庭内の教育環境を進化させるべく私財をつぎ込むことによって、子供たちのエリート大学合格を金で買おうとしはじめたのだ。それは子供たちが生まれたときからはじまる——音楽のレッスン、スポーツの道具や設備、海外旅行（豊かにする《エンリッチメント》プログラム［情操教育のこと］とは、まさに言い得て妙である）。そして何より重要なのはもちろん、私立校の学費や、最高レベルの公立校へ入れるために住まいを高級住宅地へ移すための費用だ。

　大学進学適性試験（ＳＡＴ）は本来適性を測るためのものだが、実際に測られているのは親の所得というのが現状である。実際それらはかなり符合する。また、ＳＡＴの成績がそれ以上にぴったりと符合するのは親の資産だというデータもある。所得が高い家庭と低い家庭の生徒の学業成績の隔たりは、過去三十年の間に四〇%も拡大している。大学卒業率の隔たりの増加はさらに大きく、一九八〇年代後半と比較して五〇%も拡大している。低所得家庭出身の成績優秀な生徒たちのうち、四年制大学へ入学だけでもする者は、半数に満たない（この事実について、少しのあいだ手を休めて考えてみてほしい）。経済学者ポール・クルーグマンが言ったように、「頭のいい貧しい子供たちは、頭の悪い金持ちの子供たちよりも学位を得る可能性が少ない」のである。前者に該当するある生徒は、後者の生徒について「不合格になるにはあまりにもリッチすぎる」と言っている──その女子生徒は彼女が通う良家の子女向けの私立ハイスクールについて語る中で、最悪の麻薬常用者やはちゃめちゃな生徒でさえ、誰もがなんとかなっていると言っている。

今の時代、所得格差は大恐慌時代の前と同じレベルまで広がり、合衆国における社会移動性は他のほぼすべての先進国と比べても低いと言われているが、それとこの件とは無関係ではないだろう。大学は責めを負うべき筆頭ではないものの、彼らの方針はこうした風潮を打ち消すことをほとんどせず、むしろそれをことごとく悪化させてきた。エリート大学、特に財政的に最も豊かな大学が、近年、低所得および中程度の所得の学生たちに手を差し伸べてきたのは事実だ。二〇〇七年、ハーバードは所得が六万ドル以下の家庭の子供に対しては授業料を無料にし、一八万ドル未満の家庭に対しては所得の一〇%までという上限を設けた（この数字を見れば、ケンブリッジ［マサチューセッツ州にあるハーバード大やMITの所在地］から見たミドルクラスはどの程度かがうかがえようというものだ）。経済支援を受ける学生たちの割合は、最も精選された大学群のほとんどで引き上げられており、奨学金によってまかなわれる経費の割合も増えている。それでも、ハーバードで四〇%、同等の大学ではさらに多くの割合の学生が、依然として学費の全額を支払っている。所得一八万ドルと言えば、全世帯のうち九四番目の百分順位にあたる。つまり、ハーバード大では、四〇%の学生が、所得が上位六%の家庭の出身者ということになる――奨学金の給付を受けているのは所得一八万ドル未満の学生に限らないため、あるいはこの割合はもっと大きいかもしれない。経済の不平等が教育の不平等を招き、その結果出願者プールが富裕層に大きく偏ってしまうという現象が起きている。

しかしながらこれは、ただ単に、低所得の家庭の子供たちが出願しないためそこから選ぶことができないというような単純な問題ではない。エリート私立大では、社会全体の経済バランスがそのまま学生の経済バランスに反映されることを許すわけにはいかないのである。それでは経営が成り立たないし、彼らがそれを望まないのは明らかだ。私立大には最低限の全額支払者が必要であり、寄付者の母体にかしずくことが必要であり、彼らの主たる後援者に仕えることが必要なのだ。そしてこの主たる後援者とは、国全体ではなくこの国の――そして近年増加している世界の――アッパークラスとアッパーミドルクラス、すなわち、大学の同窓会を構成する階級、大学の経営陣が所属する階級、卒業生たちの行く先として定められた階級なのである。ある調査によれば、一〇〇校のハイスクール――全米の総数の〇・三%――の出身者がハーバード、イェール、およびプリンストンの学生の二二%を占めているそうだ。その一〇〇校のうち、六校を除くすべてが私立校である。フィーダー校のシステムはいまだ健在というわけだ。

エリート大学は、より不平等な社会へ向かう流れを逆行させるうえで無力なだけではない。彼らの方針が、積極的にそれを助長している。口ではそんなことはないと主張しつつも、選り抜きの大学群は、低所得の家庭の生徒たちには入学が有利になるような要素を与えず、その一方で、他のグループにはかなりの好条件を用意している。その大半は、ひたすら所得表の最上部に偏って誘い込んだ受験者たちである。『合格の値段――アメリカの支配階級はいかにしてエリート大への切符を買うか［原題The Price of Admission : How America's Ruling Class Buys Its Way into Elite College］』（僕はこの本を読みながら、絶えず吐き気に襲われた）の著者ダニエル・ゴールデンは、次のようなカテゴリーについて詳しく書いている。寄付者の子息、今後寄付が見込める者、有名人、教授の子供、そして、これらよりもはるかに多い、スポーツ選手とレガシー。スポーツ選手とレガシーは、選り抜きの大学群において、入学者数のそれぞれ一〇から二五％を占めている。

　レガシー組は、平均して二四％の合格優位率――つまり、他の条件が同じであった場合彼らが合格する確率はこれだけ大きいという意味――、スポーツ組は、平均四八％の合格優位率に浴している。前者のカテゴリーは、その名前からして、特権の再生を意味している。後者はそれを打ち消すものだろうと思うかもしれないが、そうとはかぎらない。エリート大学の多くは、二十四以上の種目でチームを擁している。総じて見れば、フットボールやバスケットボールは、上流階級の愉《たの》しみであるスカッシュやフェンシング、ゴルフ、ボート競技、ヨット、スキー、テニス、ポロなどに埋もれてしまうほど少数派だ。ゴールデンによれば、大学の運動部での男女平等を定めた男女教育機会均等法案（タイトルⅨ）が、つまるところ、金持ちの女子のための積極的優遇措置《アファーマティブ・アクション》になっているのだそうだ。彼は、「少なくとも、エリート大学の学生の三分の一、およびリベラルアーツ・カレッジの半数は、入試過程において、特別扱いの印が付けられている」と書いている。そしてそれが、裕福な家庭の子供たちがすでに謳歌《おうか》している学業上のあまたの好条件に加えてであることを忘れてはならない。

ハーバードのような大学が特権の砦《とりで》となっていること、子供たちが金持ちらしく振る舞い、話し、考え、金持ちのままでいられるようにする場所——すなわち十八歳から二十二歳向けの寄宿学校——になっていることを敢《あ》えて主張しなければならないことに、馬鹿《ばか》馬鹿しさすら感じる。それくらいのことは、みんな承知の上じゃないのか？　〝エリート大学〟という呼び名は伊達《だて》じゃないのだ。けれど明らかに、この国ではそうでないふりをすることになっているらしい。なんだかんだ言ったって、われわれ能力主義社会に生きている。誰もが平等な機会を与えられているんじゃないの？

「システム」のいわゆる公平さの印として主張されているのは、排除の歴史に端を発し、〝多様性〟の横断幕を掲げて練り歩いてきた一連の方針だ。この多様性は実際、まさに社会改革というべきものだった。女性の大学院生ですら一九六一年まで入学させなかったプリンストン——この年、同大学部学科には総計一名のアフリカ系アメリカ人の入学を許可している（さぞかし孤独だっただろう）——は、今では全学生の半数が女子で、白人は半数にすぎない。しかしながら、性別や人種の多様性は、経済的再分離化に関するひとつの隠れ蓑《みの》、もっと言えば口実になってしまった。エリート大学は、いまだに一九六〇年代、ＷＡＳＰの〝貴族支配〟を撤廃するための真に勇気ある一歩を踏み出したときに築いた倫理的資産を食いつぶして生きているのである。実のところ、このときの能力主義は、あくまでも部分的なものだった。イェール大におけるキングマン・ブルースターの改革が、同大の同窓会から、他でもないスポーツ選手やレガシーを考慮して譲歩せよと即座に咎《とが》めだてられたことを思い出していただきたい（主たる寄付者の子息たちが最も有利な状況を維持できるようにすべきだという点については、誰も問題にしていなかった）。しかし今、ＳＡＴその他に代表される、学業上の有望性という能力主義に欠かせない徳目は、むしろ特権を再生していくための手段になってしまった。わが国が新たに得た多国籍で性差別のない能力主義社会は、それ自体を世襲のものにする方法を考え出し、教育システムはかように形作られていったのだ。

今の〝多様性〟の中身とは、おおよそそういうものなのである。この偉大な国のどのエリート大でもいい、そのキャンパスを訪ねた人は、白人の実業家や専門職の人々の子供たちが黒人やアジア系やラテンアメリカ系の実業家や専門職の人々の子供たちといっしょに勉強したり遊んだりしているようすを目にし、その心温まる光景に、胸を躍らせることだろう。スタンフォードのような大学の学生たちは、ミズーリ州出身者とパキスタン人がいたり、チェロを弾く者とラクロスをする者がいたりすると、多様性のある環境だと思いがちだ――彼らの両親が揃って銀行家や医者であることには気づかないのである。彼らは〝いろいろな種類の人々〟に出会えると言いたがるが、そうではない。彼らは、いろいろなところから来た〝同じ種類の人々〟と会っているだけだ。ある卒業生はこう書いている。「私たちは自分たちが学業上のエリートだということを自覚していましたが、社会的（あるいは経済的）エリートであることには気づいていませんでした」

もちろん、二、三の例外がないわけではない――理由の一つとしては、こうした大学は、税の免除を正当化する必要があることを自覚しているから。また別の理由としては、エリートという連中は、ごくわずかな新しい血を入れて、常に自らの集団の活力を保ち続けることを求めているから。しかし、例外はあくまでも例外だ。実際、わが国の現行の入試方針で、（一世紀前、ユダヤ人たちが憂き目に遭った割当てシステムを課せられているアジア系の人々よりも）いちばん不利な条件に置かれているのは、労働者階級と田舎に住む白人たちだろう。選り抜きの大学群では、彼らの姿を見ることはほとんどない。若者たちが自分の通う大学に多様性があると考えてしまうのは、そのような場所しか見たことがないからなのだ。

わが国の教育システムは、不平等を和らげるため、ヨーロッパ式の福祉国家に代わるものとしてアメリカ国民が培ってきたものだという意見がある。〝施し〟をする代わりに、機会を与えるものなのだと。確かにかつては、その触れ込みどおりに機能していた時期もあった。第二次世界大戦後の数十年のあいだに、先例のない公的高等教育の拡大と、同じように先例のない私的高等教育への門戸の開放が行われ、分厚いミドルクラスと、新たなアッパーおよびアッパーミドルクラスを創り出した。しかしそのシステムが、現在では不平等と闘わず、その中に捕らえられてしまっている。

ミッチェル・L・スティーヴンスは、著書『クラスを創る［原題 Creating a Class］』のなかで、大学の入試過程を「複雑で、公には好ましく見え、精緻なまでに高価」と形容し、「現代のアメリカ社会で、特権を見栄えよく洗濯《ロンダリング》する圧倒的手段」だと述べている（選り抜きのリベラルアーツ・カレッジの入試過程について詳しく著されたこの本は、タイトルだけでも何かの賞をあげたいほど秀逸だ）。それが大海のごとき不安を生んでいるにもかかわらず、アッパーミドルクラスの十七歳が耐え忍んでいるこの苦行は、「本質的に儀式のようなもの」とスティーヴンスは書いている。大事なのは良い成績を取るか否かではなく、そもそも参加を許されるかどうかなのだ。勝者はブラウン大へ行き、敗者はブランダイス大へ行く。競技に参加する機会さえない大多数の子供たちは、シキンナン州立大に行くか、ヨサンソコツク短大に行くか、あるいはまったくどこへも行かないかだ。ウォルター・ベン・マイケルズは、『多様性の問題［原題 The Trouble with Diversity］』に、積極的優遇措置《アファーマティブ・アクション》や奨学金などの支援制度の実際の目的は、システムが適用されない人々の手前、それを正当化するためのものだと書いている。「（とても少ない）ハーバードの貧しい学生の機能は、（とても多い）ハーバードの金持ちの学生に、金を払っただけではハーバードには入れないよということを確認させるためのものである」マイケルズは、アメリカのカレッジやユニバーシティは、階級社会のための「宣伝組織《プロパガンダ・マシン》」だと述べている。

もしも僕が、エリート大で入学式のスピーチを頼まれたら、今ここでしているような話をしたいと思う。きっとこんなふうに言うだろう。君たちは賢いかもしれないし、努力しているかもしれませんが、主にはとてもラッキーなのです。確かに君たちはスタイヴェサントやハーバード・ウエストレイクといった進学校で隣に座っていた生徒を負かしもしたでしょう。けれど、君の同世代の九〇％は、競争が始まりもしないうちに、既に除外されているのです。

しかしながら実際、そういう席で言われるのは、これとは正反対のことだ。アンドリュー・デルバンコは書いている。今日の入学生は、大学総長から「多少のバリエーションをもたせたおきまりの賞賛の言葉で歓迎される。『君たちはわが大学の門をくぐったなかでも、比類なきほどに素晴らしい学年である』と」。これはけっして大袈裟《おおげさ》ではない。数年前に卒業した教え子は、エッセイにこんなふうに書いていた。

なんなら賭けてもいいが、イェールの二〇一二年卒業生のほとんどは、その年の合格率を小数点以下まで言えるだろう…（中略）…知らないなどと言い訳はできない。オリエンテーションウィークのあいだ、レヴィン総長から新入生カウンセラーに至るまで、すべての人が、私たちの学年の合格率を唱えていたのだから。それは、九・九％、当時の新記録である。この数字がほのめかす意味は明らかだった。それまでイェールに入ったどの学年よりも、君たちの席は価値があるということなのだ。

こうした言葉は、大学学部だけにも、また、合衆国だけにもとどまらない。ハーバード大学院ケネディ・スクールでも、ペンシルベニア大のビジネススクールであるウォートン・スクールでも、また、プリンストン大学でも、トロント大学（カナダ屈指の名門大学）でも、カトリカ・デ・チリ大学（南米有数の名門大学）でも、僕は同じような話を聞いた。ハーバードのある学部生は、学内紙『ハーバード・クリムゾン』にこんなふうに書いている。

最初の講義のためにペンのキャップを取る前から、学生たちはすでに、どうしたらいいかわからないほどの褒《ほ》め言葉をてんこもりにされていた…（中略）…憂鬱なことに、こうした、〝でかしたぞ的〟な賞賛は、卒業式のような式典の席を越え、日常の授業の中にまで入り込んでくる。

今週も（学期が始まってまだ一ヵ月にも満たないにもかかわらず）、ある教授がかなり大きな教室に集まった全員に、僕らはすでに、この世のなかで僕らが学ぶ特定のコンテンツ領域を理解する人々のうち九九・九位の百分順位にいるのだと言った。

過去を振り返ると、けっしてずっと前からこうではなかった。WASPの〝貴族支配〟の時代、学生たちはこれとはまったく異なるメッセージを聞かされていた。以前僕の先輩教授だったある人物は、次のような内容を書き送ってくれた。

古き悪しき時代のよかったところは、学生に対する大学側の懐疑的な姿勢です。一九五七年九月の最初の一、二週間、何かの集まりがあると、イェール・カレッジの学長は、新入生にこう言ったものです。君たちが選び出された受験生集団はとても大きく優秀だった、イェール大は、君たちのうちひとりも入れなくても、君たちと寸分たがわぬだけ適格な学生を一学年分揃えることができたのだ、と。学部長はさらに、今後四年間、大学が他の誰かにその座を与えるのではなく、君たちを選んだのが正しかったのだということを証明するのが君たちの義務なのだと続けました。私が教員としてイェールに戻ったのは一九六九年のことでしたが、その時すでに、変化は起こっていました。そのころまでに、学長たちは、どの年の新入生に対しても、君たちはイェールの門をくぐった中で最も素晴らしい人間の集団であり、君たちのような学生が入ってきてくれたことは、イェールにとって素晴らしいことだと言うようになっていたのです。

何が起こったのかと言えば、それはもちろん、能力主義への移行だ。大学には、学生たちのプライドをせいいっぱい高めておく理由がたくさんあった。そうしておけばお客様は上機嫌。寄付金ポンプに呼び水を差すことができる。帰属意識を高めるすべての儀式《イニシエーション》――入学式、入会式、卒業式、さらには大学名の入ったスウェットシャツや車窓に貼るためのステッカー『素晴らしき（ここに大学名が入る）の伝統』、同族意識を育む運動部の対抗戦、愛校精神を盛り上げるすべてのお祭り騒ぎ――と並んで、忠誠心を培うのに役立つのだ。そうすれば大学は学生のこれからの生涯を通じて、その忠誠心をもとに絞り取り続けることができる。しかし主には、彼らが実際そう信じているからでもある。問題のお世辞は、本質的に再帰的なものだ。君たちは最高だ、なぜならこの大学が最高だから。（ある学生はこう呼んだ。「イェールの飽くことない自画自賛欲求」）。経営陣も、教授陣も、つまるところ彼ら自身が能力主義の産物で、彼らがエリート大にいることこそが、尽きることのない自己満足の源泉なのである。彼らのアイデンティティ――世界との、社会との、正義との関係性――は、彼らの学生たちと同じ方程式の上に築き上げられている。その方程式とはすなわち、君がこの大学に入ったのは君にはその価値があるから、そして君にその価値があるのは君が最高だから。

こうした考え方はもちろん、エリートの精神構造の中核を成すものであり、その原動力の「クソ上等《ホット・シット》」の部分だ。君は君という人間を点数や成績という物差しで見ることを身に付けたとき、彼らの仲間入りをする。問題は、そうした物差しが不完全だということではない（事実不完全だが）。問題は、学生たちが、学業の優秀さイコール優秀だと、学校での成績がいいことはイコール優れているということとだと——心《モラル》のうえでも、形而上学的にも、人としての価値を測る絶対的尺度において自分は上にいるのだと——絶えず吹き込まれ、疑問を差し挟む余地もなく信じさせられてしまうことだ。

君の知力や成績にプライドを持つのは少しも悪いことではない。入学案内の分厚い封筒が郵送されてきた瞬間から、エリート大が密かに駆り立てる自惚《うぬぼ》れや自画自賛に問題があるのだ。すべての声の調子に、すべてのうなずきに、学生新聞のすべての記事に、〝母校の伝統〟のひとつひとつに、メッセージが込められている。そのメッセージとは、「君もついにここまで来たか、ようこそ、これでエリートの仲間入りだ」。それがほのめかすものもまた、明らかである。「君は、君がここに通うことで得られるようになるすべてのことを手にする価値がある」。人々にこう言われ、エリート大の学生たちは自分にはその資格があるのだと感じる。そして君は、SATの点数が高いというだけで、自分は他の人たちよりも多くのものを得る価値があるのだと思ってしまう。無論、実のところを言えば、君のSATの点数が高いのは、すでに他の人たちよりも多くを得ていたからなのだ。

エリート教育の問題点について最初の記事を書いたとき、僕は冒頭でわが家に配管工を呼んだときの話をした。僕は当時三十五歳で、それが家主として職人を呼んだ最初の経験だった。その日、その配管工がキッチンで仕事に取りかかる準備をしているとき、僕は気づいてしまったのだ。彼に何と話しかけていいか、まったくわからないことに。彼の分野は、僕にとってあまりにも未知のものだった。彼の価値観を推し量る術《すべ》もなく、言葉さえも謎だった。僕はまったくお手上げで、二、三分、彼と世間話をすることすらできなかった。十四年間にわたって高等教育を受けたはずの僕が、身をこわばらせ、頭真っ白で、自分自身の愚かさに呆れ果てていたのだ。外国からの客人相手に、なんなら別の言語で話すこともできるのに、僕の家のなかに立っている男に対して、どんな言葉をかけたらいいのかもわからないとは……。

エリートの苦境として紹介したこの逸話に対して、多くの読者から反論が寄せられた。エリート教育の不利益のひとつとして挙げられるのは、単に今まで一度も交わったことがないという理由から、自分とまったく同じ種類でない人々とは話をすることもできなくなってしまうことだとした僕の考えに反対する意見だ。私たちは自分の家に呼んだ配管工と何の問題もなく話をすることができると彼らは主張していた。そうかもしれない。ひょっとしたら僕が、その方面で尋常ならざる障害を負っているのかもしれない。僕はアッパーミドルクラスが集う郊外の環境で育っただけでなく、正統派ユダヤ教のコミュニティで育てられ、子供時代のほとんどは、教会が運営する私立校に通っていた。しかし僕はこうも考えている。人というのは、こういう事柄に関して――自分が属する階級とか、そのおかげでどんなふうに周りから浮いてしまうかについて――自分自身のことは、あまりよく見えないものだ。自分では世間一般の人たちと同じくらい気取りがないつもりでも、実際はそうではないかもしれないのである。

僕は自分がどんなふうに育てられたかよく自覚しているが、宗教の点を除いて、それはますます一般的になってきている。ビル・ビショップは、こうした〝大分類〟すなわち、わが国で現在進んでいる精神構造やライフスタイルに起因する――そしてつまるところは経済状態に起因する――自発的な隔離について、著書『大分類［原題 The Big Sort］』に書いている。社会移動の停滞、富裕層の高級住宅地という〝飛び地〟への大移動、そして彼らの子供たちの私立や私立まがいの公立校への移動によって、アッパークラスの身分は、大学入学時ではなく、すでに生まれたときから隔離されるようになっている。僕が経験したような、狭く守られた場所での成長は、選り抜きの大学へ入る子供たちにとって、今やごく当たり前のものになりつつある。彼らにも〝配管工〟と出会う機会は、ほとんどないのである。

しかしながら、問題は隔離だけではない。〝優越〟の論理は誰の目にも明らかだ。エリート教育は、ただ単に、君に自分とは真に異なる人々と話す術を教えてくれないだけではない。エリート教育は君に、話す必要もないと教える。階層はこの際関係ない。暗黙のメッセージは、名門大学の出身者でなければ、どの階層に属していようと、わざわざ時間を割いて相手にするまでもないというものだ。エリート大では君たちを「最も優秀で聡明な者たち」と好んで呼ぶ。つまり、他の連中は、まあ、言ってしまえば、それ以外ということになる――それほど優秀でも聡明でもなく、いずれにせよ、君より下ということになるのだ。あるハーバード大生が、こんなことを書いていた。「友人の一人が、地下鉄に乗ってボストンへ行った時の話をしてくれたのですが、他の乗客を眺めながら、自分とはけっして同じ知的レベルにはなりえないこの人たちは、ハーバードのコミュニティのメンバーが存在するような形では、存在しないも同然なのだと感じたそうです」

こうした話のどれもが、エリートの精神構造の一部である奉仕の精神や有害なまでの不安とは相反しているように見える。しかし実際には、そのどちらとも、まったく矛盾がないのである。ティーチ・フォー・アメリカなどの組織によって具現化される、あるいはエリート一般の中に存在する〝奉仕〃という考えそのものが、本来、相手を下に見る行為なのだ。君は、他人のために――あの恵まれない貧しい人々のために――彼ら自身では無理だろうと思うようなことをしてあげる。高みから舞い降りて、君の素晴らしい知恵と美徳で彼らを救うのだ。彼らの存在を認識してはいるものの、それはあくまでも君の優越感を維持するため――いやそれどころか、君の優越感を補強するためなのである。

不安については、エリートの原動力となる〃一対のクソ〃のうちのもう一方、クソ惨め《ピース・オブ・シット》の部分と考えればいい。アリス・ミラーは『才能ある子のドラマ』のなか（「軽蔑する者の孤独」と題した章）で、相手を見下すのは、自身の力不足を感じることへの防御策だと言っている。

われわれは他者を軽蔑し、自分自身の功績を過大評価するかぎり（「あの人には私にできることができない」）、愛は功績なくしては与えられないのだという事実を悲しまずにすむ。しかしこの悲しみを避けていると、心の底では、自分自身が軽蔑の対象でありつづける。自分自身のなかの素晴らしくも良くも賢くもないすべてを蔑むことになるのである。

エイミー・チュアには、彼女の精神の安定を保つための「負け犬」が必要だったことを思い出してほしい。「負け犬」は君自身の拒絶された部分、君が密かにそうなることを恐れている運命を、具現化したものなのだ。彼らの存在は――それがたとえ想像上のものであっても――尽きることない慰めであり、君があの壊れやすく貴重なクソ上等《ホット・シット》の気分を修復するために、常にその源泉となってくれる精神的資源なのだ。それこそが、能力主義によって得た身分が、かつての貴族階級の本物の自信とははるかにかけ離れている所以《ゆえん》なのである。この身分の者たちは、常に不安に駆られ、常に自己中心的で、常に失敗することへの不安におびえているのだ。

数年前、社会科学者ジーン・アニョンは、「社会階層と隠された教育カリキュラム」と題した記事を発表した。ニュージャージー州の五つの小学校を調査したうえで、彼女は、児童たちが教えられる方法は、教えられる内容以上に、それぞれの階層に留まるよう準備するためのものだったと結論づけている。労働者階級の子供たちは厳しくしつけられ、機会的な丸暗記で叩きこまれる。専門職の人々の子供たちは創造性や自己表現が身につくように配慮され、実業家の子供たちは権威や支配、自己管理などを教えられるのだという。

大学もこれと大差ない。エリート教育は、君を社会の上の階層へと押し上げてくれるだけではなく、そこへたどり着いたときの生活に備えて訓練までしてくれるのだ。ある卒業生はこう書いている。「イェール大が、中国で研究するためのフェローシップを提供したりニューヨークでブロードウェイのショーを観るのに補助金を支給したりするとき、こうした贅沢に金を出すのは幅広い視野を身に着け教養を育むためとされますが、実際のところ、最大の目的は、どうやって金持ちになるかを教えることなのです」

僕自身の経験を、そしてさらに僕の教え子たちの経験を、クリーヴランド州立大へ行った友人のものと比べてみるまで、僕はこの原則に気づかなかった。僕の友人はある学期だけDを獲ったことがある——彼女はそれまで、その科目ではずっとAだった。理由は、ウエイトレスのアルバイトをしていて遅くなり、期末論文を一時間遅れで提出したからである。これは極端な例かもしれないが、イェール大のようなところでは、まず考えられない。もちろんエリート大にも提出期限や満たすべき出席率はあるが、それを真に受けている者はひとりもいない。頼めば期限を延長してもらうことは可能だ。出席率が悪いから評価を下げると脅されたところで、それが実行されることはまずない。言い換えれば、名門大の学生たちは、次々に〝第二のチャンス〟を与えられるのだ。

それと同じくらい考えられないことに、僕の友人は、その件で相談する相手が誰もいなかったという。クリーヴランド州立大のようなところの学生たちは、アドバイザーや個別指導教官や学部長の一団に支えてはもらえない。提出が遅れたときに言い訳を書き送ることも、困ったときに援助を求めることも、転んだ時に助け起こしてもらうこともできない。彼らは、無関心なお役所から、教育をひと山いくらで買ったのだ。愛想のいい店員からプレゼント用にきれいに包装されたものを手渡されるのとはわけが違うのである。敏腕ブローカーによる特別授業や外国の高官との晩餐会など、僕の教え子たちが日常的に得ていたような特別な接点を得る機会も、彼らにはほとんどない。旅行給付金や研究奨学金《リサーチ・フェローシップ》、報奨金《パフォーマンス・グラント》など、名門校で濫費されているような特別資金も無きに等しい。僕が教えていた学部では、新入生のエッセイから卒業論文に至るまで、毎年何十件もの賞を設けて現金を与えていた。二〇〇九年には、そうした賞金の総額は、優に十万ドルを越えていた――たったひとつの学部だけでである。

加えて、クリーヴランド州立大学のようなところの学生は、ただ普通に勉強しているだけでAマイナスがもらえるわけではない。成績点のインフレにおいて何より由々しき問題は、その増加にひどいむらが生じてしまった点だ。一九五〇年代、学業平均値（GPA）の平均は、公立大でも私立大でも似たようなもので、およそ二・五だった。その後、数値のグラフは二手に分岐する。二〇〇七年までに、GPAの平均は公立大でも三・〇一まで上がったが、私立大では三・三〇、選り抜きの名門私立大では三・四三という高騰ぶりだった。アイビーリーグやそれと並ぶひと握りの大学では、Aマイナスは一種のデフォルトのようなもので、これを基準に足したり引いたりするのである。それはすでに成績点というよりも一種の暗喩、〝並みのエリート〟を示すエンブレムのようだ。その意味するところは、「だいじょうぶ、大学がなんとかしてあげよう」。

クリーヴランド州立大のようなところの学生たちは――こうした見方が間違いでないということは、それと同列のいくつかの大学で働いた経験のある教師たちに確認した――あらゆるお役所仕事のどつぼにはめられ、階級システムの真ん中あたりを占めるように訓練される。彼らは〝第二のチャンス〟などめったに与えられず、期限の延長もなく、支援もほとんど得られず、機会にも乏しい人生――従属するための人生、監督管理される人生、ガイドラインではなくデッドライン（締め切り）がある人生――を歩むための準備を整える。名門大学の学生は、これと正反対だ――コネ、タダ乗り、特権、ツテ。そしてもうひとつ、無罪放免。この能力主義はそもそも不完全なだけでなく、機能にも限界がある。門を入るのはとても難しいが、ひとたび入ってしまえば、何をしようと放り出されることはない。学業上の最も深刻な失敗を犯そうが、厚顔無恥な剽窃《ひょうせつ》をしようが、同級生を暴力で脅そうが――僕はこの三つとも耳にしたことがある――退学処分になるにはじゅうぶんではないのだ。このエリートクラブは、ひとたび入会を許されたら、まるで天与の権利があるかのように、そこに居座り続けることができる。
一見、古い時代の同窓会ネットワークの自己防衛機能が、女子も交える形にアップデートされただけのように見えるかもしれない。しかし実態はそれよりももっと深刻なものだ。ここでふたたび、イェールに一九五七年に入学した元先輩教授の言葉を紹介しよう。

経営陣のわれわれに対する態度は、いまだ腐敗していない評点システムにも表れていました。何かのコースで失敗すれば、Fと同等の点が付き、その数がとても多ければ、追い出されます。その時代、どの学年でも、およそ一〇~一五%の学生が、学位を獲れないままイェールを去ることになりました。「右の人を見なさい。左の人を見なさい。四年後、君たち三人のうち、残ってるのは二人だけです」。これほどではないかもしれませんが、それに似た感じはありました。一言で言って、私たちは特権に責任が伴う世界に生きていたのです。私見を申せば、イェール大がそのように私たちを鼓舞していたのは正しい姿勢だと思います。十八の少年少女が、大学にそそのかされ、すでに成功間違いなしのように思い込むなど、あってはならないことなのです。

しかしそれはもう過去の話だ。自己効力感について研究していた例のハーバード大生は、彼女が大学で経験した「イエス文化」についても語っていた。ハーバードが学生の望むことにはなんでも「イエス」と言ってくれるので、自分が何でもできるような感覚を植え付けられるのだそうだ。たとえば、中国へ一年留学したいと言えば、そのための学費を提供してくれる。必要なのはただ手を挙げることだけなのだ。僕は、それと成績点のインフレとのあいだに何らかの関係があるのではないかとまでは言わなかったが、彼女の言っていることは、多かれ少なかれ、エリートの身分の範疇《はんちゅう》に入るのだということは指摘した。私たちは何もせずにこの身分を得たわけじゃありません、努力をしたんです、と彼女は言った。僕は答えた。確かにそうだろう、しかし、努力だけではじゅうぶんじゃない。報酬は、成果に対して与えられるもので、単に努力したから、望んだから、与えられるものではないのだと。彼女は、友人の話を引き合いに出して反論してきた。その友人は、少なくともGPAが三・九以上でなければ応募できないローズ奨学金に、三・六しかないにもかかわらず出願した。彼女はそれを、素晴らしいことだと思ったそうだ。僕は、三・六の学生にはローズ奨学金を受ける資格がないと言った。彼女はその批判こそがエリート主義だと主張した。三・六の学生であろうと、どうしてもそれが欲しいのであれば、ローズ奨学金に応募してみるべきだ、言い換えれば、何の制限も設けるべきではないのだ、と。

私たちは何もせずにこの身分を得たのではない、それなりの努力をしたのだ——この理屈はよく耳にする。実際、君は周りの生徒たちよりもずっと熱心に勉強したのかもしれない。だが、君の目の届かないところにいる子はどうなのだろう？　ほんとうに、彼らの中に一人も、熱心に勉強した生徒がいないと思うのか？　二つ先の街の公立高校に通う生徒はどうだ？　その子は毎週、君と同じだけの時間、せいいっぱいがんばっていた。ただ、そのうちの二十五時間は、デニーズのバイトをがんばっていたというだけだ。今の世の中の仕組みから言って、公平に扱われることとそれ自体が、特権のひとつの形なのだ。大多数のアメリカ人は、努力をしてもがんばっただけの報酬を受け取れない。事実それこそが、今日の社会の不平等の実態なのである。
コミュニティ・カレッジを卒業後、海兵隊で実戦を経験し、その後スタンフォードに入学したある男性は、名門大学に通う若者の大多数が保護されている状況について、次のように書いている。

スタンフォードの学生たち（そして全米、全世界の同様の立場の若者たち）を庭の花々にたとえると、理解の助けになるでしょう。両親、カウンセラー、予備校のスペシャリスト、教師、教授、友人たち——大勢が彼らの世話をしています。彼らはやがて、そういう手の込んだ栽培に応《こた》えて花開きます。こうした花々は、美しくはありますが、若く傷つきやすいので、気候の変化にさらされないよう守ってあげなければなりません。常に手入れしてもらえばこその美しさなのです。

私は彼らの庭に、花のふりをして紛れこんだ雑草です。私は庭師から、外の世界の話をしてもらうことはありません。なぜなら私は、彼らの誰よりも遠くまで行き、彼らの誰よりも多くを見てきたからです。自由世界のあまたの若きリーダーたちは、オーガニックの養分や、自己満足のボランティアや、政治的に正しい寝物語のおかげで育っていきますが、私は面の皮が厚くなっているので、そういうものに心が動かされることはありません。私は痛みに耐えながら、現実社会の岩だらけの乾いた土に、ゆっくりと根を伸ばしていくだけです。

こうした人生を、ロマンチックにとらえるつもりはありません。ただ、厳しい条件下で育てられた植物は、庭で育つ花々よりも、ずっと強くなるということが言いたいだけです。とは言え、鮮やかな彩りと、絶え間ない娯楽とシンプルな美しさに溢《あふ》れた庭を離れ、モラルのあいまいな（危険ですらある）外の世界に出る必要があるでしょうか？　ここならば、人生のパターンは、基本的に周知のものです。Aをすれば B が手に入るとわかっているのです。けれどもし、Aをしても世の中がBを保証してくれないとしたら？　その時、可哀《かわい》そうな花たちは、どうするのでしょう？

多くの若者が、僕に質問を書き送ってきた。エリートの座でふんぞり返り、世間から浮いた、鼻持ちならないクソ野郎にならないために、何かできることはありますか？　僕には満足いく答えを示すことはできない。せいぜい、公立大に編入してみたらどうかと提案するくらいだ。頭で考えているだけでは、異なる背景を持つ人々と共感することはできないし、ましてや彼らについて知ることはできない。実際に彼らと直接交わる必要がある。そしてそれは対等な立場でなければならない。〝奉仕〟という状況でもだめだし、〝努力して〟という姿勢でもだめだ。僕の記事への反論として誰かが提案していたように、大学のサポートスタッフにいきなり近づいていって、コーヒーをおごりましょうと提案すれば彼らのことを知ることができるかと言うと、そんな安直な話ではない。誰かを対等な相手として扱う唯一の方法は、彼らが正に対等な相手だと認識することだ。

〝奉仕《サービス》〟の代わりに、サービス業に就いてみたらどうだろう？　他の人々について、深く知ることができるようになるに違いない。ウエイターやウエイトレスの仕事をしてみては？　肉体だけでなく、精神的にも、それがどれほど大変か理解できるだろう。君は周りの人たちが言っているほど賢くはない。君はある方面において人より賢いだけで、それも有産階級の中だけの話だ。名門大学へ行かなくても、いや、大学などにはまったく行かなくても、賢い人々はいる。そして彼らが大学へ行かなかったのは、たいていの場合、階級が原因だ。それに、見た目が立派《スマート》でなくても明敏《スマート》な人だっている。知性にはさまざまな形があるということを、君も聞いたことがあるだろう。それを実体験の中で目の当たりにしてみるといい。卒業後コミュニティ・カレッジの仕事に就いている僕の教え子は、そこに通う人々について、こんな報告をしてくれた。「学生たちは、ありとあらゆる方向に、信じられないくらい多種多様です。明らかに助けが必要な人もいれば、その人と接していると自分の若さや、粗雑さや、掛け値なしの愚かさが身につまされるような人もいます」。〝最も優秀な者〟イコール聡明な者というのは、とても狭い意味での話なのである。

特権階級の若者にとって、この手の話を聞かされるのは酷なことだろう。僕自身、そうした考えを最初に突きつけられたとき、素直に耳を傾けるのは容易ではなかった。保護された裕福な環境で育ったのはきみの落ち度ではない。けれど今、君に必要なのは、その責任を負うことだ。まずは自覚するところからはじめよう。今までどんなふうに聞かされていようと、実際のところ、君が他の人々よりも価値があるなんてことはない。君の痛みが、他の人よりも痛いわけではない。君の魂が、他の人の魂よりも重いわけでもない。僕が信心深い人間だったら、こんなふうに言うだろう――神様は君を特別に愛してるわけじゃない。そうなれば社会的な意味合いもおのずと明らかになる。ジョン・ラスキンが昔のエリートについて書いたように、つかめるだけの物をめいっぱいつかもうとするのは、徳の高い行為ではない。頭脳を使ってやろうが掌を使ってやろうが、それは同じことだ。ラスキンは言う。

「仕事はいつの世もあるだろう。仕事の頭《かしら》はいつの世もいるだろう」だが「仕事の頭や親方になることと、そこから上前をはねることとの間には、大きな隔たりがある」

しかしそれこそが、今まさに、過去八十年間なかったほどの規模で起きていることなのだ。わが国のリーダーたち、エリートたちは、大義のために働くべきところを、他者の犠牲のもとに私腹を肥やし、その行為を、自分たちは人より優れているからと正当化している。エリートの座にふんぞり返ったクソ野郎にならないというのは見上げた目標だと思うが、真の問題は、それ以外のものになることがとても難しくなってしまっている現況なのだ。もう一度繰り返すが、真の問題は、システムそれ自体なのである。では、変えるにはどうしたらいいいか。最終章ではいよいよそれについて話そう。

第十二章　世襲制能力主義社会との決別

「最も優秀かつ聡明な者たち（＝The best and the brightest）」。エリート大で学生たちへの呼び掛けに多用されるこの古めかしい決まり言葉は、なんとよくできた皮肉を含んでいることだろう。誰も覚えていないようだが、この文句はある本のタイトルにその起源がある［デイヴィッド・ハルバースタム著『ベスト&ブライテスト』］。ベトナム戦争の立案者である、いわゆる「やり手の若者たち《ウィズ・キッズ》」について書かれた本で、彼らの傲慢と自信過剰が、わが国を泥沼に引きずり込んだ。最も優秀かつ聡明な者たちとは、実に言い得て妙である。わが国のリーダー層ほど自画自賛が好きなリーダーたちが他にいるだろうか？　彼ら以上にあからさまな失態を演じたリーダーたちがかつていただろうか？　エリート階級は、眩《まばゆ》い栄光を纏《まと》い、先例なきまでの国家衰退の時代を率いている。彼らこそがまさに、「再生」を担わされた教育システムを反映した存在だ。時は来た。今こそ、単にシステムを上から下まで改革するのではなく、新たな形のリーダーシップ、新たな種類の社会へと丸ごと変革することを目指し、この国の出口を探しはじめるべきときなのだ。

　能力主義に基づくエリート階級《メリトクラシー》（＝meritocracy）が本来意味するところは、他のすべての支配階級と同じように、すべての人々のために行動するということである。名前から判断すれば、その精神は、自力による向上《セルフアドバンスメント》を目指すものだ。義務でも責任でもなく品格でもなく、リーダーシップですらもなく、個々が大きく成長すること、自己とその成功へひたむきに集中していくことである。その一方で、メリトクラシーは、再度その名前から考えるに、それ自身の高徳を信じてもいる。つまるところ、美点《メリット》（＝merit）とはそういう意味なのだから。僕らにしてみれば、今その地位にいる人々にそれがあるかどうか疑いたくなるところだが、この言葉は言外に心《モラル》に関わる意味もいくつか含んでいる――「知性（intelligence）」あるいは「聡明さ（aptitude）」、「優秀さ（excellence）」や「成績／成果（achievement）」という意味まである。この言葉が中世に担っていた霊的な響きは、今日われわれが使うときにもこだましている。「メリトクラシー」――わが国は、一種の選ばれた人々に支配されているわけだ。いかなるリーダー階級も、その地位を正当化するためのイデオロギーを展開する。ＷＡＳＰには社会進化論があった。北方人種は生存を賭けた戦いに勝ったという美徳によりこの世界を支配するというものだ。そして今のわが国には、チャールズ・マレーのような人々がいる。マレーは著書『釣鐘曲線［原題 The Bell Curve］』のなかで、「知的《コグニティヴ》エリート」と知性の遺伝率について述べている。新たに手を加えた社会進化論もどきを受け付けない者がいるとしても、彼らはひっそりと聡明さを努力に置き換え、遺伝的才能を勤勉さに置き換えるのだ。僕が話をしたハーバード生のように、彼らは自分自身に言い聞かせる。この地位が得られたのは、自分が（明らかに、他の人たちとは違って、ということらしい）努力したからなのだ、と。いずれにせよ、貧しい者は貧しいままだ。なぜなら彼らは劣っているから。裕福で力のある者たちこそが〝メリット〟を得るという論理である。

二〇一二年の大統領選は、ある共和党候補者という実例を提供し、エリートの精神構造について、われわれにさまざまなことを考えさせてくれた。僕が言っているのは、彼の悪名高き「四七％発言」［ミット・ロムニーは資金集めのパーティーで、「アメリカ人の四七％は所得税を払っていない」と述べた］のことではない。それと同じくらい暴露的だったのは、その候補者の雇用危機に関する提案だ。その内容は、最近の新卒者たちは、親から金を借りて自分でビジネスを始めればいいというようなものだった。小説家ジュリアン・バーンズは、彼の作品の登場人物に、こんなふうに考えさせている。「大昔、自分たちは地球上にただひとつの部族だと信じながらさまよっていた部族がいくつもあった。そう信ずる姿勢は、他の部族が目の前に現れても、揺らぐことはなかった。成功者と呼ばれる人々を見て、グレゴリーはこうした部族のことを思い出した」。ミット・ロムニーのような人にとって、心情的には、ミット・ロムニーとは違う種類の人々など――地下鉄に乗ったハーバード生が他の乗客に対して感じたのと同じように――存在していないも同然なのだろう。

自分と違う人々がどこかで生きていることは、彼らだって理解している。けれどその生活がどんなふうかは想像もつかない。そうした人々に多大な影響をおよぼす決断を下し得る立場に置かれているにもかかわらず、特に知ろうとはしないのである。そう、彼らは「配管工シンドローム」に悩まされていると言うこともできる。あるいは、僕の友人が考えた痛ましくも辛辣な表現を借りれば、「アイビー馬鹿《ばか》」なのかもしれない。ロムニーは、エリートの座にふんぞりかえって世間から離れてしまった極端な例かもしれないが、現大統領の前に登場した民主党の二人の候補者、アル・ゴアとジョン・ケリー（それぞれ、ハーバード大とイェール大出身）について考えてみると、二人とも真面目で、まともで、知的な人物ではあるものの、より幅広い有権者層とコミュニケーションをとることはできなかった。いや、それよりも、わが国の現職の大統領を見てみよう——ホノルルの名門校プナホウ・スクールや、コロンビア大、ハーバード法科大学院《ロースクール》を卒業しており、アフリカ系だという事実や、演説のうまさ、コミュニティ・オーガナイザーとしての経歴にもかかわらず、彼が「家族《フォークス》」と呼ぶ人々と、心的なつながりを持てていないという点では同じである。

また、彼の前任者、特権的凡人の権化のようなあの御仁は、わが国でリーダー育成のために発展させてきたシステムが作り出した製品の完璧な一例である。こうして考えると、特権的凡人とは彼の政権担当機関すべてにわたる動作原理そのものだ。しかしながら、ここ十二年のようすを見ればわかるとおり、それは今や、わが国のリーダー階級全体の動作原理になっている。わが国の機関は、幅広く失敗を犯しているだけでなく（ジョージ・パッカーは、イラク戦争は一種の耐久性検査で、これによって「政府の行政部門および立法部門、軍、諜報機関、営利企業、非営利企業、メディア」の弱さが露呈したと書いている。また、クリストファー・ヘイズは、『エリートの黄昏〔原題 Twilight of the Elites〕』のなかで、これまでの十年はずばり「失敗の十年」だったと述べている）誰ひとりとして、その責任を追及されることはない。エリートには常に、〝延長時間〟が認められる——救済や特赦を受けたり、短期間のリハビリをすることで済んでしまうのだ。ろくな仕事をしていないCEOに多額の報酬が支払われるのは、普通にしていれば獲れるAマイナスの大人版と言えるだろう。エンロン〔アメリカを代表するエネルギー会社だったが、二〇〇一年、粉飾決算が明るみになり破綻に追い込まれた〕のCEOケネス・レイが、自らが犯した罪のため罰せられるのだと知ったとき傷ついた聖人のような顔をしていたことを覚えている者たちは、わが国のリーダーたちが今現在まみれている汚れた感覚が理解できるに違いない。とは言え、わざわざケネス・レイを思い出すまでもない。この手の悲劇的な道化芝居は、天然色の毒々しさで、今ふたたびウォール街を舞台に大掛かりに演じられているのだ。

ジョージ・W・ブッシュは、一度だけ、まともなことを言ったことがある。それは彼の前任者についての発言だったが、図らずも彼自身が属するタイプについて言い当てていた。ブッシュは、最初の党大会の演説で、ビル・クリントンについてこう言った。「わが国の現大統領は、世代の可能性を体現している。才能に溢《あふ》れ、魅力に溢れ、素晴らしい手腕もある。だが、つまるところ、行きつく先はどこだろう？」漲《みなぎ》る有望さ、だがその先にさしたる目的はない。そう言えば「目的」という言葉は、本書で前にも登場した。ブッシュが無力な特権階級を体現する存在ならば、クリントンは「システム」が養成することを得意としている焦点の定まらない野心家の典型である。大統領候補はみな――そしてそれ以外のどの分野でも頭角を現す者はみな――必要な物を得ようという莫大な野心を抱えている。クリントンの場合は、他の多くの人々と同じように、それ以外に何もないのが痛いほど明らかだった。彼は、自身が何を求めているか知っていたが、その理由はまったくわかっていなかった。

僕はまた、似たようなタイプの連中を何人か思い出す。これまでのいくつかの政権は、わが国の他のさまざまな機関と同様、この手の人材の在庫だけは豊富だった――完璧なお役所主義のこけおどしコンドリーザ・ライス［共和党の政治家で政治学者。ブッシュ政権下で第66代国務長官を務めた］や、あるいは、これといった功績も残さずに最高裁判事になりおおせたエレナ・ケイガン［合衆国連邦最高裁判所における史上四人目の女性判事］のような人々だ。彼らは上手に履歴書を乗りこなし、さしたる情熱もないまま、注意深く立ちまわってトップに上り詰める。リーダーたちが目的意識を持たないのなら、この国自体がその目的意識を完全に失ってしまったとしても、何の不思議もないだろう。僕らはかつて、貧困を撲滅し、冷戦に勝利し、月に到達し、人種的な公平を実現して、より公正な社会を創ることを夢見た。それが今はどうだ？　今、この国で行おうとしている大規模な国家的プロジェクトはあるだろうか？　計画しようと話くらいはしているのだろうか？　自由を謳歌《おうか》し、じゅうぶんすぎる富と権力を有し、技術的には最先端を行っている。だが、つまるところ、行きつく先はどこだろう？

聡明で、才能に溢れ、意欲を漲らせている、それは確かだ。だが同時に心配性で、貪欲で、面白味がなく、もっぱら困難を避けようとするだけで、勇気も展望《ヴィジョン》もない――それが今日のわが国のエリートなのだ。能力主義社会は技術主義社会でもある。目の前に問題を提示すれば、彼らはそれを解くことができるが、それが自分にとって解決すべき問題なのかどうかはわからない。彼らは「システム」の中で作動するように訓練されている。よりよい「システム」を創り出す可能性など、想像もしていないのだ。信念や価値観や原則といったもの――どれも人文科学がそれについて考えることを教えてくれるものばかりだ――は、もはや彼らの頭の中にない。それがあることをあたりまえに受け止めすぎて、存在すら忘れている。知的資源と言えば、せいぜい今日の新聞の論評や昨日の方針書くらいで、それよりも栄養のあるものとは無縁になってしまっている。これが専門家の治世なのだ。あるいは、ソール・ベローの言葉を借りれば「高ＩＱうすら馬鹿」、すなわち「広く深く思慮する」ことができない人々だ。もちろん、社会には専門家が必要だが、彼らをトップに立たせないこともまた、必要なのである。

　さて、ここでもう一人のブッシュについて書かなければならない。お父ちゃんのほうだ。一九八八年の大統領選での彼の対抗馬は、マイケル・デュカキス（スワーズモア大、ハーバード・ロースクール）。能力主義に基づくエリートとして二大政党の大統領候補者になった最初の人物である。デュカキスは党大会でかの有名な演説をした。「この選挙は、イデオロギーではなく、能力をめぐる争いだ」――技術主義信奉者の信条を一言で表したわけだ。これに対して、パパ・ブッシュはこう応じた。「〝能力〟は列車を時刻表どおりに走らせてくれるが、それだけでは自分がどこへ向かっているかわからない」彼はさらに、選挙は――そしてすべての人々は――信念と、価値観と、原則をめぐるものでなければならないと続けた。

　しかしながら、技術主義信奉者の典型は哀れなデュカキスではなく――彼はむしろ、「高ＩＱうすら馬鹿」に近いかもしれない――現在のわれらが大統領閣下だろう。彼が著した本のタイトルは『大胆なる希望［原題 The Audacity of Hope］』［邦訳版タイトルは『合衆国再生』］だが、大胆なのは彼の野望だけにとどまっている。中道主義で実用主義、常に多数の合意《コンセンサス》を求めている。「システム」の他の製品たちと同じように、常に安全第一なのだ。先見者の衣をまといたがるものの、彼が見通すヴィジョンは技術主義そのものだ――常に「常識的な」解決策を論じたがることにもそれが表れている。政治が「可能性の技《アート》」だとすれば、リーダーとしてのオバマの失敗は、まさに「何が可能か」についての彼のとらえ方、現状の限界をおとなしく受け入れてしまう彼の姿勢にある。

　良い成績を獲れないかもしれない科目を学ぼうとしない学生のように、オバマは困難な戦いを避ける。この喩《たと》えがこじつけだと言うのなら、彼が自分が達成したことのリストを作っていることを考えてみてほしい（いや、ほんとうに）。しかも、大統領就任後の最初の二年間の自分の働きぶりに、七〇点を付けている（つまり彼は、自分のやりたかったことの七〇％は成し遂げたと思っているということだ）。言い換えれば彼は、自身を等級分けして、かなりの高値を付けている――これは能力主義のエリートの精神構造を表わすのにあまりにもできすぎた例である。しかしその年（二〇一〇年）有権者たちはそこまで高評価してくれなかった。その結果に彼は明らかに衝撃を受けたようだ。拡大する災禍を掌握することもできず、結局、残りの任期はすっかり失速してしまった。どうやら正しい答えさえ出していれば、中間選挙は楽勝だ（言葉の並び具合が「中間試験は楽勝」にも見えてくる）と思っていたらしい。

彼はまた、世間がなぜ彼の任命した人事のいくつかに反対しているのかも理解できなかった。ティモシー・ガイトナー［オバマ政権下で第七五代財務長官を務めた］やローレンス・サマーズ［同政権下で国家経済会議委員長を務めた］は、やがて経済危機へと通じる状況を作った中心人物である。彼らは確かに〝最高に優秀〟だ。彼ら以外、誰に国の経済を任せろと言うのだろう？　しかしオバマと彼の顧問たちの隠しきれない傲慢な自信には、確たる裏付けもなく、ネットのお助けアドバイス程度の内容しか伴っていなかった。まるで彼は、丁寧に説明さえしてやれば、この常識的な解決策は誰もが認めるはずで、それを拒絶されるなど信じられないと考えているかのようだった。競合する価値観や利害や視点といった概念がまったくなく、社会が単なる方程式以上のものであるということさえ理解していないかのようだった。民族的なアイデンティティと、比較的つつましい生い立ちからか、彼の当選は能力主義の勝利と言われた。悲しいかな、その言葉はまさに、現実を言い当てていたのである。

ここまでは、近年の大統領候補たちを例に能力主義社会の失敗について考えてきた。しかし最も驚くべきは、そもそもあまりにも多くの候補者が、「システム」の産物だという事実だ。

一九八八年から今まで、二大政党の大統領候補は一〇人いた。そのうち二人、ボブ・ドールとジョン・マケインを除く実に八人が、エリート私立大学で学び、うち七人がエリート専門職大学院《プロフェッショナル・スクール》に進んでいる。そしてこの八人――ブッシュ父子、デュカキス、クリントン、ゴア、ケリー、オバマ、ロムニー――全員が、高等教育のいずれかの時期に、ハーバードまたはイェールに通っている。

これを一九四八年から一九八四年まで、公立大学全盛期の一四名の候補者と比べてみよう。エリート私立大学へ行ったのはわずかに三人、人生のどこかでハーバードまたはイェールと関わりをもったのはそのうちの二人だけだ（もう一人はプリンストンへ行っている）。半数以上の八人が州立大へ入った。ちなみに一九八八年から二〇一二年までの候補者のうち州立大出身は一名のみだ。リチャード・ニクソンはウィッティア・カレッジへ行った。ロナルド・レーガンはユーリカ・カレッジへ行った。リンドン・ジョンソンは南西テキサス州教員養成大学へ行った。バリー・ゴールドウォーターは大学に入ったものの卒業はしなかった。ハリー・トルーマンは大学へ行かなかった。

最近の候補者のなかでレガシー組が占める割合の大きさにも驚かされる。一九四八年から一九八四年では、二人にすぎなかった。それ以後の候補者では、十名のうち八名がレガシー組だ。ブッシュ父子、ゴア、ケリー、マケイン、そしてロムニー。それぞれ上院議員や大統領、知事、海軍提督の息子たちで、ケリーの場合、父親はフィリップス・アカデミー・アンドーヴァーからイェール大へ進み、ハーバード・ロースクールを卒業した外交官だった（母親の旧姓はフォーブスである）。ここ四期のあいだに、その割合はさらに高くなり、なんと六人中五人がレガシー組である。（二〇一六年にヒラリー・クリントン対ジェブ・ブッシュまたはランド・ポールで争うことになれば、八人中七人ということになる）これはけっして例外的なことではない。前章に書いたことからもわかるとおり、「システム」がそのように働いているのだ。

大統領選挙に見られることは、今日のエリート全体に見られることだ。最高裁判事九名のうち、八名までもが、ハーバードもしくはイェールのロースクールで法律の学位を授与されており、これは前例のない割合である。また、九名のうち六名が、ハーバード、スタンフォード、プリンストンのいずれかで学士号を取得している。二〇一一年を例にとると、内閣の閣僚のうち、公立の大学へ行ったのは一名のみだ。二〇〇二年版の『アメリカを動かしているのは誰だ？［原題 Who's Running America］』によれば、実業界のリーダー層の五四％、政府機関のリーダー層の四二％が、わずか十二の大学の一つ以上から学位を授与されている。エリート向けの大学院課程は比較的少ない数の大学に偏っており、民間企業はそうしたほんの一握りの場所から採用する傾向になってきている。また最近の調査では、最も名高い法律事務所や投資銀行やコンサルタント会社は、君がハーバードかイェールかプリンストンに行っていなければ、君のほうなど見向きもしないことがわかっている。ＭＢＡを取得しているならスタンフォードや、ペンシルベニア大のウォートンスクールもありだそうだ。ＭＩＴやコロンビアやダートマスといった名門さえも、二流と見なされてしまうらしい。

優れた大学が豊富にあり、ＨＹＰＳｔｅｒｓ《ヒップスターズ》や「黄金の一ダース《ゴールデン・ダズン》」からも締め出された才能ある学生のプールが増加していることから考えるに、この愚か極まりない排他性は、いったいどこから来るのだろうか？　それは「システム」全体を動かしているのと同じ精神構造である。ランキング上位の大学へ行った者にとっては、そうでない者が、雇ったり認めたりするだけの価値があるとは思えないのだ。先ほど引き合いに出した調査では、「異常なほど由緒に執着する土壌」について述べている。また、ハーバードやプリンストンの出身者を雇っておけば安全ということでもある。彼らが結果的に役立たずだったとしても、彼らを選んだことを責められる心配はない。直感で決めたり、思い切った決断をしたりするような胆力のある者は、ひとりもいないのだ。

「システム」が、程度の差こそあれ似通った種類の人間の列を大量に送り出し続けるという事実を鑑みるに、そうした企業では、むしろ違う考え方をする人々を——もっと端的に言えば、違う性格の人々を——何人か加えたほうがいいのではないかと思える。エリートがこのまま同系繁殖を続けていたら、そのうち尻尾でも生えかねない。わが国の各種機関を運営している人々が、立派な経歴にもかかわらず、揃いも揃って同じ間違いをし、それを何度も繰り返しているのは、ある意味当然とも言える。いずれにしても、「システム」の結果、この国全体で、小学校から——いや、実際は母親の子宮にいるころから——実に効率的な線路が引かれてしまっているのである。

しかしながら、能力主義社会の問題はその排他的な自己閉鎖性やいつまでも居座る自己永続性だけではない。それはまた、私腹を肥やす自己取引を得意としている。どこに目を向けても、権威ある人々が職権を濫用し、彼らに仕える立場にいる者たちに損害を与えているのが見える。医者たちは、製薬会社から金を受け取り、他にもっと安全で安価な代替品があろうと、彼らの製品を使うように大《おお》袈裟《げさ》に後押しする。大学の総長たちは、学費が高騰し、財務が逼迫《ひっぱく》するなかで、巨額の報酬を得ている。政治家は公職の使命を忘れてロビイストになり下がり、懐を温める。監督管理する立場の役人は、その職を退いたとき、かつて自分が指導していた企業へ天下りする。重役は会社から不正利益を得、投資銀行家は顧客を嵌《は》め、会計事務所や信用格付け機関は帳簿をごまかす。わが国のリーダー層は、一言で言えば、われわれ、残りの国民に背を向けたのだ。この能力主義の時代が――その多くのメンバーが自由主義《リベラル》を装っているにもかかわらず――レーガン主義の時代になってしまったのも、けっして偶然ではないだろう。彼らの論理は同じ――他人のことなどかまってられるか。

リーダーシップというものには機会だけでなく責任も付いて回るということを、誰も理解していないように見える。彼らの贅沢なライフスタイルだけがリーダーシップの意味ではないのだということを、誰も認識していないかのようだ。作家ルイス・ラップハムは、「彼ら自身の野心にのみ忠実な支配層のエリートたち」に言及している。そのイメージキャラクターとも言えるのが、BP社のCEOトニー・ヘイワード。史上最悪レベルの環境汚染［二〇一〇年、BP社の石油掘削施設に爆発が起き、多量の原油がメキシコ湾に流出した、いわゆるメキシコ湾原油流出事故］のただ中にあって、「自分の生活を取り戻したい」と言った姿を、ご記憶の方も多いだろう。彼の会社のせいで広範囲に深刻な汚染が引き起こされたにもかかわらず、ヘイワードが嘆くのは、彼自身のことだけだったのである。

これは、われわれがかつて辿《たど》って来た道だ。E・ディグビー・ボルツェルは『プロテスタントの結成』のなかでこう言っている。「歴史は、リーダーシップよりも階級制による特権を優先した階層の墓場である」。アングロサクソンの〝貴族社会〟に関する彼の古典的研究により、WASPという言葉が一般に広まった。この本が出版されたのは一九六四年、奇しくも、イェール大が入試の実施方法に革命をもたらした年、言わば能力主義《メリトクラシー》元年であった。ミネルヴァの梟《ふくろう》は黄昏《たそがれ》に飛び立つという。歴史的事象はそれが舞台から過ぎ去る瞬間に、確たる表現を得る。

だがその終末は何十年にもわたっていた。WASPの優勢は一九二〇年代にそのピークを迎え、ボルツェルはこの十年を「アングロサクソンの年代」と呼んでいる。この期間はまた、周知のとおり、熱狂的に行き過ぎた時代でもあった。それは、今日ふたたびその様相が再現されつつあるのと同じくらい、貧富の差が広がった時期だった。第一次世界大戦の終結は、のちのソビエト連邦崩壊と同じような役割を果たした。世界のリーダーの地位が、合衆国——すなわちWASPに——委ねられたのである。となれば、次に何が起きるかもまた、周知の事実だろう。ボルツェルはその階級のある人物の言葉を引用してこう書いている。「一九二〇年、世界の運命は体よくお膳立てされて彼らの目の前に置かれた。莫大な利益に豚のように群がった結果、そのご馳走のテーブルは九年でひっくり返された」

一九三〇年代初め、ジェームズ・B・コナントがハーバード総長になったとき、能力主義社会《メリトクラシー》への第一歩が踏み出された。当時は大恐慌時代のどん底にあり、支配階級はその難局に対応していた。頭角を現しつつあるグループに公民権を与え、国内の才能ある人材を動員しつつ、彼ら自身の破滅的な失敗にも直面しなければならなかった。一九二九年の株価大暴落は、正統性の危機を象徴するものだった。〝貴族階級〟がその有用な時期を過ぎてしまったと見なされた瞬間だったのである。終焉まではまだ時間がかかったが、WASPたちが舞台を去る前に、ひとつだけ正しいことを成したのは

──少なくとも、彼らのうちのかなりの数の者がそうしたのは──永遠の誉と言うべきだろう。それは不承不承のゆっくりしたものであり、人それぞれ、さまざまな動機から出た行為ではあったが、彼らは交替の場を自ら準備したのである。彼らは、彼ら自身を乗り越えた。国家全体の利益と自分たちの利益が異なるものだとわかったとき、国家の利益を優先することを選んだのだ。彼らは、少なくとも最後には、自分たちとはまったく異なる新たな支配層に取って代られるのだということを悟ったのである。

それと今日の様相との対比はかなり印象的だ。〝貴族社会〟も〝能力主義社会〟も、それが破綻するまで、ほぼ同じくらいの期間存続した。前者は一八八〇年代から一九二九年まで、後者は一九六〇年代から二〇〇八年までである。だが、それ以外の点はことごとく異なっている。誰ひとりとして──少なくとも、権力の座についている者のなかでは誰ひとりとして──最近の危機から、なんの学びも得ていないように見える。その教訓は、金融規制でもなければ、法的な説明責任でもない。得るべき訓戒は、そろそろ退く時だというものだった。〝世襲制の能力主義〟──一％の富豪階級だけでなく、一〇～一五％のエリート階級、専門職も銀行家も、自由派も保守派も、アッパーミドルもアッパーも含めた全体──が、自分自身を乗り越えることに取りかからなければならない。「システム」は、それによっていい気分になったり恩恵を得たりする者たちにとって、いまだに正当なもの、良いもの、不可避なものに見えているかもしれないが、もはやうまく回っていないのだ。「システム」はその権威を喪失している。正統性を失《な》くしている。今こそ、現状とは違った社会がどんなものかを構想し、勇気を奮い立たせて、そこへ向かうべきときなのである。

天の恵みを分ける新たな制度を、特権が世襲されない制度を、確立しなければならない――これは不可欠だ。二十世紀半ばの数十年に実現したように、教育システムは、階級制度を次世代に再現するのではなく、それを緩和するものであるべきだ。一九三〇年代のリーダーたちがしたように、まずは入試プロセスから手を着けるのがいいだろう。何年も前からすでに多くの声が上がっているが、積極的差別是正措置《アファーマティブ・アクション》は、人種ではなく、階級に基づくものに変えるべきだ。レガシー組とスポーツ組を優遇する姿勢は、完全に捨て去らなければならない。大学進学適性試験（ＳＡＴ）は社会経済的な要因を加味して判断されるべきだ――この案は一九九〇年に明らかにされたものの、言うまでもなく却下された。大学は、願書に記載できる課外活動の数に上限を設け、〝履歴書の詰め込み〟をやめさせる必要がある。また、低所得家庭の生徒がハイスクールのときによくするような（そしてエリート家庭の子供たちはまずやらない）サービス業のアルバイトを、もっと評価するべきだろう。さらに、親が裕福であればこそ可能になるような習い事や体験は、合否の判断に影響しないようにすることも大切だ。そして当然のことながら、『ＵＳニューズ』誌に協力するのはやめるべきである。

より広範囲の話をするなら、大学は、優秀さ《メリット》についての彼らの考え方をあらためなければならない。大学が、わが国を今日率いている連中よりも優れたリーダー層を育成しようと思うのなら、どのような資質を伸ばすべきか、またその資質の有無をどう見分けるかを自問することが肝要である。ひとたび入試の基準が変われば、教育システム全体が変わる。われわれが求めるべきは、打たれ強く、自信に溢《あふ》れ、自立した魂を持ち、真の好奇心と創造性を有し、危険や過ちを犯すことを恐れない若者だ。

ポモナ・カレッジの入試事務局で働いていたある女子学生は、面接していていいなと思う受験生は、ハイスクールで少しつまずいたような面白味のある生徒だと言っていた――でも、そういう子たちは、ぜったい受からないんですよね。そう言えば、受験生には達成したことをリストにするだけでなく、「失敗の履歴書」を提出させたらどうかと言っている人がいた。デイヴィッド・ブルックスは、既成の権力を捕えて放さない集団順応思考に関連づけて、わが国の大学は「知的な爆弾を投げつけるつむじ曲がり」には報いないようにできていると指摘した。なるほど、まずそのあたりが、僕らが真っ先に報いるべき相手かもしれない。

　大学は、学業平均値（GPA）で出願者を振り分けることは、独創的な精神の持ち主よりも、退屈なことでも忠実にこつこつやるタイプに有利に働くことが多いということを肝に銘じるべきだ。大学単位認可（AP）クラスや課外活動その他において、質より量が優先されることも、同様の問題をはらんでいる。真の優秀さに到達するには、直感を信じて進むことに加え、なによりも一意専心の姿勢が必要となる。すべての項目をカバーしようとするような考えでは、到底無理なのだ。ハーバード大教授でアメリカ詩の批評家としては最古参のヘレン・ヴェンドラーは、彼女の大学に、偉大な芸術家はまず「リーダー」にはならないということを思い出させようと進言していた。僕がそれに付け加えるなら、偉大な科学者も、偉大な思想家も、その他ほとんどすべての偉大なものは、リーダーにはならない。イェールが一九六〇年代に入試制度改革を行ったとき、同大学は、意外性に欠ける退屈なプレップスクール・タイプから離れ、代わりに、「才気煥発《かんぱつ》にして活力漲《みなぎ》る者」を探そうと努めていた。しかし今、わが国の学生たちはまた違った種類の退屈さへと進化してしまった。今日のアイビーリーグの学生を知性の面で「活力漲る」と表現する人がいるだろうか？　「才気煥発」――単に聡明というのとは根本的に異なる――にしてもごく少数なのは誰もが認めるところだろう。Aマイナスは忘れよう。今ではAだって退屈だ。この国がその存亡を賭けて必要としているのはAプラスだ。それが、入試プロセスにおいて何か大胆な決断を要し、時に過ちを犯すことを意味するのなら、それでもかまわないじゃないか。

〝能力主義社会《メリトクラシー》〟は、今とはまったく異なる世界のなかで発展し、その教育システムは、今とはまったく異なる経済に沿う形で発案されたものだった。戦後の時代、大きな組織では、自然科学や社会科学の専門家たちが中核にいた。フォード・モーターやフォード財団の時代であり、NASAや米国国防総省《ペンタゴン》やベル研究所の時代だった。それは未来永劫《えいごう》続くかに見えた。全員を一種類の試験に基づいて分別し、社会という機械の差し込み口に合うように訓練するという発想は、空恐ろしいながらも、それなりの意味を持っていた。戦後の時代はまた冷戦の時代、現状維持を重視する静的なグローバルシステムの時代でもあり、それもまた、永遠のもののように見えていた。しかしわれわれは今、流動的な経済と不安定な政治、予測不能な危機や機会の時代に直面している。わが国には、以前とは違う種類の知性《ブレイン》が必要なのだ。

しかしながら、変化は単に選り抜きの大学群の入試プロセスを改革するだけでなく、もっと深いところまでおよぶようにしなければならない。それだけではエリートの凡庸さの問題は改善されても、より大きな不平等の問題は解決しないからだ。私立のカレッジやユニバーシティは、貧困層やミドルクラスに対して、今後も今までと同程度にしか門戸を開かないだろう。これは、そうする以外に採算を取ることができないという単純な理由からである。それを求める代わりに、われわれは、わが国の高等教育を構築するにあたって、その方法を徹底的に見直す必要がある。問題は、入試プロセスのあれこれではない。問題は、アイビーリーグそのもの――われわれが許してしまっているアイビーリーグその他の大学の位置づけにある。問題は、わが国のリーダーの育成を、ひと握りの私立大学に委ねてしまっていることにある。どれほど、公共の利益のために行動を起こしている、あるいは起こそうとしていると主張しようと、彼らは常に、自らの利を最優先にするに違いない。彼らはいつの世も、金持ちの手先であり続ける。そうした取り計らいは大学にとっては美味《おい》しいだろう。その富や影響力は増加し続ける。とは言え、同窓会の寄付を望むハーバード大の欲望のためだけに、階級制度を永続させてしまっていいものだろうか？　僕はかつて、この国に、どの子にも皆、アイビーリーグの大学に入る平等な機会があるような社会を築くべきだと思っていた。けれど今では、わが国がほんとうに必要としているのは、アイビーリーグの大学などに行かなくても、あるいは、私立大学に行かなくても、一流の教育が受けられる社会を作ることだと気づいた。

これはけっして目新しい考えではない。戦後、公立の高等教育機関に発展がもたらされたのは、まさにそうした覚悟からだったのだ。ニューヨーク州知事であり、WASP貴族階級の最後の数人のうちの一人であったネルソン・ロックフェラーが、ニューヨーク州の州立大学システムの大規模な拡張を行ったとき、彼は、その理由として、すべての市民は彼自身がダートマス大で受けたのと同じような良い教育を受ける権利があると考えたからだと述べた。カリフォルニア州もまた、同じ発想の下、西海岸アイビーリーグとも言えるような、世界有数の素晴らしいシステムを作った。公的資金を財源とし、すべての人に恩恵をもたらすために存在する公立大学。努力と才能がおよぶ限り、誰もが等しく進学するチャンスを得る（そう、まさにアメリカン・ドリームだ）。リベラルアーツ教育がもたらす、思考の幅を広げ、魂を豊かにするような経験を、望む者は誰でも、手に入れるができるのだ。わが国では、幼稚園からハイスクール卒業まで、無償で質の高い教育を受けることは、人としての当然の権利とみなされている。われわれはまた、高等教育についてもそれは同じであると認める必要があるのではないだろうか——かつてわが国でも一度はそうしたように、そして多くの国では今もそうしているように。

ならばその覚悟はどこへ行ってしまったのだろう？　基本的には、われわれは、もうそれに金を払いたくないと考えたのだ。税金の代わりに、学生ローンでいこうと。景気後退がはじまるまでの時期、州の予算の高等教育への割り当ては、一九八〇年と比べて三分の一も減少していた。二〇〇八年には、さらに一八％削減され、主要ないくつかの州では、三〇％近く、あるいはそれ以上減らされた。公立大学の授業料が過去十年間、毎年五％以上も増加し続けているのは、けっして偶然ではない。これは私立大学の授業料の増加と比べて倍のペースだ（しかも私立大では、実質的な学生の出費は横ばいになっている）。一九八九年以来、一人あたりの年収一ドルに対する州の高等教育への支出額——言い換えれば、われわれの懐から出ている分——は、半分近くまで減少した。ほぼ同じ時期の数値で比べてみると、公立大における学費からの歳入——学生とその親が支払う分——は倍以上に膨れ上がっている。仮にその割合を同じに保つことができていたなら——もしわれわれが当初の志を果たしていたなら——学費は、学生たちがローンとして負わされる分も含めて、今の半分以下に抑えることができていたはずなのだ。

最近も誰かが言っていたように、このシステムは維持できないわけではない。維持されていないだけだ。そして今、わが国では大規模公開オンライン講座（MOOC）や10KドルBA［テキサス州の公立大で試験的に実施されている学費が一万ドル以内の学士課程］の学位について話し合われている。公立高等教育は、その他のあまりにも多くの公立のプログラムと同じ道をたどっている——資金難にあえぎ、供給できなくなって責められる。われわれは、繁栄する強大な国を受け継いだはずだ。しかしそれを維持するために投資をする——つまり、犠牲を払う——代わりに、それが干からびるまで美味《うま》い汁を吸い、子供たちにそのツケを払わせる道を選んだ。学生たちにローンを背負わせている張本人が誰かを知りたいのなら、鏡を見るといい。親たちが大学を卒業した後も子供の生活を支えなければならない状態に陥っているのも、全体として見れば、単に補償的正義のひとつの形と言えるだろう。この世代間の富の譲渡は、本来税を通じて行われるべきだったのである。

とは言え、もしもわれわれが、真に公平な社会を築きたいのなら、一流の公立高等教育のために金を出す以上のことをしなければならない。子供たちが大学で平等な機会を得るためには、そこへ至るまでの間にも、平等な機会を得る必要がある。無論、ある程度の不平等は避けられない——ある人のほうが別の誰かよりも優れているということは常に起こり得る。大事なのは、不平等が次世代に受け継がれるのを防ぐことだ。それは必ずしもすべての子供が同じものを得るということではない。単にすべての子供がじゅうぶんなものを得るということだ。そして何よりそれは、幼稚園からハイスクール卒業までの十三年間における不平等を根絶することを意味する。それにどれほどの労力が要るかは周知のとおりだ。全国規模の平等化――権力の座にいる者たちが誰も立法化したがらなかった改革である。いや、もっといいのは、フィンランドやカナダ、シンガポールなど、最高の教育システムを持つ国々がしているように、家での不公平を埋め合わせるため、低所得家庭の子供たちにはさらに多くを与えるようにすることだ。いずれの場合も、学校の経費は、地域ごとの財産税から主に拠出するのではなく、一般歳入から支払うことが必要になる。ほとんどの先進国では後者の方法だ。前者は、その着想からして、富める者がその特権を永久化するための方法なのである。

もちろん、このすべてには相当な金がかかる。幸いにして、わが国はかなりの金持ちだ。ただ、間違ったものに使ってしまっているだけである。「国の財政は破綻した」。よく聞かれる言葉だが、実際にはそんなことはない。一人当たりで考えても、ごくわずかな例外を除いて、世界で最も豊かな国家なのだ。七千億ドルの国防省のゴリラをおとなしくさせて、国務省の刑務所のロビー活動を言い負かすことができれば、けっこうな額が確保できる。国庫の歳入である法人税は、一九八〇年代以前と比べると半額以下に減っている。企業が、よりよい訓練を受けた人材を雇い入れたいなら、それにかかる費用を国が捻出する手伝いをしなければならない。世に言う上位一％の富裕層について、国民総所得のなかで彼らの所得が占める割合を見てみると、一九五三年から一九八一年までは一〇％に留まっていたが、今では二三％まで膨れ上がっている。一六兆ドルの経済規模において、その違いは年二兆ドルを越える額になり、連邦財政赤字のおよそ四倍にもおよぶ。言わせてもらえば、その金は僕たち残り九九％の国民のものだ。金持ち連中は、法制度を自分たちの有利になるように操って――つまりは、金に物を言わせて――それを盗み取ったのだから。

しかし税制は唯一の問題ではないし、上位一%の富裕層だけが広がる一方の格差の恩恵を受けているわけでもない。総所得に占める「上位一%組」の所得の割合は、一九二八年以降で最も高い数値になっているものの、「上位一〇%組」が得た所得は、五〇%以上も増え、いまだかつてないほど(少なくとも一九一三年、統計が記録されはじめて以来)のレベルに達している。実のところ、「上位一%」をコンセプトやスローガンにしておけば、残りのエリートであるアッパーミドルクラス――大半が選り抜きの大学へ行き、今度は自分の子供たちをそこへ入れようと目論《もくろ》んでいる連中――にとっては、責任を免れることができて都合がいいということなのだ。

つまり高等教育を含めたあらゆる公立教育を資金不足に陥らせておけば、エリートたちの税金を低く抑えることができるわけだが、彼らが受ける恩恵はこれだけではない。彼らは自分の子供たちのために、そうした経済状態を整えているのだ。ほとんどの子供たちを列から外しておけば、自分の子供の取り分がずっと多くなる。これこそが、ヴィクトリア朝貴族さながらのご立派さで身を包んだアッパーミドルクラスが、進んで語りたがらない後ろ暗い秘密なのである。われわれは皆、社会移動を信じている。あるいは少なくとも口では、信じていると言っている。しかし心の底では、社会移動がゼロサムゲームであることも承知している。所得分配表のなかで、誰かが上に上がれば、必ず別の誰かが落ちる。ケイトリン・フラナガンは、エリート大学に行くような人は、政治的に正しい《ポリティカリー・コレクト》言動を実践する程度には啓蒙されているものの、「エリート大学という概念そのものが異論の余地のあるものだということに気づく」ほどではないと述べている。われわれは、自分たちは人種や性別や性的嗜好《しこう》に関する見解において進歩的だと得意になっているが、最も問題とすべき社会区分については見えないふりをしている。われわれはその社会区分を、目を光らせて守っている。それこそがわれわれの快適さや自尊心、そして美徳そのものの基礎となるもの、すなわち階級なのである。

つまりはこういうことなのだ。エリートたちは、この階級にいつまでも留まることのできる権利を、子供の幸せと引き換えに得ている。子供たちがより多くの輪っかを飛び越えなければならなくなるほど、そのための費用がかさみ、それを実現できる家庭はますます少なくなる。しかしその一方で、飛び越えれば飛び越えるほど、子供たちは惨めになる。本書の冒頭部分で見たこと――パニック、疲労、虚無感、やりきれなさ、恐怖、厭世観《えんせい》――や、最後の章で見たこと――特権、凡庸、社会隔離による理解の欠如、リーダーシップのあられもない失敗――は、エリートたちが、わが子に特権を与え、他のすべての子供たちを阻害しようとした結果、生じたものである。それは一種の天罰であり、悲劇的な応報である。よその子供たちを陥れようとして、結局自分の子供たちを痛めつけてしまうのだから。

自己を乗り越えるのは生易しいことではない。自分がその人たちを貧しくさせておきながら、その後で施しをしようという〝奉仕〟のように、簡単にはいかない。恵まれない人々を助けたい？　だったら邪魔をしなければいい。言い換えれば、すべての資源を独り占めするのをやめることだ。社会正義とは、君が自分の持ち分の幾ばくかをあきらめて、他者がもっと豊かになれるようにすることを意味する。この国の高等教育を考える上で、最後に直面するのはその問題だ。われわれはこのままずっと、勝者がすべてを得る社会を続けていきたいのだろうか？　わざと教育のための財源がないように見せかけ、子供たちを恐怖と絶望に駆り立て、他の子供たちとわずかな椅子を奪い合わせるようなことを、ずっと続けていくのだろうか？　よりよい社会のためにすべての人の才能を動員するのではなく、大多数の人的資源をこのまま丸ごと無駄にし続けるのだろうか？　この共和国を、別々の部族に分けられた社会にし、どの家庭もその壁の中で暮らすようなそんな世界にしたいのだろうか？　そうして平民たちはただ朽ちればいいと言うのだろうか？『日陰者ジュード』で、トマス・ハーディは、貧しくも聡明で勤勉な青年の物語を描いている。その青年はエリート大学への道を閉ざされ、人生の中で浮上するチャンスを奪われる。何年も経ち、別の少年が、彼の家の戸口に現われる。彼の息子かもしれないし、他の誰かの子かもしれない。この子を迎え入れるべきだろうか？　彼は最終的に、こう決断する。

父親が誰かなんてけちな問題——つまるところ、それはいったい何なんだろうな？　この子が自分の血を分けた息子かどうか。考えてみれば、そこに何の意味がある？　今生きているすべての子供たちは、丸ごとひっくるめて、同じ時代を生きる僕ら大人たちの子供だ。われわれみんなに世話をしてもらう権利があるんだよ。

もしわれわれがまともな社会、公正な社会、賢く豊かな社会、子供たちが学ぶことの歓びを学び、人々が務める歓びに努める社会を築きたいのなら、信じるべきはこれなのだ。隣人を自分のように愛する必要はなくとも、隣人の子供たちはわが子のように愛さなければならない。この国ではかつて貴族社会を実践してみた。能力主義社会《メリトクラシー》も試してみた。そろそろ民主主義《デモクラシー》に挑戦すべき時ではないだろうか。

謝辞

本書は結集した努力の賜物《たまもの》である。このプロジェクトにおいて——これがプロジェクトの形を成す前から——協力してくれたすべての方々に謝意を表するためには、本来なら私の記事に対して感想を書き送ってくれたり、キャンパスのイベントで質問をしてくれたり、私が訪問した授業に出席してくれたりしたすべての人々、そしてもちろん、私が教授として教えたすべての学生たちの名前を記すべきところだ。この本自体が、彼らへのお礼の代わりとなればと願っている。

何年にも渡り、考察や経験を私に語ってくれた多くの教え子たち、特に、ローラ・ザックス、エド・グード、スー・チン・テー、ニッキ・グリーンウッド、アレックス・ミルソム、マット・ストローザ、ジョアナ・ネボルスキー、クリスタ・ディーテメイヤー、アーロン・ティア、キアラ・スカリー、エイミー・フィッシュ、ニコール・アラン、マリアンジェラ・クレーマ、アレックス・シュワルツ、レイチェル・マンハイマー、デイヴィッド・ゴリン、カート・エリス、モリー・ワーセン、ケイト・ライリー、ブレイク・チャールトン、エマ・ヴォーター、エイドリアン・クインラン、ベニータ・シング、マリア・リチャードソン、ジャスパー・シャーマン＝プレッサー、ジョン・マッキーチン、プレスカ・アーン、デイヴィッド・ビューシス、ジーナン・ジューダ、アル・ケーガル、マリア・スピーガル、クリッシー・シュミット、キャサリン・キリングワース、そしてサブリナ・シルヴァーに、最大級の感謝を捧げる。また、マットとヘレンのリトルメイヤー夫妻、そしてベン・オーリンには、未発表の論文からの引用を許可してくれたことに感謝する。

本書で取り上げたような問題について、私がさまざまな議論をしてきた友人たちやかつての同僚たち、特に、ブレイキー・ヴェルミュール、サラ・マハーイン、ラヴィート・ライクマン、ウェス・デイヴィス、ペリクリース・ルイス、バリー・マックレイ、プリシラ・ギルマン、そしてドナルド・ブラウンに感謝している。また、タミー・キム、ロブ・ライク、マーク・エドマンドソン、ロイド・ザッカー、ラーラ・ガリンスキー、グロリア・クウェスキン、ベッコ・コペンヘイヴァー、キャシー・カーシェンバーム、エイミー・ウィテカー、キャロライン・カン、ジョナサン・ワイラー、ダニエル・シュワルツ、フランシス・ブロネット、ウィリアム・トレセダー、ロナルド・ニューバーグ、ジョシパ・ロクサ、ダン・ハザン、スティーヴン・バーグマン、ヨン・ジオ、ハーマン・ドゥホッグ、そしてマイケル・カインをはじめとする方々は、貴重なご意見を提供してくれた。

リサーチを手伝ってくれたテリー・ロブデル、ジェイムズ・アクステル、ロジャー・ガイガー、グルムルティ・ニーラカンタン、D・パルタサラティ、ショーン・F・リアダン、ドロティ・J・バッハ、クリス・ミラー、ゴング・ツェト、そしていつも親切なアンドリュー・デルバンコにも御礼を申し上げる。

イェール大セント・アンソニー・ホールのリリー・ヤニアック、ハーバード・ヒューマニティーズ・センター学生会のロイス・ベケットとエルザ・キム、コーネル大のジェファーソン・カウイー、陸軍士官学校のスコット・クラフチック大佐、カリン・ロフマンとエリザベス・サミット、スタンフォード大のブレイキー・バームールとジェニファー・サミット、ポモナ大学生自治会のジュリアス・タラント、ボーディング・スクール協会のピーター・アップハム、スタンフォード大マッコイ・センター・フォー・エシックス・イン・ソサエティの学生たち、ポートランド州のジョージ・カルネジス、ミシシッピ大学オナーズ・カレッジのダグラス・サリヴァン＝ゴンザレス、セントラル・コネチカット州立大のメアリー・コリンズ、ローレンス大のデイヴィッド・マッギンとティモシー・スパージン、バージニア大ビジネス・エシックス・ソサエティのローガン・スパングラー、イェールNUSカレッジのブライアン・ガーシュタイン、Yシンジケートのマーク・ドゥイット、ホレイス・マン・スクールのデイヴィッド・シラーとジェシカ・レヴェンスタイン、ポモナ大校友会のサーヒル・アブヒジット・デサイ、スクリップス大のゲイル・グリーン、ダラス・インスティテュート・オブ・ヒューマニティーズ・アンド・カルチャーのラリーとクラウディアのアルムズ夫妻、そして彼らの仲間や同僚やサポートスタッフ、私が各大学のキャンパスその他の場所を訪れることを可能にしてくれた方々にも、特に感謝を表したい。私はクレアモント・マッケナ大でこの原稿を書き上げた。昨秋の研修期間中、そこで実り多い会話をしてくれたオードリー・ビルガーと多くの仲間たち、本当にありがとう。

『アメリカン・スカラー』誌のロバート・ウィルソンに、超弩級《ちょうどきゅう》の謝意を表する。彼はリッチな出版社から見放された私の偏屈なエッセイに庇護《ひご》を与えてくれ、その後も本書に記したような問題について、私の考えを発表する場を与えてくれている。『ネイション』誌のジョン・パラテッラと『クロニクル・オブ・ハイヤー・エデュケーション』紙のエヴァン・ゴールドスタインにも感謝する。彼らもまた、アメリカの大学の現状について私の憤懣《ふんまん》を吐露する機会を与えてくれた。編集者のアレッサンドラ・バスタリと、「フリー・プレス」のスタッフたち、アレックス・ジェイコブス、タイラー・アレン、その他の「チェイニー・リテラリー」の皆さん、そして誰よりも、私にとっての「白馬の騎士」にして類稀なるエージェント、イリース・チェイニーにも御礼を申し上げる。イリースがいなければ、私は州間高速五号線の出口ランプで「日雇いで教授いたします」の看板を掲げて立ち尽くす羽目になっていただろう。

会話でも人生でも、真のパートナーである妻のアリーザ・ジル・ナスバームに、彼女の見識と、知恵と、忍耐と、たちの悪いユーモアのセンスに対し、深い謝意を表する。

最後に、匿名を条件に、Eメールや会話の内容を引用させてくれた皆さんに感謝する。身元がわからないように、多少の変更を加えている場合がある。誤字脱字は当方で訂正し、省略符号なしで省いた部分もあるが、言葉の意味するところはそのままお伝えした。

本書の参考文献や、理解を深めるために役立ちそうな資料のリストについては、excellent sheep.com. を参照されたし。

るように思える。もう少しデータや複眼的なアプローチがあれば説得力が増したかもしれない。あるいは中程、著者から若者へのメッセージが熱を帯びるあたりは、自己啓発本めいた過剰さと内容の大味さとに戸惑いをおぼえた。行きすぎた能力主義への処方箋として著者が提示する青年像も、さほど目新しいものではない。自分を見つめ直す、時間をとって考える、ほんとうにやりたいことをやる……。どこかで聞いたようなセリフのような気もする。

しかし、アメリカの一流大学がどのように学生を選抜し、どのように教育し、またそれが歴史の中でどのように方向転換を迫られてきたのかといった話になると、さすが元教員、きわめて具体的で生々しいエピソードが多く、おおいに引き込まれる。思わずあちこちに線を引きながら読みたくなってしまう。

それというのも、アメリカがたどってきた軌跡のうちのいくつかが、まさに日本がこれからたどろうとしている道筋とだぶるからだ。日本の論者や政策立案者たちは、旧アメリカン・モデルを採用するにあたってあまりに楽観的であるように思えるのだ。とりあえずアメリカ式にすれば大丈夫、とりあえずアメリカ流でやれば何とかなる、そんな無根拠な安心感が現在の教育論には蔓延しているのではないだろうか。

たとえばこのところ日本でもあらためて脚光を浴びている「人物主義」。たしかにアメリカのエリート大学では、選抜方法として面接や推薦書を積極的に取り入れている。しかし、これはもともと学力テストだけではユダヤ系ばかりが合格してしまうので、合格者の出自をコントロールするために導入されたものだったという。こうした歴史的事情の説明は、著者自身がユダヤ系であることを勘案したとしても、いろいろ考えるための種を与えてくれると思う。人は既得権益を守ろうとするものだ。自分の家族や血縁だけではなく、自分と似たような人、自分が好きな人、自分を好きになってくれる人を好む。それが人間というものだ。つまり、放っておけばイヤでも階級は固定され、同じような価値観をもつ人間が再生産され、やがて社会は煮詰まって停滞する。

そういうわけで、本書の核心を成すのも階級固定化への批判なのである。一九二〇年代のアメリカではいわゆるＷＡＳＰがヘゲモニーを握っていた。時間をかけてその偏重が正され、一九六〇年代になってようやく伝統校でもマイノリティを積極的に受け入れるようになった。それができたのは確かにすごいことだ。しかし、そこを基点に次なる階級が台頭することになる。それが今に至るまでアメリカを支配してきた新しいエリート主義だと著者は言う。勉強で優等であるのはもちろんのこと、スポーツに秀で、課外活動をこなし、趣味を持ち、もちろん雄弁でほがらかで自信に満ちているというスーパーエリートたち。一流大学はこうした学生にあふれるようになる。

エリートたちは言うだろう。自分たちは努力したのだ。能力もあるし、実績もある。報われて当然だ、と。しかし、そのように努力をしたり、報われたりするためには、裕福な家庭に生まれ、同じような価値観を持つ親によって大事にされながら育つ必要があるということを彼らは知らない。つまり、能力主義といえども決して階級の固定化とは無縁ではないのである。むしろ能力主義を取り入れさえすれば階級問題が解消すると考えてしまうところに落とし穴がある。

階級格差、教育格差はどんどんひろがっている。だから本書の終盤、著者は教育格差解消のために、思い切った教育政策を提言するに至る。富裕層の子弟に有利になるような現在の審査方式をあらため、貧困層の子どもの活躍ぶりにもっと焦点をあてること。より強靱なリーダーを育てるために、むしろ失敗の経験をこそ評価すること。若い頃の自分に向けた手紙は、こうしてきわめて具体的な政策論議へとつながっていくのである。

私たち日本の読者は、こうした議論をいったいどう読むべきなのだろう。「ほお。アメリカはやっぱり進んでおりますなあ。別世界のようですなあ」と感心していればいいのか。しかし、考えてほしい。先の人物主義にしても、能力主義にしても、今必死に日本の大学が取り入れようとしているものなのである。多様な人材を取り入れるための面接重視。特定の分野での突出した活動の評価。課外活動やボランティアの奨励。いずれも日本の入試システムの中では比較的新しく、かつ濃厚にアメリカ臭がこびりついている。だから多くの大学が飛びつこうとする。文科省も奨励する。私たちはまだそんな旧アメリカ式システムの確立にすら至っていない段階なのだが、私たちのはるか先を行くアメリカが生み出したエリートたちはすでにすっかり疲弊し、大きな危機に直面しているというのである。そして、その処方箋として「自分を見つめ直す」という、どこかで聞いたような価値観に回帰すべきだという話が出ている。

グローバリズムを唱え、熱心にアメリカの一流大学に学生を送りこもうとする潮流は日本ですっかりお馴染みになった。しかし、本書でも指摘のあるように、アメリカの一流大学にとってみればそうやって海外の青年たちを呼び込むのは、何より資金集めのためなのである。ほんとにそれでいいんですか？　といったん立ち止まって考える時ではないだろうか。威勢のいいグローバリズムのかけ声が聞こえる一方で、国立大学への補助金は着々と削られ、近い将来の学費の大幅な値上げが噂される。著者が警鐘を鳴らす教育格差の拡大は、日本でもとっくに現実の問題となりつつある。この本から学ぶべきことは多々あるだろう。

本書の著者はイェール大学では英文学を教えていた。同じく英文学を教えている私に解説の依頼が来たのもそのためだろう。実際、本書はあちこちに英文学的思考があふれている。ジョージ・エリオットの『ミドルマーチ』が英文学の最高峰だと考えるあたり、まったく同感。その主人公の生きざまを通して、学生達の現況を見つめ直すという視点にも「いいね！」と言いたい。『闇の奥』、『日陰者ジュード』といった名作が引っ張り出されるのもいい。筆者は声高に言う。今だからこそ、人文学なのだ、と。能力主義に引きずられ、目先のテクニックや出世や成功に人が踊らされている今、人間の深い感情の動きを見つめ直し、人間にとって何が一番大切なのかを考えねばならない。

たしかにどこかで聞いたような話だ。でも、どこかで聞いたような話を、まるで初めて聞くように耳にする、それがまさに物語の世界で起きることなのである。一度でも「物語とは何だろう?」と問うたことのある人なら必ず気づくことだ。まったく新しい物語などない。物語はつねに繰り返される。しかし、人はそのたびにそれを、まるで新しい物語のように新鮮に——ときには痛みとともに——聞いてしまう。そういう能力が人間には備わっている。この本もまた、まるで新しいものであるかのように古い物語をフレッシュに語ってくれる。加えて、古い物語を新しいものとして聞くとはいったいどういうことか、じわっと考えさせてくれるのである。これはまさに人間についての学問が果たす最大の使命ではないだろうか。

ウィリアム・デレズウィッツ
William Deresiewicz

作家・ジャーナリスト。元イェール大学教授。コロンビア大学卒。学生・講師・教授として通算 24 年をアイビーリーグで過ごす。著書に、『人生で大切なことは、みんなジェーン・オースティンに教わった』(未訳、原題 A Jane Austen Education : How Six Novels Taught Me About Love, Friendship, and the Things That Really Matter) がある。

米山裕子
Hiroko Yoneyama

翻訳家。1961 年、神奈川県生まれ。『生き方のコーチング』『弱気な声をやっつけろ！』、『原爆投下決断の内幕』（共訳）ほか、訳書多数。

Copyright © 2014 by William Deresiewicz
All Rights Reserved.
Published by arrangement with
the original publisher, Free Press, a Division of Simon & Schuster, Inc.
through Japan UNI Agency, Inc., Tokyo

優秀なる羊たち　米国エリート教育の失敗に学ぶ

2016年2月10日　第1刷発行

著者　ウィリアム・デレズウィッツ
訳者　米山裕子
発行者　株式会社三省堂　代表者　北口克彦
印刷者　三省堂印刷株式会社
発行所　株式会社三省堂
〒101-8371 東京都千代田区三崎町二丁目22番14号
電話　編集 (03)3230-9411　営業 (03)3230-9412
振替口座　00160-5-54300　http://www.sanseido.co.jp/
DTP　原島康晴（エディマン）

落丁本・乱丁本はお取り替えいたします。
©Hiroko YONEYAMA 2016
Printed in Japan
ISBN978-4-385-36578-7
〈優秀なる羊たち・336pp.〉

R 本書を無断で複写複製することは、著作権法上の例外を除き、禁じられています。
本書をコピーされる場合は、事前に日本複製権センター (03-3401-2382) の許諾を受けてください。
また、本書を請負業者等の第三者に依頼してスキャン等によってデジタル化することは、
たとえ個人や家庭内での利用であっても一切認められておりません。